JN309036

ディスコミュニケーションの心理学

ズレを生きる私たち

山本登志哉　高木光太郎　編

東京大学出版会

'Mind the Gap' : The Psychology of '*Dis*-communication'
Toshiya YAMAMOTO, Kotaro TAKAGI, Editors
University of Tokyo Press, 2011
ISBN 978-4-13-011132-4

ディスコミュニケーションの心理学　目　次

序　章　ズレとしてのコミュニケーション…山本登志哉・高木光太郎　1
　1. ズレを見つめるということ………………………………………………………… 1
　2. 構造的ディスコミュニケーション分析………………………………………… 3
　3. スキーマ・アプローチ……………………………………………………………… 6
　4. 本書の目的と構成…………………………………………………………………… 9

第Ⅰ部　対立から共同性へ
　　　　生成の現場としてのディスコミュニケーション

第 1 章　ズレの展開としての文化間対話…山本登志哉・姜　英　敏　17
　1. 問　題──対話実践としての異文化理解研究………………………………… 17
　2. 結果と分析──ズレと理解の循環過程………………………………………… 21
　3. 山本による考察──お互い何が分かりにくいのか？………………………… 35
　4. 姜による検討──倫理的相対性を生きること………………………………… 38
　5. 山本による再考察──「分からない」ことの対話的意義…………………… 42

第 2 章　異文化理解における対の構造のなかでの多声性
　　　　──お小遣いインタビューでみられる揺れと安定を通して…呉　宣　児　49
　1. はじめに……………………………………………………………………………… 49
　2. 研究者コミュニティにおいて偶然・必然に現れる対の構造と多声性…… 50
　3. インタビュー場面における意図せぬ対の構造と多声性…………………… 53
　4. データによって，対の構造のなかで安定的にまとめられた日韓の論理… 58
　5. 意図的に対の構造を持ち込み，多声性を演出する：
　　　研究成果発表・授業の場………………………………………………………… 65
　6. 変化する身体・行動：「おごりで割り勘」という行為の発現……………… 67
　7. 対の構造での多声性の有効性と弊害…………………………………………… 68

第3章　ズレを通じてお互いを知りあう実践
　　　　――学校臨床のディスコミュニケーション分析 ………… 松嶋秀明　71
　　1．学校臨床におけるディスコミュニケーション……………………………… 71
　　2．潜在化されたディスコミュニケーション…………………………………… 74
　　3．顕在化されたディスコミュニケーション…………………………………… 79
　　4．ディスコミュニケーションからお互いが誰かを知る……………………… 86

第II部　日常性の中のディスコミュニケーション

第4章　ケア場面における高齢者のコミュニケーションと
　　　　マテリアル ……………………………………………… 川野健治　93
　　1．高齢者ケア活動でのディスコミュニケーション…………………………… 93
　　2．ロボット介在活動……………………………………………………………… 96
　　3．接触への注目…………………………………………………………………… 97
　　4．触り方の収斂と認知…………………………………………………………… 100
　　5．場への適応と違和感の漏出…………………………………………………… 102
　　6．多様な収斂を想定する潜在性とマテリアル………………………………… 105
　　7．感情表現の役割――いたみ…………………………………………………… 108
　　8．対立の解消？…………………………………………………………………… 111

第5章　未来という不在をめぐるディスコミュニケーション
　　　　――大学生の揺れ続ける未来と共にある実践の在り方 … 奥田雄一郎　115
　　1．苛立ちを伴うディスコミュニケーション…………………………………… 115
　　2．非対称的ディスコミュニケーション………………………………………… 116
　　3．問題化される若者にとっての未来…………………………………………… 117
　　4．現代社会における大学生を取り巻く固有の社会的文脈…………………… 118
　　5．"私にとって"の未来…………………………………………………………… 120
　　6．未来を展望すべき者としての大学生という前提…………………………… 122
　　7．未来は実在しない……………………………………………………………… 124
　　8．一致を目指すコミュニケーション…………………………………………… 126
　　9．未来を語ることに戸惑う大学生……………………………………………… 129
　　10．揺れ続ける大学生にとっての未来…………………………………………… 131
　　11．正解のない世界の中で………………………………………………………… 133
　　12．揺れの増幅という実践の在り方……………………………………………… 134

第6章　回想とディスコミュニケーション　……高木光太郎　137

1. 「行為としての記憶」の「質」……………………………………… 137
2. 回想する人………………………………………………………… 140
3. 環境の探索としての想起………………………………………… 142
4. 「不在」の探索における聞き手………………………………… 145
5. 回想のディスコミュニケーションがもたらすもの……………… 148
6. 日常場面における回想…………………………………………… 150
7. 法廷におけるディスコミュニケーションの隠蔽………………… 151
8. おわりに…………………………………………………………… 156

第Ⅲ部　ディスコミュニケーションを語り合う

第7章　見える文化と見えない文化
　　　——「規範化」から見た考察 ……………………… 河野泰弘　161

はじめに ………………………………………………………………… 161
1. ジェスチャー理解のずれ………………………………………… 162
2. 色のディスコミュニケーション——色のいろはで解消？……… 168
3. 事物と概念がつながる瞬間……………………………………… 172
おわりに ………………………………………………………………… 174

第8章　座談会　ズレながら共にあること ……………………… 177

1. フロントガラスを通した光を「見る」(177)／2. 携帯の待ち受け画面を「見る」ことと「共有」(179)／3. 見える文化と見えない文化の間に揺らぐ自分 (182)／4. 社会的行為として構成された「見る」(184)／5. 意識的なジェスチャーと自然なジェスチャー (185)／6. ズレの調整過程に潜む権力的構造 VS「おたがいさま」の世界 (187)／7.「同じものを見る」ことの3つのレベルとディスコミュニケーション (189)／8. 視覚障碍者に「なる」ということと「見えない」ことの構成過程 (191)／9. 違いの認識が関係を変えるということ (192)／10. アイデンティティワークと隠蔽されるズレ (194)／11. 誰にとってのディスコミュニケーションか (196)／12. 未来への見通しとディスコミュニケーションへの態度 (197)／13. 複数の未来 (199)／14. 複数の倫理を「とりあえず」生きることの倫理性 (201)／15. ズレをあきらめることとズレを楽しむこと (203)／16. ズレがもつ潜在力 (205)／17. 違いを相手の言葉で知ることの力 (207)

第 IV 部　ディスコミュニケーションを語る視座
理論的検討

第 9 章　ディスコミュニケーション分析の意味
―― 拡張された媒介構造（EMS）の視点から ……… 山本登志哉　213

1. 実践的活動の構成要素としての認識 …………………………………… 215
2. 人間の社会的相互作用の最小分析単位としての EMS ……………… 219
3. ディスコミュニケーションと EMS ……………………………………… 224
4. 各章におけるディスコミュニケーションの構造 ……………………… 229
5. まとめ：認識実践としてのディスコミュニケーション分析と EMS …… 240

第 10 章　ディスコミュニケーション事態の形式論
―― 言語的相互作用の微視分析に向けて …………… 高木光太郎　247

1. はじめに ……………………………………………………………………… 247
2. ディスコミュニケーションの概念 ……………………………………… 249
3. ディスコミュニケーション事態と分裂生成 …………………………… 252
4. ディスコミュニケーション事態とメタ・ランダム性 ………………… 255
5. ディスコミュニケーション事態の形式的記述 ………………………… 272
6. ディスコミュニケーション事態の微視分析に向けて ………………… 274

あとがき ………………………………………………………………………… 277

序　章
ズレとしてのコミュニケーション

山本登志哉・高木光太郎

1．ズレを見つめるということ

　人はみな異なった存在である。お互いよく理解していると思っていた相手でさえ，時に恐ろしいほどに訳の分からない存在として現れることもある。そのようなとき人は往々にして理解不能な相手の行為に深く傷つき，激しいいらだちや恐れが起こる。信じていたものに裏切られたように感じられ，悲しみや怒りが生じて相手を無視するか攻撃するか。やがて関係は破綻し，著しくは相手の存在を抹殺しさえする。個人のレベルでも，集団のレベルでも，人間はそのような展開を繰り返し続けてきた。一体何が問題なのだろうか。

　ある高校の3年生に大学の模擬授業を行ったときのことである。山本はまず中国で直接間接に体験し，自分自身がとまどったいくつかの事例を生徒に示した。たとえばこんな事例である。「友達にご飯をおごってもらってもお礼を言わなかった」「せっかくプレゼントをしたのに，こんなの使わないと即座に言われた。」生徒たちには個々の例について次のことを議論してもらった。「自分たちの身近でそういうことが起こるとすれば，どんなときか」「中国ではそれはどういう意味を持つと思うか」。そしてそれらをまとめて日本と中国の違いについて考えて発表をしてもらった。

　一例を挙げれば，あるグループはそこでこう述べた。「日本人は相手のことを気にしすぎることによって，はっきりと自分の思ったことを言わず，意思表示をしない。内容はどうであれ，小さなことでも言葉に出して礼を言うことが礼儀と思っている。結果よりも過程を重視する傾向がある。中国人は人のことをあまり考えず，自分のことを考えて，思ったことははっきり意思表示する。相手の行為より内容（自分にとっての結果）を大事にする。」

　続けて山本は2つの事例を取り上げ，それについて日本と中国の大学生がどう評価したかデータを示した。「同室の友人の本を，断りなしに別の友人に貸

してしまう」という事例と，「友人の鞄を勝手に開けて，中に自分の服を入れておく」という事例である。評価の平均値で見ると，日本の学生はそのようなことをする人をいずれも「鈍感で変人であり，相手を侵害していて好人物とは言えない」という像で見る。ところが中国の学生は「普通の人で，情に厚く，親切である」というのが平均像であった。

　高校生たちが最初のディスカッションで導き出した理解は，ある程度中国との関わりを持ち続けている山本から見て，彼らなりの仕方でとても重要なポイントのひとつを突いていると感じられた。そこで彼らは自分たちの見方を相対化し，異文化の人々の異質な考え方に迫った。だがその努力にもかかわらず，この比較データはなおその想像力を大きく超えており，そして山本が説明する中国的な考え方を聞いて改めて彼らは驚きの声を上げた。

　日本社会において中国社会に対する嫌悪感とでも言えるような負の感情が，戦後かつて無いほどに高まっている今，高校生たちの多くも中国の人々に対する強い不信感を言葉の端々にうかがわせていた。「彼らは自分たちとは違う」という差の認識自体はすでに明確だと言える。だがこの模擬授業でごく素朴な日常の事例を聞き，彼らはその自分たちの認識がまだ全く浅いものであったことを直感したのだ。相手を「困った人々」と単純に思っていた，その素朴な判断基準自体が揺るがせられたのである。そこに想像を超えた「他者」が現れた。

　興味深いことに，ほんの3時間の授業であったにもかかわらず，そのような深い「ズレ」の発見は，彼らに新しい姿勢を生み出した。少なからぬ彼らの感想が，予想外の他者との出会いに驚いて強い興味を持ち，相手を理解し直してそれとの対比で改めて自分をも問い直す必要性を語っていたのである。さらにある参加者はこういう趣旨の感想を述べている。

　「自分は先日，いろいろな問題について父親と明け方まで激しく議論をした。だが結局自分の気持ちは何も伝わることがなく，絶望的な気持ちになった。けれども今日の話を聞いて，お互いに全く理解できない異なった人間なのだ，ということを思い知ったことそれ自体が，実はとても大きな事だったのだと思った。もっと話をしたいと思った。」

　彼らが感じとってくれたのは日本と中国の間のズレという個別の問題ではなかった。およそ理解が困難な人間同士の，どうしようもなく行き詰まる関係について，そこにある「ズレ」をより深く見つめることによって，なにか新しい

展開が生み出される可能性を彼らは感じてくれたのである。この本で我々が挑戦したいのも，時に相手の抹殺をも生み出しかねないお互いのズレそれ自体に目を向け，そのズレが生成展開する仕組みを理解することで，むしろ関係を創造的なものへと組み替える対話的な道を探る，ということである。

2. 構造的ディスコミュニケーション分析

　9.11 同時多発テロを前にして，21世紀に入ろうとしていた頃，本書の二人の編者は当時関東と関西という異なった地で，異文化間対立と冤罪という二つの領域で，それぞれ独立にこの「ズレ」の問題に取り組み始めていた。その試みの中から山本が導き出したのは，「構造的ディスコミュニケーション」の概念であり，またその構造を明らかにすることで行き詰まった関係に揺らぎをもたらそうとする方法としての「構造的ディスコミュニケーション分析」の模索であった（山本 2004）。

　ここで「構造的ディスコミュニケーション」とは，ディスコミュニケーションの中でも特に次のような特徴を強調する概念である。まずそれは第三者的に見ればお互いに誤解を含んで展開しているものと認識可能なコミュニケーションであるが，当事者はコミュニケーションの不全状態は感じさせながらも，その不全が相互の誤解に基づくものとは理解されていない。このため不全の原因は，お互いに共有されているはずの規範から相手がしばしば逸脱を繰り返していることにあると感じられ，対立的感情をも惹起することとなる。にもかかわらず，当事者間で「目的や規範自体は基本的に両者に同じものが共有されている」という理解は崩れない。そのような矛盾からお互いの関係は緊張をはらみつつ，さらにはその緊張状態を拡大再生産する可能性も含みつつも，コミュニケーションそれ自体は当事者間で安定して持続していくという構造が見いだされるようなディスコミュニケーションである。

　このように「構造的ディスコミュニケーション」と呼べる事態は，単に当事者間の認識にズレが潜在していると見なされるその構造を指すばかりではない。それは〈当事者自身〉がそのコミュニケーション事態をどう見ているか（規範や目的が共有されているはずなのにうまくコミュニケートできない感覚にいらだつ）と，構造的ディスコミュニケーション分析を行おうとしている〈第三

者〉にそれがどう見えるか（実は規範や目的が共有されていないのだと思える）ということの間に，見え方のズレが存在している事態でもある。この両者の間の異なった見え方が触れあうことで，当事者同士の行き詰まった緊張関係に異なる視点が見いだされる可能性が生まれてくると考えられるのである（なおここでの「第三者」は，事態を公平に客観的に分析できる神様のような存在のことではない。第三者自身，そのやりとりの中の当事者的な視点に巻き込まれつつ，相対的に一歩引いた地点から自他の視点をお互いの視点によって相対化する作業を行おうとする人間であるということにすぎない。この点については第1章および第9章も参照されたい）。

　日中間にわだかまり続ける戦争責任とそれへの謝罪をめぐる対立の問題を，文化の視点から読み解いてみようとするその最初の試みは，きわめて素朴な生活感覚の分析であった（山本 2001a）。日中戦争が日本による侵略であったこと，その規模について議論はあるにせよ，日本は中国に対し多くの被害をもたらしたこと自体については，日本国内であっても頭から否定する議論は少数派であろう。国際政治ではもちろんのこと，一般の人々の認識としても，日本の側に謝罪の必要があるという認識は多数派に共有されたものと思われる。被害者の側の中国については言うまでもない。つまりあの戦争をめぐっては，日本に謝罪の必要がある，という認識においてお互いにズレはなかった。にもかかわらず，なぜ問題がこれほどまでにいつまでもこじれ続けるのか。

　そこに問題をこじらせ，対立関係をあおって利益を得ようとする人々の存在を認めることはある程度は可能であろう。だがそれだけでどこまで説明可能だろうか。それは「悪意」だけで説明可能なことなのだろうか。山本はここで中国の友人片成男（ピェンチェンナン）氏との議論を通じ，日本と中国の普通の人々が生活の中で考えている「謝罪」の具体的な意味の違いに思い至らざるを得なかった。たとえば日本では混んだ電車で足を踏まれたとき，踏まれた側がまず会釈をしたり謝ったりすることがある。善悪が明らかなときですら，「お互いに謝りあう」形を取るのである。より深刻な被害の場合，被害者がその被害を強く訴え続けて最初は同情を集めていたとしても，それがある限度を超えると逆に被害者の方が激しく非難される(注1)。それは加害と被害の関係を固定し，関係の修復を阻害する行動と受け止められるからである。被害者も加害者がその行為に追い込まれた気持ちを理解し，そうやってお互いを思いやる関係を回復すべきところ，

そのような訴えの持続は関係修復を否定する破壊的で非倫理的な行為と受け止められる。そして中国はこの点で正反対に見える。大事なことは善悪の原理を明確にすることであり，その上で相手に対する寛大な配慮が行われる。その善悪を曖昧化することは，関係修復の否定と受け止められることになる。

　このようなズレの存在にお互いが気付かないことで何が起こるか。日本の側は自分にも言いたいことがありながら，まずは謝る。中国の側はそこで善悪が明確になったことで関係修復の基盤ができたと考える。ところが日本の側からは一方が謝るだけではなく，関係修復のためには「お互いに辛いこともあり，大変だった」ということを察し合いたいという気持ちがあるのに，その気持ちはいつまでも満たされることはない。そのような状態が続けばやがて人々は中国の側の関係修復への意図を疑い出し，不信感を抱き始めることになる。そのような感覚を一つの背景に一部の政治家は「いつまで土下座させるのか」と怒りだし，自己正当化の発言を始めるといったことが繰り返され，そしてその発言は中国の人々にとっては信頼回復への大変な裏切り行為にしか映らないのである。

　「謝罪をベースに関係修復を」という思いは一致しながら，ところが何をどうすることが謝罪による関係修復なのかということの理解が全くズレる。それに気がつかずに行われるお互いの関係修復への行為が，相手にとっては関係破壊への姿勢として受け止められ，お互い裏切られた思いに不信感を募らせるという負の連鎖がそこに見える。

　この気付かれぬズレが生む対立の問題は異文化間の領域にはとどまらなかった。幼児の目撃証言研究という全く異なる領域でも同様に構造的ディスコミュニケーションの生成が見いだされるのである（山本 2001b）。「事実を明らかにするための語り合い」に必要なやりとりの基本原則の理解が幼児と大人の聴取者の間で全くずれ，しかもそのズレに気付かないまま聴取が進む結果，冤罪にもつながる誤った証言が無自覚に生成されていった。ここで構造的ディスコミュニケーション分析は，「ズレ」ということをキーワードとしつつ，やがて高木らによる供述信用性評価の取り組みとも接続していくことになる。

3. スキーマ・アプローチ

　自白や目撃証言など刑事裁判で取り扱われる供述を理解し評価しようとするとき，コミュニケーションの「ズレ」が一つの重要なポイントになる。供述信用性評価の心理学的手法を研究テーマの一つとしていた高木が，このことに気づいたのは，2009 年に DNA 再鑑定によって服役中の元被告人の冤罪が明らかになった「足利事件」の裁判を通してであった（本書第 6 章）。

　足利事件は栃木県足利市で 1990 年 5 月に発生した幼女誘拐殺人事件で，1991 年 12 月に被疑者として幼稚園のバス運転手をしていた S 氏が逮捕されていた。逮捕の決め手は S 氏の DNA と犯人のものと考えられる体液の DNA が一致したという鑑定結果が得られたことであった。S 氏は警察の取調べで犯行を自白していたが，起訴後，第一審の途中で否認に転じる。だがその主張は当時の弁護人にも信用されず，結局，無期懲役の判決が言い渡されてしまう。これを不服とした S 氏は新たな弁護団と共に控訴，この新弁護団から高木もメンバーであった「東京供述心理学研究会」に，S 氏の自白の信用性を心理学的な立場で評価できないかという鑑定依頼があった。

　依頼を受けた我々は，早速，捜査資料や供述調書などの資料を様々な角度から検討し，S 氏に犯行体験が「ない」可能性に結びつく兆候を探し求めた。だが作業は難航し，なかなか分析の具体的な方針が定まらなかった。確かに S 氏の自白は「怪しげ」なのだが，何がどうおかしいのかうまく説明できない。そういった状況がしばらく続いていたのである。だが，そうした行き詰まりのなかでも研究会のメンバー全員が漠然と共有していた一つの「印象」があった。「犯行」を説明する S 氏の語り口の独特さである。日本の場合，警察や検察が作成する供述調書は取り調べ内容の要約であるため，被疑者の語りの実際の雰囲気は伝わってこない。しかし法廷での尋問はすべて速記録が作成される。この記録を読んでいると，S 氏の何かあまり滑らかとは言えない，だがゴツゴツしているという感じでもない，少し浮遊したような不思議な言葉の「手触り」が伝わってくるのである。この印象は犯行を否認していた控訴審での S 氏の供述を傍聴したときも，同じように感じとることができた。分析で打ち手を見失いつつあった我々は，「法廷証言の分析をしてみては」という弁護団からの勧めもあり，とりあえず S 氏のこの独特な語り口を分析の手がかりにできな

いか探ってみることにした。

　実際に検討をしてみると，S氏の自白にはとても印象深い語り口の一貫性が存在していることがわかった。まず体験した出来事を語る時間的順序である。多くの人は自分の体験を様々な順序に「再編集」して語る。たとえば「昨日すごくびっくりすることがあったんだ，帰りに電車に乗っているとね……」といった具合に，出来事の結末を語ってから，発端に戻るといった語り方である。だがS氏の自白にはこのような時間的展開の編集はほとんどみられなかった。彼は常に出来事をそれが生起した順序で語っていたのである。

　S氏の自白のもう一つの特徴は体験として語られる出来事のカテゴリーにあった。過去の体験を語るとき，実際に目の前で起きていた事象を語るだけではなく，そのとき自分が感じたことや考えたことを語る人は多い。たとえば「なんとなく窓の外を見ていたら，急に人が走ってきて，びっくりしたよ」といった具合である。だがS氏の法廷での犯行の説明には，このように自分の感情や考えなどを語る部分がほとんどみられなかった。彼はたいていの場合，外的に生じた出来事だけを語っていたのである。

　最後にもう一つ，S氏の自白には主語の取り扱いに大変興味深い兆候がみられた。彼は主語として自分と他者を極めて規則的に交代させながら体験を説明するのである。たとえば「私が〜したら，Aが〜した，そこで私は〜した，するとAに〜された」といった語り方である。ただし，この兆候だけは自白全体にではなく，その特定の部分にしかみられなかった。証拠から実際にS氏が体験したことが明らかな出来事についての説明のみに，こうした一貫した主語の交代がみられたのである。一方，それが実体験かどうか裁判で争われている犯行体験については，主語の交代がみられず，ほとんど常にS氏のみが主語になっていた。「私が〜して，〜して，〜した」という語り方である。犯行場面に登場する唯一の他者は被害女児である。つまり自白のなかでS氏は被害女児を主体的な行為者としてまったく語っていなかったのである。通常の体験を語る場合には自分と相手を頑なまでに交互に主体として登場させていたS氏が，なぜか犯行における最重要の他者である被害女児の行為だけを語っていない。S氏の自白にみられるこの「欠落」を見いだしたことで我々の信用性評価の作業は一気に進展することになった。

　この発見が具体的にどのような信用性評価に結びついたのかについては，す

でにいくつかの文献（大橋ら 2002；高木 2006）で紹介しているので，ここではS氏の自白を分析することをきっかけにして気づくことのできたズレを含み込んだコミュニケーションの姿を素描してみたい。

　我々が分析の当初からS氏の法廷での供述に感じ取っていた，浮いたような手触りは，ここで整理したS氏の自白の3つの特徴のみによって生み出されたものではなかった。S氏の自白がそうした印象を伴って我々に現れてきたのは，S氏が法廷に特有のコミュニケーションスタイルと出会ったことによるものであると考えるべきである。たとえば日本の刑事裁判では犯罪の動機の解明が非常に重視される。このため犯行を認めた被告人は法廷で，なぜ，どのような経緯でそうした犯行を決意したのか詳細な説明が求められることになる。当然，足利事件の第一審でも，犯行を認めていたS氏に対して，犯行動機がどのように発生したのかという質問が投げかけられた。だが動機のような心的なレベルでの出来事を語ることをほとんどしないS氏が尋問者の期待通りに応答することはまれであった。動機について質問されても具体的な行為のレベルでの応答が繰り返されてしまうのである。たとえば「いつそういう気持ちになったの？」と心的な経験を聞かれているのに「ゆっくり歩いていきました」といった具体的行為を語ってしまうのである。こうした食い違いに業を煮やした尋問者は，つい「こんな気持ちが起こったんですね」といった押しつけ型の質問をしてしまう。するとS氏はそれを否定するわけではなく，すんなりと「はい」と応答してしまう。こうして質問-応答のシークエンスとしては一向に嚙み合わないまま，しかし尋問自体は破綻することなく，最終的には尋問者の推測がそのままS氏の体験の説明として採用されることになる。我々が感じていた滑らかではない，少しだけ浮遊したようなS氏の自白の手触りは，どうやらこのようにズレながらも破綻せず，その食い違いの痕跡も速やかに消し去られるような，独特なコミュニケーションの展開によって生み出されているようであった。

　考えてみると，このように半ば強引に尋問者の推測を押し付けてくる法廷のコミュニケーションから，被告人という圧倒的な弱者の立場にあったS氏の語り手としての「個性」が浮かび上がってきたことは興味深い。単純に考えれば，強力な権力的コミュニケーションのなかでは，個人の弱々しい個性などすぐにかき消されてしまいそうである。だが実際には，尋問者がS氏に自分の

推測を押し付けることに首尾よく成功しているにもかかわらず，そこに生じたズレの隙間からＳ氏の語り手としての個性は確実に浮かび上がっていたのである。

　この事態を我々は次のようなイメージでとらえようと考えた（大橋ら 2002）。激流のなかで溺れている人がいたとしよう。遠目で見れば，この人は圧倒的な水圧でなす術もなく下流に流されていくだけである。だが溺れた人は，ただ漫然と押し流されていくだけではなく，その人なりのやり方で必死に浮かび上がり，岸にたどり着こうともがいているはずである。このもがき方は，その人の水泳の経験などよってまさに「個性的」なものになる。水泳の選手であれば激流に向かってクロールの動きを必死に繰り返すかもしれない。泳げない人であれば，とにかく顔が水面から出ているようにバタバタと手足を動かそうとするかもしれない。一見すると水圧によってただ人が流されているようであっても，実際には水の運動と身体の非常に個性的な運動の接触が繰り返されているのである。濁流の中にいる人が下流へと移動していくのは，水と身体という異なるシステムが接触したことによって創発される結果であり，この決して完全にはかみ合うことのない接触のなかで溺れる人の個別性が顕在化するのである。

　これと同じように，法廷におけるＳ氏もただ権力的なコミュニケーションの圧力に押し流されていたわけではない。尋問者による質問の圧倒的な「水圧」との接触面で，Ｓ氏はその個性的な語り口を反復していたのである。このようにコミュニケーションの接触面でズレながらも反復する個性的な語り手の参与のあり方（これを我々は「動的な個別性」と呼んだ）に注目するコミュニケーションの分析を我々は「スキーマ・アプローチ」と名付けた。これは想起を個人の頭のなかにある情報の表出ととらえるのではなく，反復される体験語りに見いだされる情報の体制化のダイナミックなパターンに注目していたバートレットの「スキーマ」概念に由来する命名であった。

4. 本書の目的と構成

　本書の出発点は，異なる文化的背景を持った人々の間で違和感や対立の連鎖が生み出されていく過程に注目し，構造的ディスコミュニケーション分析というアイデアに辿り着いた山本と，刑事裁判をフィールドにして食い違う質問-

応答の連鎖を語り手の個別性の問題と結びつけてとらえようとしてきた高木が企画した共同研究であった。山本と高木はそれぞれ異なる角度からズレを含み込んだコミュニケーションについて研究を進めていたわけだが、コミュニケーションをズレという視点からとらえ返すことによって、心理学研究に新しい視点が得られるのではないかという感触ははっきりと共有していた。コミュニケーションのズレを、情報伝達の単なる「失敗」ではなく、そこから様々な問題や可能性が生み出される「現場」としてより積極的にとらえることはできないか。たとえば構造的ディスコミュニケーション分析は、コミュニケーションのズレが異なる背景や立場を持った人々の間に違和感や対立を生み出すだけではなく、新たな関係を生み出すエンジンになる可能性を示している。スキーマ・アプローチがとらえようとしてきたように、極めて権力的なコミュニケーションであっても、そこに生じたズレの隙間から語り手の個別性が鮮やかに浮かび上がってくることもある。コミュニケーションのズレは、一方ではあからさまな対立として人々の軋轢を増幅し、あるいはその姿を巧妙に隠しつつ、人々を権力的な構図のなかに縛りつけ続ける。しかし、その一方で同じそのズレから関係のポジティブな変化や人々の個別性が生み出されもする。コミュニケーションのズレが内包する硬直化と生成の入り交じった複雑なダイナミズムを、多様な具体的事例のなかで可能な限り詳細に解明してみたい。このような問題意識に基づいて研究プロジェクト[注2]が2006年に組織された。本書の執筆陣は第1章の共著者姜氏を除き全員がこのプロジェクトのメンバーであった。研究プロジェクトでの議論は、それ自体が多様なズレを含み込んだ生成のコミュニケーションの刺激的な現場となった。特に山本の構造的ディスコミュニケーション分析の概念については、当初メンバーの間でも理解を共有することが難しい部分があったが、そこで展開した厳しい議論は、まさに対立を生み出しつつ、新たな理解を生成するズレのコミュニケーションの実践であった。また視覚障碍者である河野の議論や問題提起（本書第7章）は、「見える」世界を前提し共有する他のメンバーを常に根源的なズレのコミュニケーションへと引き戻す重要な役割を担っていたように思う。本書は研究プロジェクトのメンバーが意図せず生み出したコミュニケーションのズレのなかから、コミュニケーションのズレの新しい意味を共同的に生成しようとする試みの成果なのである。

　本書の構成は以下のとおりである。第Ⅰ部「対立から共同性へ」ではコミュ

ニケーションのズレが人々の間に明確な対立や葛藤を生み出していくプロセスと，そうした対立や葛藤が新たな共同性を生み出していくプロセスに焦点が合わせられる。第1章「ズレの展開としての文化間対話」（山本・姜）では，日中の大学生が一つの映画を巡って感想を交換することから生まれるズレを含み込んだコミュニケーションが，第2章「異文化理解における対の構造のなかでの多声性」（呉）では子どものお小遣いの使い方について日韓で実施された国際共同研究で生まれた研究者同士のコミュニケーションの揺れと葛藤が，そして第3章「ズレを通じてお互いを知りあう実践」（松嶋）では，中学校における協働的な生徒支援の体制づくりのなかで生まれたコミュニケーションのズレが，それぞれ分析の対象となっている。これら各章が取り扱う事例は，コミュニケーションのズレが人々の間にはっきりとした軋轢を生み出すが，そこへの積極的な介入によって人々の関係に変化を生み出す事も可能であるという，コミュニケーションのズレをめぐる基本的な問題の構図を理解させてくれるものである。

　第Ⅱ部「日常性の中のディスコミュニケーション」では，コミュニケーションのズレが明確な対立や葛藤を生み出さず，むしろ潜在しつつ様々な機能を担っている状況が分析の対象となる。第4章「ケア場面における高齢者のコミュニケーションとマテリアル」（川野）では，特別養護老人ホームで生活している記憶に障害のある老人たちがアザラシ型の介護ロボットに出会うことで繰り広げるコミュニケーションが，第5章「未来という不在をめぐるディスコミュニケーション」（奥田）では就職活動に取り組みつつある大学生同士あるいはキャリアカウンセラーとのコミュニケーションが，第6章「回想とディスコミュニケーション」（高木）では過去の体験をめぐる語り合い（回想）が，それぞれ分析の対象となっている。これら各章の分析は，日常生活のなかで特に明確な対立や葛藤として顕在化しないコミュニケーションのズレが，単に隠蔽されているだけのものではなく，日常生活の場における基本的な関係性（第4章），時間（第5章），想起（第6章）などを生み出す重要な装置となっていることを明らかにしてくれる。

　続く第Ⅲ部「ディスコミュニケーションを語り合う」は，第7章「見える文化と見えない文化」（河野）と，これを議論の出発点とした著者たちによる座談「ズレながら共にあること」（第8章）によって構成されている。第1章

から第6章まで様々なフィールドにおけるコミュニケーションのズレの問題を検討してきた著者たちが，見える者と見えない者というある意味では決定的なズレをめぐって討論することによって，本書がターゲットにしてきたコミュニケーションのズレという問題をより深く掘り下げてみたいというのがここでの目論見である。

第Ⅳ部「ディスコミュニケーションを語る視座」では，ここまでの各章の議論をふまえ，コミュニケーションのズレをめぐる本書の探求に暫定的ではあるが，一定の理論的な枠組みを与えることが目指される。第9章「ディスコミュニケーション分析の意味」（山本）では，コミュニケーションのズレの多様なあり方を，人々が「客観的世界」を共同的に立ち上げる構造との関係によって一貫してとらえる視点を構築することを試みる。第10章「ディスコミュニケーション事態の形式論」（高木）では，ここまでの各章での議論をふまえ，ズレを含み込んだコミュニケーションが生成，維持，対立化あるいは異なる関係性へと変化する言語的相互作用のメカニズムを，いくつかの先行研究も視野に入れながら理論的に考察する。

なお現実場面におけるコミュニケーションのズレを具体的に分析する第1章から第7章までの各章，およびそれらをふまえた討論を行った第8章では，各著者，発言者の理論的立場や視点の違いに応じて，コミュニケーションのズレを指し示す用語に若干のニュアンスの違いが生じている。しかし，その「ズレ」は軽微であり，おおむね以下のような意味内容で重なりあっている。

> **コミュニケーションのズレ**——コミュニケーションに食い違いがある状態を一般的に指し示す際に使用。
> **ディスコミュニケーション**——コミュニケーションのズレが当事者（または観察者）の対象，状況，文脈などに関する意味づけや理解のあり方の食い違いによって生じており，それが緊張や対立に発展する可能性を孕んでいる状態を指す際に使用。
> **構造的ディスコミュニケーション分析**——山本（2004）が提唱するディスコミュニケーションを生産的に調整するための実践的介入の方法を指す際に使用。

第1章から第8章までの議論における用語上，概念上の微細な「ゆらぎ」については，著者や発言者の議論の独自性や細かなニュアンスが損なわれることをさけるため，過度な統一を行わないことにした。その代わりに第9章，第10章で各章での議論をふまえたより包括的な概念的構造化を試みた次第である。本書の第1章から第8章の徹底的に具体に定位した議論と，それらの間に生まれた微細なディスコミュニケーションが，生産的に絡み合いながら第9章と第10章で新たな理論的考察を生成したと考えていただければ幸いである。

（注1）　ただし厳罰化の傾向著しい現在，ここに反転が起こりつつあり，「決して許さない」という態度表明が犯罪被害者の遺族などから繰り返される状況がある。危機的な状況でそれまで主流であった傾向に一時的な反転が起こる，ということもまた社会文化的なものとしての人間心理のダイナミズムとして重視すべきと考えられる。
（注2）　この研究プロジェクトはまず当時高木が所属していた東京学芸大学国際教育センターの共同研究プロジェクトとして2006年に組織された。その後，高木の異動に伴い2008年4月からは独立の研究会として共同研究が継続された。

大橋靖史・森直久・高木光太郎・松島恵介（2002）．心理学者，裁判と出会う――供述心理学のフィールド　北大路書房．
高木光太郎（2006）．証言の心理学――記憶を信じる，記憶を疑う　中公新書．
山本登志哉（2001a）．謝罪の文化論――対話の中のアイデンティティ形成をめざして　心理学ワールド，15，25-28．
山本登志哉（2001b）．虚偽事実の無意図的な共同生成と証言者の年齢特性――幼児と大人の語り合いはどうすれ違うか　法と心理学，1(1)，102-115．
山本登志哉（2004）．文化間対立という現実へ――構造的ディスコミュニケーション分析．山本登志哉・伊藤哲司（編）現実に立ち向かう心理学（現代のエスプリ，No. 449）　全文堂　pp. 158-167．

第Ⅰ部

対立から共同性へ
生成の現場としてのディスコミュニケーション

異質な者同士の出会いは，容易に多くの，深刻な軋轢を生み，
信頼し合うべき関係を不信の世界に変える。
そのときズレは予め確固として存在していた不動の差異として現れ，
両者の関係を身動きできない型の中にはめ込んでいく。
それは異質な他者との柔軟で新しい出会いの可能性を
固く閉ざしていく過程ともなる。

異質な者同士の出会いが創造的な場となる途は
どうしたら生み出しうるのだろうか？

ここでは山本と姜が，コーディネーターという，
呉が研究者や教員という，
そして松島がスクールカウンセラーという他者として，
その異質な者同士の出会いの場に参入する。
そして差異の構造化とその脱構築を反復しながら
関係が生成展開する様子を，参与的に記述することを試み，
この問いにこだわり続けてみたい。

第 1 章

ズレの展開としての文化間対話

山本登志哉・姜　英　敏

1．問　題──対話実践としての異文化理解研究

1-1．本章の課題と分析プロセス

　この章ではコミュニケーションのズレが，単に個人の性格や考え方の違いとしてではなく，文化の違いに原因があると「見えてくる」場合を取り上げる。ここであえて「見えてくる」と括弧に括ったのは，文化というものがそれを文化として理解する主体から独立に，客観的な実体として固定的に存在しているものではない，という認識を前提にするからである（関連する議論として細川 2002 等）。文化は対象者とのコミュニケーション，あるいは誰かが生成した対象を理解しようとする試みの中で，単なる「認識された事実」ではなく，そのような形で生成され，対象や主体の理解や行為を新たな形で実践的に構造化する何ものかとして共同主観的に現れる（第 9 章の山本の議論，砂川 2007 の議論も参照）。

　具体的には中国の張芸謀（チャンイーモウ）監督の映画「あの子を探して」（原題：一個都不能少）（張 1999）を素材とし，日本の大学生と中国の大学院生（以後参加者と呼ぶ）がその登場人物や行為の意味を巡って行ったやりとりの過程を分析する。そこではお互いに相手を理解できないたくさんの問題が浮かび上がっていったが，中でも特に議論が白熱したポイントとして日本の参加者から注目された「お金」の問題をここでは主たる分析対象として選択する。

　このように映画を異なる文化性を持った人々が議論をすることで，無意識のうちに生ずるお互いの生活感覚レベルのズレを対象化し，それを契機として自他を再認識し，コミュニケーションに新しい展開を生み出そうとする試みは，「円卓シネマ」と名付けられ，日本・中国・韓国・ベトナムの各地で行われている。国内の複数の大学でもこの方法を取り入れた新しい異文化理解の授業が展開している。日中韓越の研究者や学生，市民などが参加して日本で行ったそ

の最初の試みはすでに出版され（山本・伊藤 2005: この方法における映画という対話媒介ツールの特質については同書を参照されたい），さらに日本の植民地支配の歴史を巡る傷をどう修復できるのかを考える上で，実は日韓の間に「傷ついた関係の修復」の内実をめぐる，きわめて深いズレが意識されずに存在していることを対話的に描き出す試み（「傷ついた関係の修復：円卓シネマが紡ぎ出す新しい対話の世界2」（伊藤・山本 印刷中））も行われている。

1-2. 本章の方法論的立場

本章での分析は以下のように進められる。まず山本がこの映画のストーリー展開に対して最初の段階で日本の参加者から出された疑問点を，上記の問題を中心にまとめ，続いて時系列に沿ってそのテーマを巡る中国の参加者とのやりとりを記述し，相互の了解のズレとその解消への試みがどのように展開するかを分析する。次にその山本の分析に対して姜が批判的に検討を行う。そして最後に再び山本が姜の検討を受けて簡単なまとめを行う。

このような作業手順を踏む理由は次のようなものである。我々が参加者に依頼したのは，上記の映画を巡ってお互いに自分とは異なる他者の視点をどこまで了解できるかに挑戦することであった。ここで大事なポイントが2つある。まず第一に参加者たちは「お互いが納得のいく共通の了解」を目指した。そこでは相手の主観的意味了解を無視して自分の理解を確立する作業を行うのではない。そして第二にそこで語り合われるのはお互いの素朴な生活感覚からのズレが生み出す疑問についてであって，それはあくまで「生活実践者としての見え」のレベルで成立するやりとりである。

従ってそのやりとりは基本的に「あなた（たち）はなぜそのように振る舞い，考えるのか」「自分にはこの言動の意味はこう見えるのだけれど，あなた（たち）から見るとどうなのだろうか？」と相手の了解の仕方を尋ね，また相手の問いに答えることの連鎖となる。ここで自己は相手の主観的な意図や了解を想像してそれに対する自己の了解の妥当性を相手に問う主体であり，「神の如き客観性」の位置から相手を断罪することができない。むしろ自己の見方の妥当性についてその決定権を相手にゆだねるという関係を相互に結ぶのである。この意味で両者は相互に依存しあう対話的な関係の中にのみ存在する。

山本が記述分析するのはそのような形で成立する対話的な過程であり，そこ

で問題となるズレやその構造を対象化し，メタ的に読み解こうとしている。ではそのように読み解こうとする山本は一体何者だろうか。山本は日本に生まれ，そこに優勢な人間関係のあり方の中で人生のほとんどを過ごしてきた心理学研究者である。中国にも比較的頻繁に訪れ友人たちと共同研究を続けているため，普通の日本人に比べて少し中国的人間関係に理解が進んでいる面はあるが，未だに中国のことがよく分からないという深刻な実感を持つ。それゆえ参加者の議論を聞いていても日本人参加者の見方にはとてもよく分かるものが多く，逆に中国の参加者の意見は実感として了解しきれないものが多い。その意味で両者を公平に「客観的に」分析することなど思いもよらないのである。

　従って上記の意味での対話的な過程のメタ了解としてこの分析を行おうとする以上，山本は「神の如き位置に立つ研究者」であることは不可能であり，この点で他の参加者と何ら変わりがない（山本 2007；Yamamoto, Takahashi, Sato, Oh, Takeo & Pian, in press）。そのことを前提として，研究として自己の視点を相対化しつつ分析を行うためには，ここで自分とは異なる視点を持った分析者との対話が要請されるのである。姜はかつて日本に留学生として計3年半滞在した経験を持つ，朝鮮族中国人の教育学研究者である。その姜はちょうど山本と対極的に日本側の参加者の議論には，最後の所で分からなさを残し続けてきている。山本の視点からの分析は，そういう姜の視点から相対化され，また姜の視点も山本の視点から相対化される必要がある。

　すなわち「誰も対話的関係を超越した神にはなれない」と考えるのがこの研究の方法論的立場である。当然ここでは相互的相対化の中で，ある絶対的に客観的な対象理解が成立すると考えているのではない。むしろそういう固定的理解を本質的に不可能とする認識を大前提とし，異なる視点の交差それ自体の中に何かを生み出す永遠の対話的実践を起動しようとするにすぎない（ある一人の記述主体の言説で本質的に完結しない対話的研究のあり方については，バフチンの議論や書簡論を参照した矢守（2009）の議論も参照されたい）。

1-3. 具体的な手続き

　この企画への最終的な参加者は日本は山本の授業（基礎演習・社会文化心理学・文化心理学的発達論・社会文化心理学演習）での募集に応じた早稲田大学のうち学部生5名，そして中国は姜のゼミ生である北京師範大学の大学院生の

表 1 参加者属性（参加当時）

早稲田大学人間科学部　学部学生	
川口（1年生・男）	満丸（1年生・女）
安田（1年生・男）	千先（2年生・女）
青木（3年生・女）	山本（教員・男）

北京師範大学教育学部　修士課程学生	
周（2年生・女）	高（2年生・女）
陶（2年生・女）	成（3年生・女）
劉（3年生・女）	姜（教員・女）

うち参加が可能だった5名の計10名である（表1）。参加者にはその目的を「日中の異文化理解への挑戦」という形で提示し，基本的には「相手を理解しよう」とする姿勢を持って臨んでくれている。

　使用した映画の概要は以下のようなものである。「貧しい中国の農山村にある小学校のカオ先生が母親が危篤となって1ヶ月の休暇を取ることになった。その間の代用教員を村長が村々を回って探すが誰も来てくれず，小学校を出たばかりの少女ミンジを連れてくる。先生らしいことは何ひとつできないミンジはカオ先生の二つのこと，黒板に教科書を写して子どもたちに写させることと，貧しさ故に退学者が相次ぐ状態の中でこれ以上ひとりも学校を辞めさせないことだけを，ただ乱暴に子どもに命ずる。ところがいくつかの出来事の後，一番の腕白少年ホエクーが街に出稼ぎに出されてしまう。ミンジは驚き，なんとか連れ戻そうと必死になり，やがてテレビ局の協力で街で行方不明になっていたホエクーを探し当て，また同情した街の人々の多額の寄付を得て村に戻る。」

　実際の議論は文章化した感想ファイルの交換と，テレビ会議システムを利用したディスカッションを組み合わせて進行させた（図1）。分析対象となる資料は感想（日本側4種類・中国側2種類），日中個別の映画鑑賞後討論の書き起こし（日本側中国側各1種），日中共同のテレビ会議討論の書き起こし（1種）および最終インタビューの書き起こし（日本側のみ）である。日本側の資料が相対的に多いのは今回の企画では中国側の映画のみをとりあげ，それを日本の学生がどう理解するか，その理解に対する中国側からの反論や説明などを経て，日本側の理解がどう変化するか，ということが主たる焦点となるためである。

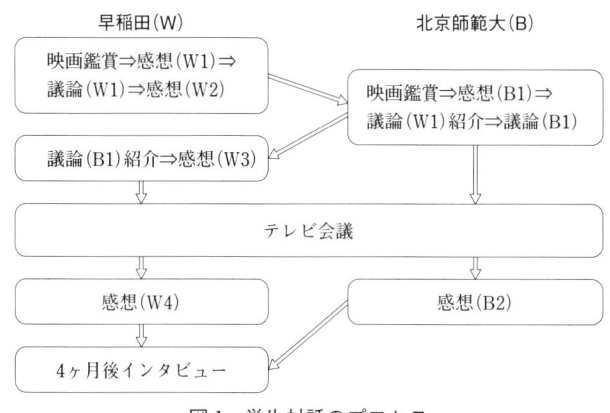

```
         早稲田(W)              北京師範大(B)
     ┌──────────────┐
     │ 映画鑑賞⇒感想(W1)⇒ │    ┌──────────────┐
     │ 議論(W1)⇒感想(W2)  │──→ │ 映画鑑賞⇒感想(B1)⇒ │
     └──────────────┘    │ 議論(W1)紹介⇒議論(B1)│
            ↑ ←───────── └──────────────┘
     ┌──────────────┐             │
     │議論(B1)紹介⇒感想(W3)│ ←────────┘
     └──────────────┘
            │         ┌─────────┐
            └────────→│ テレビ会議 │←──────┐
                      └─────────┘       │
            ┌────────────┘   └────────┐ │
            ↓                         ↓ │
     ┌──────────┐              ┌──────────┐
     │ 感想(W4)  │              │ 感想(B2) │
     └──────────┘              └──────────┘
            │
            ↓
     ┌──────────────┐
     │ 4ヶ月後インタビュー │
     └──────────────┘
```

図1　学生対話のプロセス

　議論の際山本と姜はまず参加者に十分な時間を取って自由に話をしてもらい，その後用意したいくつかのポイントについて，参加者の意見を聞く，という形でかかわった。

2. 結果と分析──ズレと理解の循環過程

2-1. 映画鑑賞直後の感想

2-1-1. 全体の印象

　鑑賞後の議論は日中別々に行った。日本の参加者からはまず1990年代末の中国農山村の想像もしなかった貧しさに驚き，子供たちの置かれた義務教育の厳しい現状に衝撃を受け，またそこで展開される人々のやりとりに驚愕し，違和感や反発も感じてなかなか感情移入ができない様子が語られる。その後，ミンジが大変な苦労をしてホエクーを探すシーン前後からやや感情移入が始まり，感動して涙するシーンなども語られるがどうも気持ちがついて行かない部分が残り続ける。平均的にはそのような経過であったと思われる。

　これに対して中国の参加者の感想はかなり違って，全体に感動と共感が基調になっており，心を強く揺り動かされている様子が分かる。たとえば高は鑑賞直後の感想文に次のように書く。「私自身農村の出身であり，小学校から中学まですべて村の学校で学んだので，映画の中の多くのシーンで自分の記憶がた

くさん蘇った。月曜の朝のでたらめな国旗掲揚儀式，教室のチョークが貴重なことや古い壊れた教卓等，どれもが深く心を揺さぶる。全体的にこの映画は人々の心を大きく揺るがし，農村，とりわけ貧困な山間の義務教育問題をかなりリアルに映しだす映画であり，小さなエピソードから入って物語全体で（それらの問題を）切々と語り続け，人々に深く理解させるものだと感じる。」

2-1-2．お金を巡る日本の参加者の議論

　都市部出身の一部の中国の参加者ですら驚くような農山村の貧しさに，日本の参加者が驚いて気持ちがついて行かない部分が生ずること，逆に中国の参加者には全体としてリアルに感じ取りやすいこと自体は特に不思議ではない。だが日本の参加者が感じる違和感は，そういう経済的状況を越えて人間関係やその中での人々の生きる姿の質に及んでいる。

　日本の鑑賞後議論では最初に感情移入ができたかどうかの議論があり，それに続いてごく自然に話題になったのが「お金」を巡る多くのエピソードであった。青木はミンジが当初ホエクーを探しに行った理由を「やっぱり自分の給金のため」と語り，満丸も賛同する。そしてホエクーを探しに街へ行く交通費を捻出するためにミンジが生徒にお金を無理矢理出させるシーンについて，満丸は「そこすごい衝撃でした」と笑い，川口も「許されないじゃない」と述べる。またホエクーの失踪を聞いたミンジが，彼と共に出稼ぎに出た同郷の女の子ジメイに一緒にホエクーを探すよう頼むと，休業補償に日給分を要求されて言い争うところも話題にあがった。川口はお金は先払いか後払いかの2人の争いをお金に関する相互の不信感の表現と見た。「約束とかそういう決めごととかを，なんか日本人ていうかあの僕たちは結構守ろうとするじゃないですか。……（ところが映画では）破って当然みたいな，なんか村長さんとか。……そこらへんなんか違うなあって。よく約束……無視できるなあって。」このようにお金の場面で感じた違和感は「約束を大事にする日本人」と「嘘をつく中国人」という対比で一般化され始める。

　だがこのような「不信感に満ちた世界」という像がいったん明示的に語られると，今度は逆にミンジがさまざまな危険をも顧みず，見知らぬ大都会で文字通り飲まず食わずに近い状態でホエクーを探し続ける情熱も，そのミンジ先生と子どもたちの間に生まれた絆も，子どもたちがホエクーを探しに行く費用を

捻出すべく一生懸命煉瓦運びをするシーンも，街で放浪する飢えたホエクーが食べ物を恵まれるシーンも，その像ではよく理解できないものとして改めて浮かび上がり，疑問のまま残される。ここで山本が共感できたシーンを尋ねた後，お金が絡むシーンをどう感じたか改めて尋ねたところ，満丸は「お金，執着心がものすごくありますよね。……日本だとあんまりお金のことを（相手に）聞けなくないですか。うん，でそこを露骨にこう『いくら，いくら』っていう（笑い）。何かするとしても，なんか先にやることに対して先に『いくら払うのだったらやるわよ』っていうその態度？　すごいなあって思った（笑い）」と答えた。そしてかつて貧しい日本も同じだったか問う青木に対し，川口は「でもイメージ的には，もっとなんか奥ゆかしくって」と答え，ここでは「奥ゆかしい日本人」と「露骨な中国人」という対比イメージが浮かぶ。

　さらに山本が２つシーンを特定して評価を尋ねた。第一は，町の体育学校の先生が足の速いシンホンをスカウトにきて，その同意を得て翌日町に連れて行こうとするのだが，「生徒を１人も減らしてはならない」と言われていたミンジがそれを拒否し，彼女を隠してしまう。そこで村長がホエクーにお金を渡して隠れ場所を聞き出す「買収」場面である。青木は「これ，子供まともに育たないよ」と笑い，川口は「日本の大人だったらそんなこと絶対にしないかな，お金をあげる。飴でつるとかそういうのはあるかもしれないけど。あんな汚い金のやりとりを」といずれも強い拒否感情を表し，村長の行為はおかしいという点で全員が一致する。青木「村長って普通，……信頼されるに値するような人物がなるじゃないですか」，川口「めっちゃ悪役じゃないですか」，青木「悪役ですね（笑い）」。

　第二は，学級委員ミンシェンが必死で止めようとしたにもかかわらず，ホエクーがミンジともめて貴重なチョークを踏みつぶしてしまう。そこでミンジがホエクーに謝らせようとしたがホエクーは拒否し，金を払ってすませようとするシーンである。ミンジはそれがチョーク代に足りることを確認してそれですませてしまうのだが，このシーンの評価は次のようなものだった。満丸「大人の影響そのまま受けていますね。なんかお金で解決。素直にごめんなさいって言えばいいのに」……，青木「そんな汚い謝り方はいけないよって思いました」，山本「一応あれで，ミンジはまあ納得してますけどね」……，青木「（笑い）『そんなんじゃなくって』って言って欲しかったです。……そういうのに

慣れきってたのかも知れないしね」．川口「そういう……社会なのかなって。なんでもそうやって解決していく。……むしろ謝っただけじゃ許さないみたいな（ことかもしれない）。（笑い）要は金なんだみたいな。……謝ることよりはチョークをなんとかしてという（ことかも）」。

　ここは参加者にとってかなり琴線に触れる部分であったようで，なぜそのシーンに自分たちが違和感を抱くかを説明を試みる。決してお金で処理してはならないと彼／彼女らが感じる問題について，それですませていると見えることに対して抱く強い忌避感情がそこには見られ，その点で村長の「買収」シーンへの違和感にもつながる。

　ただし，それらの議論をまとめて山本が「ものすごくお金に関して汚いみたいな状況があって，そこでは人と人との信頼みたいのがない世界というか，金で解決する世界というかだいたいそんな感じなんですかね？」と問い直すと，それにあてはまらないシーンがいくつも思い起こされてくる，という一種の理解の混乱が再び起こる。川口は「お金ももちろん大切だけど，友情じゃないか，なんかそのそこの中でのまとまりみたいな，……金では解決できないなにか絆みたいなのがあるんじゃないでしょうか。なんかお金だけの関係では少なくともないような気がします」と言う。にもかかわらず，全体としては「いや，でも他のシーンのインパクトが強すぎて（笑い）。……お金っていうインパクトが強いですね。……すごい強烈だった（笑い）」（青木）というそのインパクトに引きずられる状況は最後まで変わらない。

2-1-3. 日本の議論に対する中国の参加者の議論

　中国では参加者みんなで映画を見た後，まず感想を各自が書き，その後に姜が日本の参加者の感想や議論の概要を参加者に翻訳して紹介した。以下，その紹介の後に行われた中国の参加者の議論からお金や村長の問題を中心として，その概略を説明する。

　議論の出だしの発言は成の「さっき（姜）先生からあんなに沢山，お金への日本人のああいう敏感さが語られましたけど（笑い）」ということばだった。続いて周が提起するのはミンジがホエクーを探しに行った最初の理由である。彼女は日本の参加者が考えたような「給料のため」のみではなく，むしろ見知らぬ街に出されたホエクーへの心配が大きかったという。さらに周がミンジの

教師としての愛情の芽生えと成長について語ったのを受けて，高は「生活の中ではいろんなことがお金から始まっているけど，最後にはだんだんと周囲の人や出来事がみんな人を変えていって，その中にすごく沢山愛情が加わって，それで徐々に最初のああいう強い私利の目的から離れていく。そういうの中国人の本性じゃない？　中国人は「性は本善なり」でしょう（笑い）」とお金と（愛）情の中国的関係をまとめる。そして周はそれを次のように彼女の理解する日本と対比させる。「日本は誰が見てもみんなすごく礼儀があって礼節があるんだけど，人が本当に面倒を抱えているときには，誰かが来て助けてくれるかどうか本当に心許ない。でも中国は人をあんまり構わないんだけど，……実質的には最後に彼らの助けを必要とすれば，彼らはやっぱり助けるだろうし，というか，意識しないけど助ける。」

　お金のシーンに違和感を抱いた発言もあり，たとえばミンジが子どもにお金を出させるシーンも日本の参加者同様に理解不能という参加者がいる。「どんな目的から出た動機であってもそれは理由にならない。子供にお金を差し出せと命令する権利は（ミンジには）ない」（劉）。それに成も賛同するが，2人は高によって即座に反論され，やはり状況を考えれば理解できるとする陶や周と議論が続く。そして落ち着いた先は「（ミンジの）動機は私達は理解できるけれど，こういうやり方は推奨できない」（周）ということであった。興味深いのは，「やり方はまずいが，緊急の状況でミンジもやり方を知らないし，たった13歳の子どものやることだから」という形でそれを受け入れるニュアンスが高や陶，周から繰り返し出され，成も「みんなのいうのは分かった」と言わざるを得ない展開になったことである。参加者たちが日常の中で持つある基準からは認めがたい事であっても，当事者の状況とその意図を考えれば十分に受け入れられる，という形の議論はこの後も対象を変えて繰り返される。

　日本の参加者には「悪役」とされた村長について，高は「村長はいい人だとは言えないと思うけど悪い人とも言えなくって，彼は要するに1人の普通の人でしょう（みんな笑う）。彼は全く普通の全く素のままの彼を表していて，どこにも奇妙なところとかがない」と言い，また劉も「普通の1人の人。ほとんどの村長がこんな感じ」と言い，日本と著しい対照を見せた。村長がお金を渡してホエクーからシンホンの居場所を聞き出すシーンについても姜はその評価を尋ねているが，「それはすべての中国人がそんなふうにするでしょう（みん

な笑う)。私の親もそういうことを言う」(周)など何の違和感もないことが語られる。それは「試験で何番になったら、ご褒美にいくらあげるとか」(周)といった話と同じだという。姜が重ねて「友達を売ったことにはならない?」と尋ねても「そこまでのレベルじゃないでしょう。彼(ホエクー)は多分そんなにいろいろ計算してない」(周)など問題視する意見は聞かれず,むしろ逆に日本の参加者の見方を不思議に感じている。

　日本とのこの違いは何なのかが話し合われるが,仮にこのやりかたに多少問題があったとしても,「結局この状況ではそれでもいい方向に進んだわけで。子どもは町の学校に入ったし」(劉)とその結果の良さが注目され,周は「多分私たちはかなり結果に注目していて,その過程はあんまり気にしていないのよね。結果が良いものでありさえすれば,過程でどんな方法をとっても,たとえば病気を治すとか,人を助ける過程であまりよくない方法を使ったとしても,私たちは許せると感じる。結果がいいと思える。でも日本のみなさんはたぶん彼らの方法が正しくないということにより注目してるんじゃないかな」と対比する。この対比は他の参加者にも受け入れられ,高は「(日本では)ひとつひとつ全部が規則にあって最後の目的に到達しないといけない」と言う。

　彼女たちはこの後「私達は中国の映画を見て,もうまるで自分たちを怪物を見るような目で見てる」(高)といってみんなで笑うが,自分たちにはごく日常の普通の感覚の中で成り立っていることが,上記のような形で異常な事態として日本の参加者に語られることに本当に驚き,とまどっているのである。

　以上の議論をふまえ,テレビ会議で直接お互いが疑問をぶつけ合う場が設定された。

2-2. テレビ会議における議論

　テレビ会議には中国の参加者は鑑賞後の議論に参加した全員が出席し,日本の参加者は日程的な都合で2人が入れ替わった。ただし入れ替わった2人も映画を見て自らの感想文を提出した後,日中の全ての参加者の感想と,加えて日本の参加者同士の議論については予め目を通して来ており,話の流れは同様につかんでいる。中国の参加者は前述のように,日本側の議論や感想をすでに姜から紹介された上でテレビ会議に臨んでいる。そしてこの議論も,まず参加者に自由に感想や疑問をやりとりしてもらうという形で進めた。

最初に川口が提起した問題はカオ先生の評価についてであり，自分はその教育法などむしろ印象が悪かったのに，なぜ中国の参加者の評価が一致して極めて高いのかという疑問であった。これに関するやりとりが一通り終わった後，成が日本の参加者に投げかけた疑問は，村長がシンホンの隠し場所を知るためにホエクーにお金を渡したことがなぜそれほど問題にされるのか，お金ではなく飴などならいいのかということであった。これについて安田は次のように述べた。「（ミンジが）代用教員として来ている以上，……日本的っていうか，まあ私の中の考え方では，……（責任者のミンジ）先生を通さずに，なんかその生徒を捜すことを，だけを目的にして，何かを渡すことを対価として情報を得ようとしたっていうのが，個人的にはいい行為だとは思えないですね。」
　この安田の意見に対し周から「村長の行為自体がいいとはもちろん言えないけれども，結果としてはよい結果だった。……そのことについてどう思いますか？」と問われるが，千先は「あの，結果的に良かったからそういうことをしても良いのか。っていうことは（それは中国で大切にされるという）『道理』には反さないんですか？」と反問する。高は「大都会とか経済的にとても発達しているところであれば許せない行為かもしれないけれど，こういう（貧しい農村という）独特の場所，独特の環境で行われることでしたら理解ができる」と，もう1つの論点を出して答えた。そしてさらに次のようにその特殊性，倫理基準の相対性を説明している。「特に中国の田舎の方では，きまりや約束という制度的なものがあまり整っていなかったというところにまず注目してもらいたいです。次に，決まりや約束という制度的なものが整えられていないところでは現地の風習が行動の基準になっていて，村長の行動はその現地の基準に従っただけなのでそんなに悪いとは思えません。特に経済的に発達していないところは，お金に対する警戒というものはやっぱり都市とはかなり違ってくるので，その意味するものが違うということ。」
　これを聞いて千先は「日本にもそういうなんだろう，そう，独特の風習みたいなものはあるから，理解できないことではないかも」としながらも「しかし」と納得のいかない様子を見せる。すぐこれに続いて，スカウトがシンホンを町に迎えに来たときに親に断らずに連れて行っていいと村長が即座に断言したシーンについて，安田は「あれを見たときになんかあの，ま，勝手な想像ですけどなんか単に，……風習に従ったからとは違ってなんかあの村長になんら

かの利権が発生していたのかなっていうことを考えた発言だったのかなって思ってしまったのが，ちょっと村長に対していいイメージを持っていない一つの理由」だと疑問を提起し，やはり「風習の違い」では納得できないものが残ることを語っている。

　だがこの安田の理解に対して中国の参加者たちは「私達はぜんぜんそう思いませんでした（笑い）」と即座に否定し，日本の参加者たちを驚かせている。姜は彼女たちの話をまとめて次のように説明している。「2つの点から説明できると思います。ひとつは，中国の田舎の村というところでは血縁的関係のある家族の集団と言えるところもあるし，（血縁）関係がなくても何百年という長い間いろんな関係を持ちながらそこで生きてきたところもあります。村全体がひとつの大きな家族のようになっているから子供達も自分の子供のように見えている。そういうあなたのもの私のものとか，そういうはっきり分けられる状態じゃないということがひとつです。もうひとつは村長は村の中でとても威信のある人というふうに見られていまして，（村の）みなさんのかわりに村長がそういうことをしてても，やっぱり結果的にこの子に対していいことであれば，全然問題がない。」けれども千先が笑いながら「すごーい」と言い，川口が「ええ？」と驚くように，この段階ではその田舎の独特の環境からの説明が日本の参加者に納得されることはなかった。

　それから村長が50元をミンジに払う払わないでもめたことについて千先が「なんか嘘つきだっていう感じがしたのね」と言うなど，村長とお金に関するやりとりが少し続いた後，成から「この映画を見た後の私達の一番最初の感想は感動していると（いうことだった）。それから（ミンジの）精神力に感心したというのが第一印象でした。けれどもなぜ日本のみなさんは，あのお金のことにそれだけ集中して，お金ばっかり見ているの？」という疑問が提起され，日本でのお金の意味が問われた。これに日本の参加者は考え考え次のように語った。「日本人としてはお金がからむ問題イコールなんか汚いみたいな」（川口），「お金が絡むと汚くなる」（千先），「がめつくなってるといやな感じがする」（川口）。

　それらの発言を聞いて周から，では友人からお金を貸してと言われたらどうするか，という質問が出た。川口はそもそも「友達同士で貸し借りしない」と答え，安田も「貸し借りは基本的にしないですね。したくない。友達とお金で

関係を（結ぶことを）したくない」という。千先はさらに「ありえないっていう感じがするなあ」と述べる。中国の参加者はそれを不思議に思い，どうしても必要なときはどうするのか重ねて問うのだが，川口と千先は親に借りるといい，安田は「友達とどういう関係であるかで，そしてまた状況とか，あの求められる金額によってはもちろん出しますね。でもなんか個人的に（は）借りることはしたくないです」と言う。この意見に千先も賛成して「お小遣い程度の額ならいいけど，やっぱそれ以上となるとやっぱ考えちゃうかな。その後，あとあと返せないとかなると，人間関係が悪くなる可能性があるし」と語る。

　これを聞いて周は，中国で最近お金の貸し借りのトラブルが多くなり，契約をしっかりしておく風潮も多くなっている状況を説明した後，「もうひとつの中国の特徴として，未だに親しい友達の関係であれば，返すか返せないかを考えずに，自分のお金を共有するというところも強く残っています。たとえば友達が病気になったときに，自分の全財産を費やしても友達に使ってしまい，それであとで返さなくても良いというところも結構残っているんですね」と語るが，その説明を聞いて日本の参加者はおどろき「それは日本にはないです。……いくら親友でもそれはないかもしれない」（千先）と言う。

　借りたお金を返せなくなって人間関係が壊れることを予め避ける（千先）という日本の参加者の意見に対して「中国のお金を巡る感覚には人情というか道徳的（な要素）や義理というものが後ろで働いていて，お金を共有することによって人情を深めているところがあります」（高）という対比関係が浮かび上がったところで，山本が「みんなで飲みに行ったときに，最後に払うときにお財布を見たらお金が足りないっていうことがあります。そういうときに仕方なくお金を借りることはありますけど，恥ずかしいっていう感じがあるんですね」と自分の感覚を話す。

　安田と千先はすぐに賛同し，千先はさらに「申し訳ないとかそんな感じ」と付け加える。姜はそれに納得せずなぜかと尋ねるが，そもそもそれを問い返されること自体に川口も千先も安田も驚いて考え込んだ。そして迷いつつ語ったことは「自分が貧乏だと思われたくないから」（川口），「俺は違う。……状況を想定できずに……その場のノリで行ってしまったというのが個人的には嫌だからですかね。それでなんか恥ずかしい」（安田），「自分をコントロールできていないからかな」（千先）といったことだった。納得しない陶は「でもみん

なで一緒に行くので，お金が無くても他の人に頼めばいいじゃないですか」というが，これがまた日本の参加者には驚きであり，「ええ？」(安田)，「それは」(川口)，「すごい！」(千先)と笑いつつ絶句している。

　日本の参加者の解説がよく分からないと中国の参加者たちに言われ，安田が「お金を借りるということで他の人に迷惑をかけるっていう感覚があるので，その迷惑をかけないためにもなんか事前に想定できることはすべてしておこうって思う」と説明し直すと，周は「他の人に迷惑をかけないのはいいかもしれない」と言うが，成は「そうすると人と人の距離がすごく遠慮しすぎでお互いに信頼できない」のではないかと疑問を投げかける。千先はそれに対して「いやあ，信頼してないっていうんじゃなくてお金はやっぱり別の話なんですね，なんか感覚的に」と答えるが，「人に信頼され，誰かに助けを求められてそのことが私のできることだったらうれしくないですか？」(成)とさらにたたみかけられ，「助けてあげる力になる点ではうれしいけど」(千先)とうまく説明できなくなる。考えた後に安田は「なんか，貸しても信頼得られないけど返さなかったときに信頼なくすって，そういうのがあって」と語った。

　このあと，日本の参加者はなぜお金を汚いものという感覚を持つのか，ということについて等の議論が交わされて休憩に入った。その休憩時間には川口がカメラを通して中国の参加者におどけて見せて笑いあうという，親しみを増大させる行為が自然と発生し，その後再び日本の参加者同士の雑談になる。その中で最初に語られたのは，自分たちが驚き到底納得できなかった問題について「たしかに村独特の，なんか風習があるっていうのは分かる」(千先)という形で理解しようとするものだった。安田もそれに賛成し，千先はさらに「日本でも昔はこう，都会と村の違いってあったわけじゃないですか。そうすると都会の人からしてみると田舎のそういう風習とかっていうのは理解できないと思うことがあるから，それと同じような感覚だろうなっていう感じはする」と自分たちに引き寄せた類推を進め，川口も「バックグラウンドの説明をされると分かるかなって。何も知らないところだと，……違和感がする」と言う。

　しかしそう考えたとしても，「『(シンホンを町に出すときに)親に言わなくてもいいんだよ。なんか結果的に良かったからいいんじゃない』っていうのが，意味わかんない」(千先)という疑問が残り，安田は「これは文化の違いなのか，……貧しさから来るからか分からないんですけど，なんだか人間関係その

ものに関して，なんか理想のイメージっていうか中国と日本で抱いているものが違うのかなっていうのはちょっと感じますね。……たとえばなんか信頼とか責任とかいう概念を並べたとしても，……その概念の解釈の仕方が違うのかなって」とそのズレを両者の人間関係の理想，概念内容の違いに求め始める。千先も「中国側から，……人情とか義理をこうお金で表現するっていったらあれだけど，お金でも表現できるっていうけど，日本人って……本当に助けたいんだったらお金の方じゃ無くってもっと違う……感じがする」とその両者の対比構造を探り，その視点から「そうすると中国人にしてみたら，日本人はお金に執着するように見えるのかな？」と相手の視点から見た自己像を探り始める。

　休憩後の姜の最初の発言は「こちらのみなさんの意見ですけれども，お互いに（価値観が）崩壊してしまいそうって（笑い）」というものだった。山本がここで村長によるホエクーの「買収（参加者はそれを「賄賂」という概念で議論）」について相手の見方をどう理解したかを一人ずつに尋ねた。成は「相手の利益になる物を渡して自分の目的を達する」という意味で賄賂を捉えれば，たしかに村長の行為は賄賂に当たるかもしれないという理解を示しつつ，しかし村長は「そこまで考えていなかった」し「中国の貧乏な山奥の村という特殊な環境の中でそれは賄賂という形には表れていなかった」と述べた。周はその行為が村長の個人的利益に結びつかないから賄賂とは言えないと主張した。

　高は「日本の方の話を聞いてその賄賂という見方に対しても少しは理解できたような気がします。……日本はルールというものが社会全体に浸透していて，少しでも生活の中でルールに反したことがあれば，すぐ価値観とかそういう大きな問題につなげて考えてしまうんじゃないかという印象がありました」と述べた後，「中国ではルールという問題に絡む場合には，もっと大きなもっと厳しい厳重な過ちじゃないと細かいことはもうどうでもいいという考えがあるかもしれない」と言う。陶は日本の参加者の「賄賂」という解釈は聞くまで全く思いつかなかったが，説明を聞けば分からないでもないこと，しかしホエクーもお金とは何かなど「その意味についてあまり分かっていなかった」と述べる。周は中国文化の伝統的概念「義」の中には友人と全てを共有する意味が含まれ，友達のためには命を失ってもかまわないという道徳的な感覚が未だに残っていることを主張する。

　これに対し川口は，村の人たちが家族のような関係で村長はシンホンのため

を思ってそうしたとすれば，「まあそういう手段をとったというのはありかなと」と理解を示すが，しかし日本は過程をもっと大事にし，結論がよくてもそのやりかたは「許されることではないです」と述べる。安田も中国の村の特質や村長の役割が理解されておらず，賄賂の考え方自体も違っていたので解釈に違いが出たのだろうと述べ，それを理解すれば確かに理解できる行動であると述べた。また千先もやはり村が都会と異なり，決まりや約束などの制度が整っていないために風習としてそういう行為が生まれたことは理解したとした上で，教育ということを考えればホエクーは「お金で解決をしようとしたっていう姿勢を村長から学んだ」ことになり，「都市ではこうお金で何でも解決するのはなんかあまり良くないって考えているのに，村ではそういう考えが広まっていると，こう将来的にその教育っていう場から考えるとどうなのかなっていうのはちょっと思いました」と疑問を残す。

　再びフリーの議論になり，お金を貸すことと信頼関係について対比的な議論が行われた。周は「昔お金を貸したことがあるのにあなたは貸してくれなかった，ということになるとやはりまずい関係になる」と言い，貸し合うことは信頼の証だという。これに対して千先は「貸してあげたことがあるのに貸してくれないっていうと，気まずくなるじゃないですか。だから最初から気まずくなるような状況を避けておく」という。ここでは「関係を維持するために」という同じ理由が互いに正反対の行為に結びつけて説明されている。

2-3. テレビ会議以降

　以上のように，テレビ会議で直接疑問をぶつけ合う中で，日中それぞれが単独で議論していた時に生まれた疑問は，一定のレベルで「解消」され，お互いに新しい文化「理解」が生まれた。その内容についての分析は後に回すとして，引き続きそこで得られた理解がその後どう受け止められるようになったか，1ヶ月後に日本の参加者に対して山本が行ったインタビューで確認しよう。

　安田は「村長が（シンホンを）勝手に連れて行っていいと言った場面は強烈」と語るが，テレビ会議後の今は次のように理解するという。「ディスカッションでは確かあの子どもをあの親の何か，何か言い方悪いですけど所有物……としてではなく村の共有財というかそういう見方……がありましたよね，確か。だから，だから今は理解できるんですけど。……最初見たときは何で，

何かある意味あの人身売買的なことじゃないですか。それがやっぱりああ成り立ってしまうんだなって。……本当の意味での人身売買じゃないんですけど。」さらにその理解の中身を尋ねると「村を全体の家として考えるならば、あの子ども、そのシンホンが足が速いと。で、その才能を生かしたらあの何か役立てられるかもしれないと（村長が思った）。で、そういうことを感じて……陸上が出来るような環境においてあげようと思ったのなら、理解はできるかなっていう。……すごい説明が難しいんですけど」と言う。

そこで「理解が出来るっていうのは、何か納得できたっていう感じですか？」と尋ねてみたところ、安田は「納得？　納得？　納得じゃないんでしょうね。ああなるほどこういうことも成り立ちうるんだ、っていう感じではありますね。成り立ちうるんだけどやっぱりあの現実的に、その状況下というかその文化を何か体験していないというか。だからその中では何かうん、理解は出来てもまだ納得はしてないんだろうな」と述べた。

川口は村長の「賄賂」について次のように言う。「中国側の意見を聞くうちに、ありっちゃありかなって、自分の気持ちがちょっと変わったんですね。……なんでお金って汚いのって言われていくと、なんかその賄賂それ自体がいけないわけじゃないのかなぁって。」「お金を渡すっていうことの理由が結構なんか問題であって、そのー、なんかたとえば誰かを救うために、そのー、情報を教えてくれとか、誰かのためになるからえーっとこういう風にしてくれとか、自分の利益だけじゃなくてそういう社会的な利益だとかということのために賄賂だと思って、もしかしたらそんなに悪くないのかもしれないなぁと。」

とはいうものの村長に対する悪印象はどうしても変わらないという。「向こうの意見として村長はいい人なんだっていう話は結構出ていたと思うんですけど、その点に関しては、そういわれてもなぁって」「（村人は尊敬するというが）でもなんか村長は悪い人だなぁと、なんか裏で……いろいろな人に賄賂渡して、いろいろなそういうつながりがあるんじゃないかなぁみたいな」。そして「中国の人たちは、私たちはこうこうこういう風に考えるからこうなんだっていう風にきちんと言っていたので、確かにそういう見方もあるなっていう風に、そのー、なるほどって理解することはできたんですけど相手の考えがわかっても、でもー、自分の認識だとこうだよみたいな。感覚的には」とここでもやはり理解はするが未だに納得はできていない様子が現れている。

なお，ここでは詳細に分析できないが，バートレットの古典的な記憶実験にもあるように（Bartlett, 1920），映画のシーンについての日本の参加者の記憶は，たとえばシンホンは町に行くことに積極的ではなかったので隠れていたとか，村長は「親には後で自分が話をしておく」と言っていたことが全く忘れ去られているとか，ホエクーにお金を渡したことについては何か村長に見返りがある等，多かれ少なかれ自分の視点（この場合は村長は著しい悪役であるという安定したイメージ）に沿うような形で変容していた点も，異文化社会の理解が生成するプロセスで大事な現象として注目しておきたい。

　さて，鑑賞後の議論には参加したがテレビ会議は参加できなかった満丸はインタビュー直前にもう一度映画を見たが，「私もこう（見方が）変わるのかな，と思って2回目見たんですけど，……ディスカッションの内容を前に見て何か日本の皆さんはすごくお金に敏感でとか書いてたと思うんですけど，あのお金の貸し借りとかそういうのは中国では友情の証というかそれによって絆があるとか書いてあったと思うんですけど。……そういうのもあるかあと思って今回映画を見たんですけど，やっぱりこう理解できなかったし，あのお金の会話とかお金に絡む会話。だからやっぱり見方が変わらないなあと。」

　しかし同時に彼女はこうも述べる。「そういう考え方もあるんだなって。自分たちが普通だと思ってるけどそうではなくて，うーんまあ自分たちが基本じゃないってことは分かりましたね。世界の人たちの中で自分たちが標準ではない。それはすごく感じましたね。」そのように考えられるようになったのは次のような理由だという。「（中国の参加者の感想文が）すごく真剣に書かれてたからこっちもすごく真剣に読んで，それでなんかこういう考え方もあると思わざるを得ないっていうか。それはかなりあったと思います。すごい真剣さが伝わってきました。自分ももうちょっと考えないといけないなっていうのはすごく感じました。」自分には想像もつかなかった考えで生きている他者が真剣に向き合ってくる，その対話的な対峙の感覚が満丸には大きかったようである。

　同様にテレビ会議の方は参加できなかった青木は，5歳から8歳まで欧州で過ごし，現地の学校で学んだ後日本の学校に入って苦労した経験が関係する可能性もあるが，もう少し相対化の認識が強く，映画の貧しい山村の状況を改めて思い起こしつつ「最初抱いた感想は，ただの，……都会で育った自分の甘ちゃんの言葉」だったと考えが変わってきている。しかしやはり違和感を抱いた

出来事に納得ができているわけではない。「その状況に置かれたから（そういう振る舞いは）仕方がないっていうか。でも，でも，でも！ ちょっと人として倫理的な問題が絡んで，納得しきれない部分があるっていうことです」。そして村長のミンジやシンホン，ホエクーに対する行為は「子どもをそうやって，……嘘とか騙すこと言って，……子どものその後の一生に何か深ーい禍根を残しそうだなあと思うんですよ。何かトラウマみたいな感じで」という感覚はぬぐい去れない。しかしそれも含めてあの農村の状況では「仕方がない」のかもしれないと考える。

3. 山本による考察——お互い何が分かりにくいのか？

　次に今回の対話の中で日本の参加者から特に強く出され，山本と姜が注目してきた「お金をめぐる人間関係」にかかわる論点，とりわけ最終段階で一定程度お互いの間に成立したかに見える共通了解に潜むズレについて現時点での山本の理解を示す。お金の問題をここで扱う理由は，議論が面白かったからという事につきるが，理論的には次のように説明することも出来る。すなわちお金は単なる経済的道具ではなく，人間関係を文化的に媒介しつつ我々の生活世界を生成させる文化的道具である（Yamamoto & Takahashi 2007）。お金をめぐるやりとりには，人の「共に生きる形」としての文化がきわめてよく現れる。それ故異なる文化性を持つ人々のお金に対する関わりは時にショッキングでさえあり，それをめぐる文化間対話はきわめて興味深いものとなるのである（山本・伊藤 2005）。

　前述のように，日本の参加者から提起されたお金をめぐる登場人物の振るまいに関する様々な違和感に対し，中国の参加者が驚いて行った説明は主に２つにまとめられるように思う。第一にそこで大事な問題は「情」でありお金の問題ではなく，お金は情ある人間関係を実現するための手段にすぎないということである。ここでお金にからむ問題は情の問題を浮き立たせるための地（背景）のようなものと言えるのかもしれず，したがって中国の参加者には当初ほとんど意識されることがなかった。逆に日本の側は情が地になってしまい，お金こそが重大な図となって現れていることになるが，それはいわば本末転倒の不当な解釈になる。テレビ会議の中で自分たちが如何に友人のために援助を行

うか繰り返し力説するのも，それは金額の問題ではなく自己犠牲をも厭わぬ情の象徴としてである。様々な困難を乗り越えて深い情の関係に至る過程こそが重要なのである。「お金（という困難）に始まり愛情に終わる」という高の説明もそう考えるとわかりやすく思える。

　第二に都市部の複雑な対人関係の論理で貧しい農村の素朴な人間関係を理解してはならないということである。この説明は複雑な大人の社会理解で子ども（ミンジやホエクーなど）の振る舞いを倫理的に断罪すべきでない，という説明とも同質である。美しさも多少のずるさも併せ持ちつつ純朴な人情で自然に生きているその姿や行動を，複雑な規則や利害関係の調整をしながら礼儀をわきまえて文化的に生きている都市の人々の人工的な観念で評価したとしても，それは全く実態にあわず当事者にとっては思いもよらない極端で不当な人為的評価となる。都会のあるいは大人の複雑で成熟した社会で発揮されれば犯罪にもなるような行為であっても，田舎のあるいは子どもの単純で素朴な世界で行われれば，その結果は大したことにもならない可愛げのある小ずるさのレベルであり，それは聖人君子ではない普通の人間としてごく自然な姿である。全ての人間はそこから出発して，礼儀や知識を身につけながらより優れた人格になっていくのである。

　これに加えて，「手段，過程の正しさよりも意図や結果を見る」という説明が何度か繰り返されたが，この説明は上記の２つの組み合わせで理解できる。都市部・大人の観点からは不当にも思える行為は，しかしその外形で判断されるべきものではなく，それがどのような情を背景に持ちどのような結果をもたらすかが大事なのであって，そこから逆算的に判断されるべき問題なのである，という認識がそこに現れているという理解である。

　以上のような山本の解釈がどの程度当事者自身にとっても妥当なものかは分からないが，仮にそうだとすれば日本の参加者が最後に到達し，また中国の参加者ともある程度の合意に達したとも見える「村全体が家族のような環境の元で，特殊な習慣や困難な経済状態を抱えている人々の行為としては，そのようなこともあり得るのだろう」という理解，そして「彼らの行為の動機を見ることも重要である」という理解は，潜在的にはさらに大きなズレを抱えていると見ることができる。

　日本の参加者は上記のような中国の参加者の説明にテレビ会議その他で繰り

返し触れてきたわけだが，やはりある程度理解はされても納得はされていない。そしておそらくは上のような説明を聞く限りでは，日本の参加者には自分たちの言いたかったことはほとんど伝わっていない，という実感が残るであろう。それはたとえばホエクーへの「買収（または賄賂）」といった行為が，一体その子どもの将来にどういう影響を与えると受け止められているか，ということについての認識の相変わらずの大きなズレに見いだすことができる。

　中国の参加者はそのような村長の「純朴な」行為が子どもの将来に大きな悪影響を残すことはあり得ないと確信している。一部の発言にもみられるように実際彼女たち自身がそういう環境の中で育って現在に至っているのであり，その自分たちが著しい道徳的問題を抱えた人間となっているとは思えず，社会で通用する人格として自己を形成しているという自らの経験にもそれは裏打ちされているように思われる。従ってその部分を否定されることは，現在の自分の道徳性・倫理性に深刻な疑いがかけられることにもなる。

　だが，日本の参加者からは純朴な子どもだからこそ，大人社会の「汚い」論理を決して持ち込むべきではない，という考えがこの企画の全体で繰り返し表明される。たとえば山本がインタビューで青木の発言をまとめて「大人が汚いっていうことは約束，言ったことを守ろうとしないみたいなそんな感じですよね」と尋ねると，青木は「そうです。私はコミュニケーションを他の人ととる上で，約束を守るっていうのは信頼に関わる話ですから，すごく大事な部分だと思うんですよ。成り立ちませんよね？　それがちゃんと基本的に守れていなかったら。で，人間不信とは言いすぎかもしれませんが，なっちゃうんじゃないかな」と答える。彼女の観点では子どもに対するそういう行為は，人間関係で一番重要な「人間への信頼」を失わせる行為だと理解されるのである。

　日本の参加者にとってそこはおそらく，自分が安心して他者と関係を結べるかどうかに関わる一番微妙な部分に触れてきている。その部分が無視されると何を基盤に相手とやりとりできるかが分からなくなる。にもかかわらず中国の参加者にとってそれはきわめて細かいことに過ぎないと受け止められるようである。このズレは最後まで解消されることなく続いてきており，そこにはきわめて大きな問題が隠されているように思える。

　もう1点，山本には中国の参加者の「都市部では犯罪にもなりうるが，田舎では純朴な行為である」という受け止め方は大きな謎として残った。社会構造

が異なれば同一の行為が異なる意味を持ちうる,ということ自体は不思議なことではない。実際今回,日本の参加者もそのことを強く実感し,自らの倫理的判断基準をも文化的なものとして相対化し始めている。だがそこで成り立った相対化はいわば知的理解のレベルでの相対化であり,感覚的には全く納得がいかないままであった。ところが中国の参加者はむしろそのような差違を自然に受け止め,自分の都会生活での判断基準を無意識のうちに切り替えてその状況を見ており,しかもそのような切り替えの事実さえ今回初めて気付いたかのようにも見える。おそらくそのような中国の参加者の生活感覚の中に,中国的な多文化共生の重要な鍵の1つが含まれていると推測はするが,それが何なのか,それがなぜ自分には感覚的に理解しにくいのか,未だに山本には謎である。

相互了解への試みの中でこのような潜在的なズレを新たに生み出しつつ両者のコミュニケーションは展開し,対話以前とは全く異なる質の関係を作りだし,さらには次のコミュニケーションへの展開を準備していったということがここで確認されるだろう。

4. 姜による検討——倫理的相対性を生きること

中国の参加者全員にとって今回の議論はかつて経験したことのない不思議なものであった。貧しい田舎で普通にありそうなやりとりが日本の参加者には「驚愕の行為」に見えることに戸惑い,相手を納得させようと一生懸命説明をしてみるがその作業は意外と大変で,劉はそのことをまるで自分たちが怪物になってしまったようだと述べた。そして議論をしてみて気づいた相手のもつ考え方も自分の倫理感覚からすると「異常」としか見えなく,不思議な感覚を抱き,混乱したまま議論が終わってしまったのである。

映画を見た直後の議論で中国の参加者たちは「日本の参加者がなぜ『お金』を議論のポイントに提起したのか自体理解できない」と感じたが,この根本的な「理解できなさ」はそれ以外のすべてのズレを含んだまま最後まで引きずっている。山本が「考察」を書き終えたあと,姜は「検討」を書くに先立ち議論に参加した院生らを集め,「山本による考察」の内容を見せて彼女らの意見を聞いてみた。ここで姜は,その意見をもとに山本が提起した「共通了解に潜むズレ」について以下のように検討を試みる。

4-1．なぜ「お金」が議論のポイントになるのか。

　議論に参加した中国側の院生は，日本の参加者と同様に「お金をめぐる人間関係」が双方の一番大きなズレであると気付いた。「カツアゲ」や「買収」行動を何の罪悪感もなく平気で行う光景にショックを受けた日本の参加者と，それらの場面がなぜ日本人には「カツアゲ」や「買収」に見えるのかが不思議でしかたない中国の参加者は，最後までお互いの疑問を解くことができなかった。姜には，このズレの根本的な原因が「経済活動以外のお金のやりとりが持つ意味の差異」にあるように見える。

　例えば「お金の貸し借り」をめぐって，日本の参加者は「人間関係が壊れることを避けるため友人同士でもお金の貸し借りはしない」（千先）と主張するが，中国の参加者は「親しい友人同士ならお金の貸し借りはもちろん，自分の全財産，極端な場合命まで友人と共有できる」（周）と主張する。双方には「お金の貸し借りがもつ意味」が異なって見える。日本の参加者はそれを「人間関係を維持するため避けるべき行動」としているが，中国の参加者は「人間関係を確認する重要な行動」（高）ととらえている。

　姜はその後の討論の中で中国の参加者に「友人同士のお金の貸し借り」に関連するいくつかの質問をしてみた。「もしお金に困った場合友人にお金を借りるか」という質問に全員が「借りる」と答えた。「もし友人がお金を借りに来たら貸すか」にも全員が「貸す」，「使い道を聞いて貸す」と答えた。高は「お金の貸し借りができることは，友人から信頼されている証拠である」といった。また，「友人にお金を貸さない人をどうみるか」については「そんな人は友人とはいえない」と答える。「もし，いくらお金に困っても，いくら親しい友人がいても他人にお金を借りない人はどんな人と思うか」について，成は「近寄り難く，周りから孤立している人」，高は「人格的に正常でない人」と答えた。

　これらの回答が示すように，中国の参加者たちはだれかと「お金を共有」できるということは相手に信頼され，親密な人間関係が成立している証拠であると見なしている。逆にお金のやり取りに敏感で，所有の所在をはっきりしたがる人間は人格的に問題のある，周りから孤立した人ととらえていた。

　その考え方から出発して彼女らはこの映画で出ているミンジの「カツアゲ」行動や村長の「買収」行為が自分たちの考え方とあまり変わらないものとして納得している。「他人のお金を無理やり出させるカツアゲ行動」と判断する基

準はそれが明確に「他人の所有物である」場合のみであり，もし誰の所有かが曖昧な場合にその前提は成り立たない。中国の農村地域，特にまだ市場経済が発展していない僻地は昔ながらの生き方がいまだに多く残っているところである。代々同じ村に暮らしてきて，私生活や個人の秘密，生活の場所（ドアにカギをかけない風習など），家族関係（村全員がなんらかの形で広い意味での親戚になっている）など，生活に関わるほとんどのものが「共有」される中，「お金の共有」はそのさまざまな「共有」の中のひとつにすぎない。

　中国の参加者は，「生徒のお金を無理やり出させる」ミンジの行動が「所有意識がはっきりしていない村人のやり方」から出たものであり，さらに村の子ども——ホエクーを探しにいくという「共有された目的」を達成するための「お金の共有」行動であるという点にその合理性を見出した。さらに父親が実際に村長である成は，この映画の村長がホエクーにお金を渡す行為における「お金の意味」は，「……大人が子どもに言うことをきかせるための手段にすぎない」のであり，それは親しい間でよくある行動であって，もし自分の子どもでも同じことをしただろうととらえている。したがってそれを「買収」というレベルまで拡大して理解できないと主張した。代々一緒に暮らしてきた村長にとってホエクーとシンホンは「他人の子」というよりは「この村の子」つまり自分の子でもあるのだ。

　日本の参加者との議論の中で成が「もし村長がホエクーにお金ではなく飴をやったら，それでも日本の皆さんは『買収』とみるだろうか？」と反問したように，中国の参加者たちはミンジの「カツアゲ」行動や村長の「買収」などの「お金のやりとり」についてはそれほど問題視する必要がなく，むしろ，日本の参加者の「お金に執着する」過敏な反応こそ「人格的に優れた人のとるべき反応ではない」と見ていたのである。

4-2.「中国に統一した倫理基準などありえない」

　同時に彼女たちは，市場経済の急速な発展に伴って中国の都会ではお金への警戒が目立っており，敏感に反応するようになりつつあることを念頭におきつつ，「都会ではありえないが，田舎だから……」と口をそろえる。そして山本は中国の参加者が田舎の倫理基準を知的理解に留まらせるのではなく自然に受け止め，無意識的に切り替えて状況をみることを「謎」と形容した。これに対

し，高は「中国に統一した倫理的基準などありえない，だから環境が変われば判断基準も自然に変わるだろう」と説明し，逆に「日本では全国どこにも同じ倫理基準が通用するのだろうか？」と日本への興味を示した。

　興味深いことは，中国の参加者のうち田舎出身である高，劉，成 3 人が「都会ではやらないだろうが，もし私が村長なら同じことをしただろう」と答えたことである。高は「都会にいるときにはこちらの倫理感覚をもち，実家に帰った時には田舎の倫理基準に従う。だから私も実はどちらがよいのか分からないときがある」と答えた。彼女らにとって田舎の倫理基準は，自分の生活と切り離されたもの，ただ知識として理解すればよいものではない。実家に戻るたびに改めて体験し，周りの環境からそれに従うように求められる基準なのである。

　中国の参加者は，山本が農村の倫理基準を都市のそれと比べ「全ての人間はそこから出発して，礼儀や知識を身につけながらより優れた人格になっていくのである」と理解したことに違和感を示した。彼女らは，農村の倫理基準はその環境から自然に生み出された，その環境に通用したもので，決して「レベル」で測るものではないという。自分たちがいま村長やミンジのような行動をしないのは，いま住んでいる都会の倫理に反するからというだけのことで，別に村長やミンジの行動自体が「倫理的に低いレベル」だからではないと主張した。

　一定程度の同一性は維持しながらも地域，宗教集団，民族によって倫理基準が異なる中国では，環境が変わると自分の倫理基準を切り替えて考える必要があるだろう。特に今回議論に参加した 5 人は，地方から北京に来て在学中であり，全国各地から集まった異なる倫理基準を持つ人々に接する機会が相対的に多い。環境によって，場合によって価値基準を切り替えるべきという考えはそこから生まれたのかもしれない。また，村長の買収行為が子どもの成長へもたらす悪影響を心配する日本の参加者とは違って，自分がかつてそうだったように，ホエクーも大きくなったらそのつどおかれた環境によって価値基準を調整していくだろうと信じている。

4-3.「結果論」が持つ意味

　今回の議論でもうひとつ最後まで問題として引きずったのは，「結果がよかったら手段や過程での行為は許される」ことに納得のいかない日本の参加者と，

「手段，過程の正しさよりも意図や結果を見る」中国の参加者の間のズレだった。

3-2項の説明とも関連するが，地域や宗教などによって倫理基準が異なる中国では，自分の倫理基準に反する行動に遭った場合，表に現れた行動よりも行動の目的や本質を見る必要がある。そうでなければ相手の好意も悪意に見られたり，行為の意味を誤解したりする可能性がある。個人的な経験ではあるが，18歳まで完全に朝鮮族の生活環境で育てられた姜は，大学に入学して初めて漢民族のクラスメイトたちと同じ寮に住み，繰り返される驚愕の体験を経てそれを理解するようになった。留守中に自分の食べ物を食べられ，ときには何の断りもなく服を勝手に持っていかれ洗ってもないまま戻される。だが当時姜が持っていた価値基準からするとどうしても「悪い行動」にしか見えないこれらの行為を行った相手は，とても思いやりのある，親しい友人であった。あとになって分かったことだが，これらの行動は，遠慮のいらない，親しい関係を意味していたのである。

常に異文化と接しながら生きてきた中国の参加者には，相対的な基準で物事をみる習慣が身についているのかもしれない。だれにでも同じ基準を要求するよりは，その本質的な部分，すなわち行動の動機や結果に注目する必要があると思っているのだろう。

議論の中で中国の参加者が相手に自分の考えを説明する過程は，日本の参加者への疑問が浮かび上がる過程でもある。「なぜ映画の中でお金のやり取りがそんなに目だってみえて，議論のポイントになったのか」「なぜ結果よりは形式をそんなに重要視するか」などである。中国の参加者は今後のコミュニケーションでの更なる理解を期待している。

5. 山本による再考察——「分からない」ことの対話的意義

4節では中国の参加者の新たな議論をベースに，姜によって改めて日本の参加者の議論への違和感や山本の解釈への疑問の提示，さらに山本の問いへの回答の試みが行われた。以下本章を結ぶに当たり，第一にそこで姜によって提示された議論の内容についてさらにそこに潜在するズレを，そして第二にそれを含めた今回の企画から見えてくる対話の展開構造を山本の視点から探ってみた

い。

5-1. 姜による分析を受けて

　村長がお金を使ってホエクーから情報を聞き出すこと（「買収」）や，ミンジが強引に子どもにお金を供出させること（「カツアゲ」）について，中国の参加者の説明は基本的にはそれまでのものを再整理したものであり，なぜそのような説明では日本の参加者が納得できないかについてはなかなか思いが至らず，日本の参加者がなぜそれほど問題を大げさに捉えるのか（それは人格的に問題がある捉え方である），という形で疑問に思うシェマを抜け出ることができない。これは日本の参加者がなぜそういう大事なポイントを小さな問題として無視してしまうのか（それは倫理的に問題がある捉え方である）と中国側の参加者を訝るシェマから抜け出せないことと好対照になっている。
　興味深いのは，そのどちらの立場からも，相手が「お金に執着している」という評価で一致しているという点である。もちろんその言葉の具体的な意味は全く異なっており，日本の参加者にとっては「なぜあの映画の登場人物はそれほどお金をめぐってあからさまな形で激しく争うのか」ということであり，中国の参加者は「なぜ問題の本筋（行為の意図や目的）からそれて，些細な金銭のやりとりの形式的な側面にこだわるのか」ということである。その全く異なる視点から，しかしいずれも相手がきわめて不自然に「お金に執着している」という印象が成立していることになる。
　だが，このことは少し見方を変えれば「お金の問題にそんなに執着すべきではない」という一般化した形では，両者は同じ規範を共有していると言えるのである。したがって両者が普通に会話するときに「人間はお金が全てではないよね」とか，「お金より大事なものがあって，それを大事にしなくてはならないよね」という言葉で意気投合し，「共感」しあうことは十分にありうる。
　ところが何が「お金への過度の執着」なのか，という具体的な内容において両者は著しく異なった面を持っており，今回の議論の展開で最後までそうであるように，そこにズレがあることに気づいていてさえ，その認識の溝は容易に埋めることができないほどに深い。ましてや通常はそこにズレがありうることすら気づかない可能性が高いのであるから，仮に「お金に執着すべきではない」というところで「共感」した者同士が，その後の付き合いの中で相手が自

分の見方からする「執着」の姿を繰り返し示すことを見て，相手に対する不信感を強めていく可能性も十分にあることになる。ここにも「お金に執着しない」生き方をお互いに相手に示しながら，それが結局相手にとっては全く逆の意味を持って受け取られ，場合によって相手への不信感を増幅していくという，構造的ディスコミュニケーション（山本 2004）の典型的な展開可能性が潜在していると言えるだろう。

　この構造的ディスコミュニケーション事態を転換する方法を模索する上で，姜が中国の倫理的基準の多様性とそれへの中国的対処について行った考察はきわめて興味深い。異なる倫理的基準の世界（相手）と出会ったとき，その行為によってではなく，意図や結果でその意義を判断すべきだという姿勢がそこにある。潜在的にも顕在的にも「単一民族」的な幻想に生きる傾向の強い日本社会の人々とは異なり，明瞭に多文化社会であることに自覚的に社会を構成し，そしてまた日常生活自体がそのように多文化的に成立し続けている中国にあって，この姿勢は明らかに多文化共生への中国的な工夫という意義を持っている。そして田舎と都市の対比についての感覚に今回も現れているように，一般の生活者の日常的な感覚に当たり前のようにそれがしみこんでいることが分かる。だがその中国的多文化共生の感覚が，山本を含む日本の参加者には実感としてわかりにくいのである。

　実際，山本は，性善説に出発しつつ「子不学，非所宜。幼不学，老何為。玉不琢，不成器。人不学，不知義」（子どもが学ばなければ良いことはない。幼くして学ばなければ老いて何になるのか。玉も磨かなければ器にならない。人は学ばなければ正しいことが分からない：「三字経」より）という意識で教育を通した文化の習得を何より重視する中国の伝統的思想や，それにつらなる現在の中国の人々のさまざまな言動，さらに今回の議論でも繰り返された「教育が不十分な田舎だから」という中国の参加者の説明を聞いて，田舎と都市の差が「田舎は素朴な状態，都市は複雑で教養化された状態」という「文化的レベルの差」として中国の人々に了解されている可能性を感じ取り，その理解の上に倫理基準の中国的相対化を解釈しようとしたが，それも中国の参加者が納得するものとはならなかった。

　これらお金をめぐる人間関係をどう理解するか，ということは現実的にもきわめて重大な意義を持っている。日本では中国での巨額の汚職事件などが時折

報道され，そして中国自身，たとえば官僚による巨大な汚職の広がりなどに著しい危機感を持って，時には死刑という厳罰によってそれに対処しようとしていることは争いのない事実であろう。だが，これまでの分析で明らかなように一体何が買収であり，何が情のある人間的行為であるのか，ということについての理解の構造が著しく異なる状態が背景にあるとき，その「争いのない事実」が何を意味するのか，ということについての理解はお互いに全く異質なものとなってしまう。「汚職・賄賂・買収は悪い」という倫理基準を一般的な形では共有しながら，その意味や対処法については著しいズレが生じ，その結果相互に相手の社会への不信感を募らせる構造的ディスコミュニケーションも生成することになるからである。今回の分析はそのような展開を生むズレを，きわめて素朴な生活者の日常感覚の世界で具体的に提示したことになろう。

5-2. 展開の一般的な構造

最後にこの企画の中で生じたことを，その内容には依存しない一般的な形で整理しておきたい。ここで用いた映画は山本にとってそうであったように，日本の参加者の多くにとっても強烈な違和感と感動の両方が巻き起こるインパクトある映画であった。その違和感を引き起こす部分は，自分の素朴な人間関係や倫理感覚からずれ，あるいはそれを著しく逆なでですらするもので，村長の評価に典型的なようにおよそ強い拒絶感や嫌悪感さえ生じかねない。そしてその感覚は日本の参加者間で語り合う限りはおよそ了解しあえ，そうやって自分の嫌悪感は安定して共有され，その「正しさ」をお互いに確認する。

しかしそのような自分の理解の仕方で映画の全体が了解できるか，と改めて問い直してみるとどうしてもその枠にはまらない場面がたくさん出てきてしまう。自分が部分から得た強烈な印象が全体を貫く合理的な説明の軸にはならないのである。日本の参加者による鑑賞後の感想文や議論は，まさにそのように「自分の感覚の正しさを共同で確認すると共に，それで理解しきれない部分に戸惑いを残す」過程をよく表している。

この日本の参加者の混乱は，直接中国の参加者と話し合ってみることによってさらに明確になる。そこで起こることは，正しさを確認したと思ったことに当事他者に正面から疑義を与えられてしまうような体験である。それはいわば自分の生活上の倫理感覚（したがって日常の生活実践を支える感覚）を足下か

ら崩されることである。もちろんこのことは中国の参加者も同様で,「崩壊しそう」という彼女らのことばがそれをよく表している。

　そのような混乱に出会って,双方が自分のよって立つ基盤,一体自分はどういう基準でそういう判断をしているのか,ということを改めて言語的に確認し,自他に説明せざるを得ない状況に追い込まれていく。しかもその過程では自分の常識感覚によることばで説明すればするほどさらに相手が分からなくなる,という展開も生まれる。お互いの主張が対立しているのではない。相手を理解しようとし自分を理解してもらおうとする,その説明が伝わらないのである。安田がそのかみ合わなさ,ズレを「人間関係の理想の違い」や「概念内容の違い」として理解したことは興味深い。実際その前後の議論では「賄賂」や「信頼」について,お互いの理解を確かめ合う展開が自然と双方から展開している。

　そうやって最後におよそ2つの点で一応の「理解」が達成されたと語られた。1つは中国の参加者が賄賂の概念を拡大することで日本の参加者の主張をある程度理解したというものであり,もう1つは日本の参加者が古い農山村という特殊な状況ゆえに,都会では考えられないこともありうる,という形で中国の参加者の主張を理解したというものであった。しかしそのいずれの側もそれで完全に納得したわけではなく,「そうは言うが,……」という感じでやはり自分の観点を改めて述べる者が多い。双方が異質な相手の異なる理解の構造を自分なりに頭で知ることができたとは思うのだが,心からの納得はできないでいる。4ヶ月後の日本の参加者へのインタビューはそのことをさらに明確にしている。「理解はできてもまだ納得はしてない」状態はむしろより明確になり,映画のシーンに感じた違和感は記憶をゆがめる形で強調され,定着している部分も少なからず見いだされている。

　以上のような展開は日本の参加者同士の議論による一方的な評価が当事他者との直接の対話によって相対化され,想像もしなかったもう1つの理解に触れるが,それを納得することはできずむしろ当初の一方的な評価は部分的に強化さえされて定着してしまう,という否定的な形でまとめることもできる。しかしそのようなまとめ方のみでは事態のきわめて重要な側面を見落とすことになる。ここで「自分の言いたいことが伝わらない」「相手の言うことが納得できない」「相互のズレが無くならない」という体験は,参加者にとって否定的な意味を持つどころか,むしろさらなる対話の機会を待ち望む気持ちをかき立て

るものであったからである。実際，お互いに自己の視点からする相手への否定的なイメージを投げかけ合いながらもそれを楽しみあい，川口も休憩時間におどけて見せて中国の参加者と積極的にうち解ける関係を自然と作る雰囲気がそこにはある。さらにテレビ会議に参加した日本の参加者の3名の内2名は，半年もしないうちにこれをきっかけに中国に行く計画を立てた。参加者にとってその程度にはこの対話は生産的で刺激的なものだった。

つまりここでは「お互いにわかり合っている」と思いこんでいる者同士の関係ではなく，「相手を分からないし自分も分かってもらえない」ことを前提に，それでも「相手を分かりたい，自分を分かってほしい」と双方が真剣に考えている，ということが共有された関係がそこに成り立っている。もしそうだとすれば，このときズレを前提とすることによって「相手に強い興味を持ち，お互いを理解しようとする対話的姿勢」が関係を支える規範的な媒介項（9章参照）になっていると言える。通常コミュニケーションというものが「相互理解に基づくもの」としてイメージされるとすれば，ここで現実に成り立っているのは「お互いに理解できないこと」に基づくコミュニケーションである。

山本が大学の授業や高校での講演，一般市民向け講演その他で試みているそのような直接間接な異文化間対話の試みでもいくつか同様の傾向を見いだすことができ，それを単に偶然によるものとは思いがたい。とはいえそのような関係がどの程度の一般性を持ち，さらにどの程度の持続性や有効性を持っているか，あるいは逆にその限界は何か（様々な激しい利害対立を含み，相手の存在を抹殺することも含めて展開する現実の人間関係の中で，このような対話的関係が成立する状況はすくなくとも現時点できわめて限定的であることは当然である）についても現時点で論ずるのは早計である。今はただ，何らかの条件の下に，たとえ一時的にせよそういうコミュニケーションの可能性は存在することの確認にとどめておく。ではズレを単純な相互不信の関係にではなく，刺激的で創造的なコミュニケーションへと展開させる条件は何なのか。ここではその問いを次の実践的，理論的課題として残しておきたい。

Bartlett, F. C. (1920). Some experiments on the reproduction of folk stories. *Folk-Lore*, **31**, 30–47. http://www.ppsis.cam.ac.uk/bartlett/SomeExperimentsOn.htm
細川英雄（2002）．日本語教育は何をめざすか　明石書店．

伊藤哲司・山本登志哉（編）（印刷中）傷ついた関係の修復——円卓シネマが紡ぎ出す新しい対話の世界2　北大路書房.

砂川裕一（2007）．「言語の獲得／習得」と「世界の獲得／拡充」の一体性について——リテラシーズ概念の共同主観的基礎，佐々木倫子・細川英雄・砂川裕一・川上郁雄・門倉正美・牲川波都季（編）　変貌する言語教育——多言語・多文化社会のリテラシーズとは何か　くろしお出版　pp. 141-164.

山本登志哉（2004）．文化間対立という現実へ——構造的ディスコミュニケーション分析，山本登志哉・伊藤哲司（編）現実に立ち向かう心理学（現代のエスプリ，No. 449）至文堂　pp. 158-167.

山本登志哉（2007）．意味解釈に現れる研究者の当事者性——あるエピソード解釈の事例から，宮内洋（編）あなたは当事者ではない——当事者を巡る質的心理学　北大路書房　pp. 171-184.

山本登志哉・伊藤哲司（編）（2005）．アジア映画をアジアの人々と愉しむ——円卓シネマが紡ぎだす新しい対話の世界　北大路書房.

Yamamoto, T. & Takahashi, N. (2007). Money as a cultural tool mediating personal relationships: Child development of exchange and possession. In Valsiner, J. & Rosa, A. (Eds.), *Cambridge Handbook of Sociocultural Psychology,* NewYork: Cambridge University Press, pp. 508-523.

Yamamoto, T., Takahashi, N., Sato, T., Oh, S., Takeo, K., & Pian, C. (in press). How can we understand interactions mediated by money as a cultural tool: From the perspectives of "Cultural Psychology of Difference." In Valsiner, J. (Ed.), *Oxford Handbook of Culture and Psychology,* New York, Oxford University Press.

矢守克也（2009）．「書簡体論文」の可能性と課題，質的心理学研究，**8**，64-74.

張芸謀（1999）．あの子を探して（原題：一個都不能少），日本版DVD（2003）．ソニー・ピクチャーズ　エンタテインメント．

第2章

異文化理解における対の構造のなかでの多声性
―― お小遣いインタビューでみられる揺れと安定を通して

呉 宣 児

1. はじめに

　本章を構成する内容は，（異）文化というのはどのようにわれわれの前に現れ認識されるのかに関連する。具体的な素材としては，日本，韓国，中国，ベトナムの研究者が，お互いの国で家庭訪問をしながら，小学生から高校生までの子どもとその親を対象に行ったお小遣いに関するインタビュー調査のデータを用いる。特に日韓の間で熱い議論の対象になった「子ども同士のおごり合い現象」をめぐる調査から得られたデータの内容と共に，そこで，時には研究者間の文化衝突にすら感じられインタビュー調査の行為そのものの意味を巡る研究者間の議論・解釈の様子も含めて本章の考察対象とする。

　本書の共通テーマであるディスコミュニケーションは，本章で方法論的概念として用いる多声性と深く関係する。なぜなら文化理解において研究者同士の間，研究者（調査者）と対象者の間，研究者（教育者）と学生間（授業場面など）に生ずる認識のズレを多声性の概念で分析できるからである。そのズレによって互いの文化が立ち現れ認識されるようになり，人々はそこで葛藤や揺れを体験しつつその揺れを省察することによって，相互理解（異文化理解）に向かっていく。つまりディスコミュニケーションは（異）文化理解のために必然的に体験せざるを得ない過程として位置づけができる。

　そして本章で方法論に関わる概念として用いられる多声性は，バフチンの多声性概念（桑野 2002）を参考にしつつ，次のような展開を生むものとして用いている。参加者それぞれが異なる歴史的背景を持ち込み，2つ以上の異なる価値や視点が混在する多声的な状況は，参加者の異なるステータスを生み出し，その「差異」の中でそれぞれの声として「文化」としての位置づけがなされるのである。そのような多声性に注目する本章の研究は，1) 日韓中越の共同研究者全員がフィールドへ出かけ，現場の声を聞きながら常に研究者自身が身体

で体験し，その体験をベースにデータと向き合うこと，2）データ分析は各国の研究者のズレが多様な解釈を生み続ける終わりなきプロセスであること，3）多様な解釈や基準によって，自国のデータ・文化に新たな意味づけをしながら多文化共生を意識する，ということを重視している。そしてその解釈の多声性は4）後に説明する「対の構造」が生み出されるときにより現れやすく，その対の構造自体の揺れと安定の繰り返しから互いの文化の認識が可能になる「鏡効果」が発揮されるのである。

　本章ではまず，「子ども同士のおごり合い現象」を題材に，日韓の研究者が体験したプロセスの時間順に（1）研究者コミュニティにおいて偶然にあるいは必然的に現れる対の構造と多声性に関して述べる。そこでは私を超えた私（こちらのわれわれ）と他者を超えた他者（われわれと違うあちらのあなた達）が浮き彫りになる。（2）外国人研究者によるインタビュー場面が意図せぬ対の構造を生み出し，そのなかでまたズレ・揺れと安定の繰り返しのなかで多声性が現れ，文化が浮き彫りにされていくことを示す。（3）インタビューで得られたデータを用いて，日韓の対の構造がさらに安定的に対立するものとして異文化解釈の論理が成り立っていくことを示す。（4）安定的に見出された日韓の論理を用いて，今度は意図的に授業や発表の場に対の構造を持ち込み，揺れと安定による多声性を体験させる実践活動としてのディスコミュニケーションの拡大再生産の様子を示す。（5）最後にディスコミュニケーションの現象を取り上げ論じることの機能・意義について考察を行う。

　なお，冒頭に述べたように本書では，調査におけるデータ記述や分析だけではなく，生活実践者としての研究参加者の体験や，多声的な状況のなかで展開する研究者（分析者）としての認識が変化する体験なども含めて述べていく。そこで調査データ自体分析・記述ではなく，研究者同士の議論のなかで生活実践者として切り離せない立場として体験する認識の変化について述べるときは，記述主体を「私」と表現して記述する。

2. 研究者コミュニティにおいて偶然・必然に現れる対の構造と多声性

　日韓の子どものお小遣いの使い方の様子について研究者間で意見交換をして

いくなかで，目立つ現象として浮き上がったのは韓国の子ども同士のおごり現象であった。それと対比する形で日本の子どもに見られる割り勘現象も同時に浮かび上がってきた。ここで示す子ども同士のおごり合い現象とは，小学生から高校生までの子どもが自分の食べ物を分けてあげることや一緒に食べるとき友達の分も払うまたは払ってもらうことを指す。その反対の現象は，割り勘，つまり自分の分は自分だけで食べる，または自分で払うというやり方になる。共同研究のチームで調査を始める前から，日韓両国においておごりも割り勘も見られるが，相対的に韓国ではおごりが多く見られ，日本では割り勘がよく見られるということを日韓の研究者はある程度了解していた。

2-1. 不愉快さを伴う葛藤

それでは，日韓の研究者たちの前に，おごり・割り勘はどのようにして特別な（異）文化として現れ，認識されたのか。表1は，おごりについて議論になったとき，日本人研究者たちから出てきた話である。

表1　韓国人の私には不愉快に感じられた日本人研究者のおごりへの反応

- 「おごると相手がまたおごり返さないといけないと思ってしまうので，相手に負担を与えてしまうじゃないですか？」
- 「日本でもおごりはあるけどそれは主に上下関係の間柄でのことであって，平等な関係ではあまりしないと思いますよ」
- 「だって，お小遣いは親が自分の子どもが使うために与えているのに，それを他人のために使ってしまうのはよくないんじゃないですか」
- 「日本でおごりが起こっている場合はね，カツアゲ的な雰囲気になることありますね」

以上のような内容は，実際に日本人共同研究者たち自身の生活感覚や日ごろ観察されることを当たり前の感覚として言っていただけだと思う。その「当たり前」を示す感じが強い分，違和感を受けながら聞いていた私は，即座にはっきりと反論ができず，自分の基盤が突き崩されたような感じを受けていた。その当時すでに日本居住歴10年近くになっていたにもかかわらず，もしくはだからこそ私はいささか衝撃を受けた。日本では，割り勘が多いことはすでに知っていたし私自身割り勘の生活になじんでいた。しかし，おごりに対して日本人がネガティブな評価をしていることは知らなかった。私は割り勘が多い日本

人社会を利己的だが便利だと思う部分もあった。そのため，上記のようなおごりをネガティブに捉える話を耳にして，「私を含めた韓国人は礼儀正しくなく，配慮もなく，そして平等ではない悪い人間というわけ？」と不愉快な感じを伴う腑に落ちなさを感じていたのである。

　不愉快な感じを伴う葛藤を抱えたのは，日本人研究者の話に「異なる」だけではなく，「良くない」という価値判断が含まれていたと私が感じたからであろう。

2-2. 必死に正当性を探し，ますます韓国人になっていく私

　日本居住歴が長い私は，ふだん韓国人であることを意識していないことも多い。しかし，共同研究者同士の討論の場では，私は個としての研究者ではなく，文化実践者として，すなわち典型的な韓国人としてふるまっていた。具体的には，おごりの正当性を懸命に探しだし声高に主張をしていた。韓国でも割り勘がないわけではないし，おごりが時には負担になることだってある。韓国では，私自身多くの場面で割り勘をしていたのである。一方で，私は，割り勘は人の利己的な側面の現れとして認識していたところがあった。日本人研究者が割り勘の正当性を主張する際，自分たちに利己的な側面があることを弁解していると感じるときさえあった。そして，私はおごりの正当性について表2のような反論をした。

表2　私が行ったおごりの正当性に関する反論

- 「なんでおごられると負担を感じるのですか。いつかおごる機会があるとき自分もおごればいいですよ。おごらないといけないという負担感はないんですよ」
- 「相手は食べてないのに，私だけ食べてどうしてそれが平等になりますか」
- 「私にお金があるときは買ってあげるし，私が持ってないときは友達がおごってくれます。でもそれで友達関係が上下関係にはなりませんよ」
- 「お小遣いは自分のために使うだけではなく，むしろ他人のために使うものです」
- 「親は，友達と一緒にいるときは，ちゃんと友達と一緒に食べなさいとしつけをします」

　以上のようにおごりの正当性を主張すればするほどますます日本人の認識・感覚とのズレが生じその溝がますます大きくなっていくようであった。論理的に対立するようになっていたが，その結果，とにかくお互いの規範や考え方が

とても異なるということを改めて認識し,「異なる」という認識が安定したかたちで確立されていったように思える。

3. インタビュー場面における意図せぬ対の構造と多声性

つぎに,韓国で行ったインタビュー調査で,どのようにしておごり賛成の語りが出てくるのかに焦点をあて,少しミクロにインタビューデータを検討する。おごりと関連するインタビューの質問項目は表3のとおりである。

表3　おごりと関連する主な質問項目

A) 友達に食べ物を買ってあげたり,買ってもらったりすることがあるか。
　　おごりと割り勘どちらが多いか。どちらがよいか。なぜ良い・悪いと思うのか。
B) 日本では（よその国では）お小遣いは自分のために使うお金だから,人におごるのはよくないという意見があるが,あなたはその意見にたいしてどう思うか。
C) 日本では（よその国では）,おごると（おごられた相手が）負担を感じるからよくないという意見があるが,あなたはその意見に対してどう思うか。

3-1. インタビュー場面は他者（調査者）と出会う場面

表4は韓国で行った小学校2年生に対するインタビュー場面である。おごったことがあると答えた子どもに対して,調査者は一所懸命に質問B) とC) への答えを求めようとするが,子どもは「わかりません」と返事をし,調査者が少し困っている。おごりの経験が多いと韓国の小学生は答えていた。日常のなかで友達と自分の個人的な気持ちでおごったりおごられたりすることを回答できても,規範としておごりが良いか悪いかを考え答えることは難しいのかもしれない。インタビューの場面でいきなり新たな規範について考えるよう強要されたといえるのかもしれない。韓国の小学生は「おごりが良いか悪いか」という質問に回答することができない,そのことが日本の調査者と韓国の子どもが出会うことによって顕わとなったことが重要であろう（Oh et al. 2009）。

表4　おごりの善悪について「わからない」と答える韓国の小学校2年生

調査者：お小遣いっていうのは自分のために使うためにもらっているお金だから，それを人におごるのはよくないというふうに考える人もいると思うんだけど，そういうのはどう思いますか？
子　　：分かりません。
調査者：分からない。やっぱり難しいな。この辺，ちょっと難しい，でもこれちょっと聞いてみます。じゃね，友達におごったりすると，そのおごってもらった人が何か，こうなんだろうかな，負担に感じるからおごってあげることってよくないという人もいるんだけど，どう思う？
子　　：分かりません。
調査者：分からないか，うん。もういいね。それくらいかな。　　　　　　（小2女）

3-2. 他者と対の構造の中での揺れと安定

お小遣いに関するインタビューの中で，特におごりと関連する質問B）とC）を行う場面では意図せず「日本－韓国」という対の構造になっている。それは質問項目の内容だけではなく，日本人調査者と韓国人の調査対象者という対応もそうである。表5をみると，日本人調査者は韓国では割り勘よりはおごりが多く報告されるだろうと予想しながらインタビューを行っている姿勢がうかがえる。

表5　「割り勘が多い」という答えに対する揺れと安定

調査者：そういうときには，おごったりおごられたりすることと，それから一人ひとり割り勘することと，どちらが多いですか？
子　　：割り勘が多くて，誰かが一括で払うことはすくない。
調査者：おお？　それは昔からずっとそうでしたか？
子　　：学生だからお金をたくさん持っていないし，自分が持っているお金で自分が払うお金を集めて。
通訳　：どんなところ？　友達と一緒にいくところ？
子　　：粉食店＊，ファーストフード，自分は行かないけど喫茶店とか。
調査者：その時の割り勘というのは，日本だったら自分が食べた分だけを払うが，それとみんなのものを平等に割るのとどっち？
子　　：そんなんじゃなくて，全部合計で計算して，割り勘。

調査者	：やっぱり割るんだね。やっぱりね。割り勘の意味も少し違うんだね。
通訳	：違いますね。
調査者	：割り勘にも少し違うんだね。
通訳	：違います。 (高3女)

＊粉食店：のりまき，てんぷら，麺類が食べられる軽食の店をいう。

　子どもから割り勘が多いと聞いて，調査者は「うん，なるほど，そうですか」とすんなり受け入れる反応ではなく，「おお？　それは昔からずっとそうでしたか？」とちょっとした意外性を感じながら確認をしている雰囲気が読み取れる。この場面では調査者の方が揺さぶられている。しかし，その後割り勘の形態が「自分の分だけ払う」わけではないことから，日本との差異を見つけ，「やっぱり，違うんだね」「違うんだね」と何回も確認しながらまた安定した対の構造に戻っている。日本の割り勘とは違うという「差異」を見つけたからこそ，日本とは対の「韓国の文化」として安定した語りになっていると考えられる。

　また，表6の場面では，割り勘が多いと答えた高校生に，日本の例を「対」としては出せなくなった調査者は，「でも，中国では」と別の対の構造を持ち出して質問をしていく。しかし，今度の質問は「（おごりは）よくない？」という価値判断が伴う質問であり，割り勘が多いけれどもおごりもやっている子どもにとって，自分の行為の良し悪しを判断される場面となっている（表6，表7）。

表6　「おごりの良し悪し」に対する揺れと安定

調査者	：日本でも割り勘が基本です。でも，中国では，割り勘よりもおごることの方が多いかもしれない。
	（中略）
調査者	：あ，それだとやっぱり，あの，おごるのはあんまりよくない？
子	：それが，よくないという感覚はない。必要なときにやる。
調査者	：ああ，必要なときにね。そうか。だから，良くないっていうことはないんだ。
通訳	：ないんですね。
調査者	：ないんだね。 (高2女)

表7　「おごりが負担になる」に対する揺れと安定

調査者	：それからね，日本の，やっぱり日本の子どもがね，こういう風にいうんですよ。友達におごると，そのひとが，相手の人が負担に思うから，あんまりおごらないほうがいい。分かる？　分かりますか？
子	：あの，私たちは，私がおごると，次は友達が……だから，<u>負担にならない</u>。
調査者	：負担には感じないのね。
通訳	：<u>はい</u>，だからおごっても，今度私がおごったら，次は友達がおごるので，<u>お互い様ですね</u>。
調査者	：……やっぱりおごるというのは，いいとか悪いとか言うこととはあんまり関係ないんだよね。
通訳	：<u>関係ないですね</u>。はい。
調査者	：関係ないんだ。
通訳	：やっぱり私は<u>そう思いますよ</u>。　　　　　　　　　　　　（高2女）

　この場面はまさに「韓国のおごり-日本の割り勘」が浮き彫りにされる状況であろう。この場面でほとんどの対象者は「分からない」「よくないという感覚はない」「負担にならない」といったように答えており，17人中16人は「おごりは悪い」という返答はせずに，悪くない理由を話している。そして，調査者は「関係ないんですね」と繰り返すなかでふたたび安定した対の構造に戻っている。

　また紙面の関係上，詳細に紹介はできないが，ある母親は，最初は不良少年たちの問題に言及しながら子どものおごりに伴う危険性を心配していたが，母親自身のおごり経験を語ったり，日本でのおごりに対するネガティブな価値判断を聞いたりしているうちに，最終的には「少ない金額ならば」「良い友達ならば」という条件つきでおごりに賛成すると発言して，割り勘ばかりは利己的に感じると語っていた。割り勘とおごりの間，日本と韓国の間で揺れつつも，おごりに価値を見いだすという結末になり，日本人調査者とは逆の対の構造として安定化している。

3-3．インタビュー場面で答える・語るということはどういうことか？

通訳者としての私の違和感：韓国で家庭訪問をしてインタビューをする際，筆者の役目は通訳だった。通訳をしながら，時々通訳しにくさを感じ，子どもた

ちの顔をうかがうときがあった。表3のB）とC）に挙げた2つの質問では特にそうであった。私が韓国人であるがゆえに，「子どもたちはこの質問をちゃんと理解しているのかなあ」と思ってしまったのである。

　なぜなら，韓国内で韓国人研究者だけが質問をするならおそらく表3にあるような質問は生まれなかったかもしれないからである。そして，これら質問に「日本では」という前提条件を付けないと，そもそも韓国の子ども達は自分が何を聞かれているかさえもすぐには分からないということも起こりうる。また，「おごられた人が」と提示しなければ，負担を感じる人は相手ではなくおごった自分の方だと受け取る可能性が高いと思っていた。こうした質問は調査対象者である子どもたちには負担をもたらしているとは思うが，多声的な研究方法を行う際には避けて通れない手法であると考えており，他の国の子どもたちも似たような経験をすることになるのである。

　インタビュー場面は特殊な場面：外国からやってきた初めて会う人と会話することや何かを尋ねられるということは，子どもの立場からすると，とても新奇な体験には違いない。そして，その質問される内容は，ふだん当たり前のように行っていることだけれども，いざ聞かれてみると自覚的に考えたことのないことに気づきつつ，その場で改めて自分の行動を思い出し，理屈を考えながら答えることも多いのではないだろうか。その上，国際比較をする内容の質問自体にすでに良し悪しの価値判断を含んで――例えば，おごりはよくないと思う人がいる――質問することもあった。質問B）とC）は，日本では○○が良くないと考えるが，あなたはどうなのか，という問いである。日本からやってきた研究者から，日本と比較することを目的に，質問B）とC）が問われると，自分と友達の間で何気なく行っている行為が否定的に捉えられていると自覚することになり，「私」「自分」の個人レベルを超え，「われわれの行為」の論理を文化として整理しつつ語っていることになるのではないかと思われる。

　「対の構造」で文化が浮き彫りになる：「韓国ではおごりだけが行われているわけではなく」，またおごりがとても負担に感じられるということを日常場面で耳にすることがある。日常的に割り勘にすることはとても多い。しかし，インタビュー場面では，おごり賛成の声が多く，ときにおごりが無条件に賛美されているように感じるときさえあった。

　なぜインタビューを受けた韓国人は皆，判で押したようにおごりは悪くない

と答えていたのだろうか。彼らは嘘をついているのだろうか。いや，もちろん嘘をついているのではないと思う。インタビュー場面で，実生活で行っている割り勘とおごりも行為の体験に基づいて答えている。彼らは，インタビューにおいて出会った他者たちと向き合う際，自分たちの行為が他者たちの行為と比較され，目の前で「差異」が浮き彫りにされたことによって，割り勘・おごり行為にポジティブな意味づけを行っているのかもしれない。

　このインタビュー場面は，具体的にある子どもが友達との関係や持っているお金や置かれた状況の中で，割り勘にするかおごりにするかの選択を迫られている場面とは異なる。インタビュー場面では，日本からやってきた調査者が「日本の子どもの中には，おごりは悪いと思う人もいる」と述べる瞬間，個人の調査者の声だけではなく，おごりをしない個を超える他者（性）が，韓国の子どもや親の前に立ちはだかるのである。このインタビュー場面では，韓国の人々が自分の体験を語るという個人の声とともに，立ちはだかる他者性を目の前にして，「個を超えたわれわれの正当性」を探し主張する声が現れる。インタビュー場面には，実態を語る声や，他者性と対になった状態で理念・文化として語る声がある。すなわち，韓国の子どもや親の声自体が多声化されているのである。

4. データによって，対の構造のなかで安定的にまとめられた日韓の論理

　今まで述べてきたように筆者を含む共同研究者チームは，日本と韓国，割り勘とおごりの対の構造の中でズレと揺れを体験したうえで議論を行い，さらにデータを用いて，単なるズレや揺れ，葛藤や衝突ではなく，むしろ安定した対立の論理を描き出した。

4-1. データによってまとめられる論理（韓国編）

　おごりに関して共同研究者間で議論する際に筆者が葛藤を抱えていたことはこれまで示してきた。その筆者が家庭訪問時のインタビューデータを用いて最初に行った研究は，韓国の子どもたちのおごり現象の分析・記述であった（詳しくは，Oh et al. 2005 を参照）。さまざまな議論が起こったという点で重要なテ

ーマであったように思える。筆者としては，韓国のおごり現象をもっと理解してほしいと思い，データを用いて冷静に語らしめようとしていた。日本人とは異なる他者としての韓国人のあり方をデータによって描きたかったのである。韓国での調査結果の概略を表8に示す（詳しくは，呉ら2008を参照）。

表8　おごりに関連する韓国での調査結果の概略

> 2002年，韓国のソウルと済州島合わせて17組の親子にインタビューを行った。インタビューデータでは，子ども17人（小2～高3まで）中，おごり経験がある子どもが16人，不明が1人で，韓国（ソウルと済州）の子ども達はほとんどが友達に食べ物を買ってあげた経験がある。小学校高学年になってくると数人のグループの構成員が順番におごるという「順番回し」おごりの経験が報告されている。ただし，中学生・高校生たちの答えを見る限り，基本的に割り勘という答えも多い。協力者たちは，質問A）の段階では，確かに「割り勘がいい」とは答えていないが，全員が積極的に「おごりがいい」とも答えていない。質問B）「日本では，お小遣いは自分のために使うお金だから人におごるのはよくないと思う人がいる」，質問C）「日本ではおごると負担になるからよくないと思う人がいる」と関連した質問への答えは，小学生は「分からない」という答えが多く，中・高生や親は「悪いとは思わない」「（小さいものなら）負担にならない」「性格によって違う」など，少なくともおごりをネガティブには意味づけてないし，改めてポジティブに意味づけて答えるケースも見られる。

韓国における多様なおごりパターン：どんな時にだれとどのようにおごりおごられるのかに関するインタビュー項目を分析したところ子どもの年齢や置かれた状況によっておごりのパターンが異なることを見出し，以下のように6つのパターンに分類された（Oh et al. 2005）。

①分けて食べるパターン：低学年からよく見られる。友達の家に行ったとき，一人がお菓子を買って一緒に食べる。道で友達にあったとき，誰かがお菓子を持っていると一緒に食べる

②大人数が配り合うパターン：バレンタインデー，遠足，正月などにクラスのほぼ全員で互いに配り合うパターン

③親しい友達と返報パターン：特別に親しい少人数の友達とおごり合うパターン。一人がおごり，次の日はおごられた子がおごり返す。ルールを意識することもなく，負担感もない自然におごり合いが行われる。

④順番まわしパターン：特定の仲間グループメンバーで順番に一人が他の全

員分を払う形でおごっていく。この場合は自分の順番などを意識しており，時にはおごる側に負担が生じる。

⑤一方的パターン：このパターンはおごり返さなくてもいいパターンである。先輩後輩関係や特別にお金が入った人が1回に限りおごる。

⑥全員一緒に払って共食パターン：全員同じ金額を払って，一緒に食べるものを選ぶ。

韓国人の親子が答える「おごりは良いこと？　悪いこと？　どうして？」：おごりと割り勘どちらが多いのか，おごりは良いか悪いか，どうしてそう思うのかなどを中心に韓国の親子に調査した結果の一部は表9の通りである。

表9　韓国人親子のおごりへの価値判断

・分からない。(小2女)
・一人で食べるのは，利己的。(小4男)
・分からない。でも悪いとは思わない。(小5女)
・おごりは良い，それがあってこそ親しくなるから。(中1女)
・あんまりやりすぎると良くないけど，まあ，普通ならそれは良い。(中2女)
・良くないという感覚はない。必要なときにやる。(高2女)
・良いとか悪いとかということではない，そんな風に考えたことがない。(母)
・おごられたら，次にはおごるというのは良い。あまり高くなければよい。(母)
・自分の分を自分で払うことはすこし利己的な感じがする。(母)
・あまり頻繁にやるのはよくない，人を助けるのは良い。(母)

おごりは，金額が高すぎる，頻繁にやり過ぎることはよくないといった回答から必ずしもポジティブなこととして受け止められていることのではなく，適切な金額の範囲内という条件のなかでポジティブなこととして受け止められていることが分かる。そして，おごりの背景として，「助け合い」「つきあい」「親しみ」など情緒的な理由が浮かびあがってきた。

韓国人の親子が答える「'おごると相手が負担を感じる'をどう思う？」：日本ではおごりにつきもののように語られる負担感だが，韓国人はどう感じているのか尋ねてみた。調査結果の一部を表10に示す。

表10　韓国人親子のおごりと負担感への考え方

・分からない。(小2女)
・それは人による。いくらおごられても平気な人もいれば，自分の分は自分でとい

・う人もいる。(中3男)
・あまり大きすぎるのは，負担になるけど，ちいさいものは良い。(中2女)
・自分が買ってあげると，また次に友だちが買ってくれるし，私にお金がないときは買ってくれたりするのは良い。(小4男)
・互いにおごるのが良い。自分の分だけ出すと，人情が薄いような感じ。(中2女)
・負担にならない。(高2女)
・負担に思うことはあるけど，でも"おごる側の友だちは"本当に友だちのために良い思いでやっているので，そんなに負担に思うことはないと思う。(高3女)
・年齢に合わない高い額は負担になる。よくない。(母)

表10で示されているとおり，金額が高過ぎる場合を除いて，韓国人は「負担感」を感じることはなさそうである。適当と思われる範囲でのおごりはいいこととして認識されていることが読み取れる。

4-2. データによってまとめられる論理（日本編）

日本の調査ではどのような調査結果が得られたのであろうか。調査結果の概略を表11に示した。

表11 おごりに関連する日本での調査結果の概略

2004年，日本の東京で13組の親子にインタビューを行った。インタビューデータでは，子ども13人（小2～高3まで）中，おごられた経験があると答えた子は7人だったが，1名以外の全員はジュースか，お菓子を分けてもらうくらいの条件付の答えであった。小学生の場合は，少し分けてもらうパターンや，アメ・チョコなどみんなに配る形での交換のような形態を体験している。おごりの良し悪しの判断に関して子どもたちは，おやつなら良いという答えもあるが，大体はネガティブな方向で答えている。だからと言って「割り勘がいい」という強い答えが多いわけでもない。高校生は割り勘の方がいいと言うが，そもそもおごり・割り勘と言うくらいの子どもだけの買い物行動自体がない。子どもに必要なものはほとんど親が買っておくか親と一緒に買うかで，親の直接的な管理が行き渡っている様子が強かった。その分，おごりが多い・割り勘が多いという質問自体がなり立たない状況が多く，おごると相手に負担かどうかという質問もしないで終わっている。親の規範意識としては，おごり回避・割り勘選好の傾向が強く，その背景には「お金の介入」は望ましくない，「迷惑をかけない」という意識が強かった。

日本人の親子が答える「おごりは良いこと？　悪いこと？　どうして？」：おごりと割り勘どちらが多いのか，おごりは良いか悪いか，どうしてそう思うのかなどを中心に日本人親子に対して行った調査結果の一部は表12の通りである。

表12　日本人親子のおごりへの価値判断

・遊ぶときおやつを買ってあげることはいいことだと思う。必要だから。(小3女)
・おやつおごりは悪い，せっかくためたお金がもったいないから。(小3女)
・わるい，自分のお父さんが働いたお金だから。(小3女)
・おやつおごりは良い。(小2男)
・おやつおごりある，アメ交換などもある，おやつは悪くない。(小3女)
・おごり全くない，自分で買い物行かない。(小3男)
・お菓子はかっておいて交換はある。(小4女)
・どこかに行ってアイスやジュースをかったこともない。(中1男)
・(おごりをしては)いけない，いけないこととかじゃないと思う。やっぱなんか，平等の方がよくないですか？(高2女)
・初めてバイトの給料をもらったとき，おごったことある。(高3女)
・おごりはめったにしない，ジュースなどは経験あり。(高校3男)
・(ご飯をおごることは)あんまりいいことだとは思わないっていうか，特に理由もないのに，おごる気にはならないですね。……おごることはいいことではないと思う。(高3女)
・おやつは持ちつ持たれつな段階だが，おごりに関してはNOを言えるように。(母)
・アイスとかジュース程度ならOK，ご飯はまだ中1なのでダメ。(母)

表12を見ると，小学校低学年ではおごりに対する価値判断として良い‐悪い両方の答えがあるが，良いと答えた場合はおやつに限定している場合が多い。学年があがると，おごりはしない・良くない方向への認識がさらに強くなっていくようである。

日本人の親子が答える「'おごると相手が負担を感じる'をどう思う？」：日本人の親子におごると相手に負担をかけることについて尋ねてみた。調査結果の一部を表13に示す。

表13　日本人親子のおごりと負担感への考え方

- （おごられる人は）自分がわるかったなと思う。（小3女）
- おやつなどもらって，負担感じない。（小3女）
- おごられ負担には賛成。（中1男）
- おごられると負担感あるので，断る。（高3女）
- お小遣いをもらっていない子がいるので，落差があるので……駄菓子屋とか行っても，基本的におごらない，おごってもらわない，それをやっぱり親同士もそういうのがわかった場合は，基本的にそういうことはしちゃいけないという……（母）

おごられて負担に感じるか尋ねて，感じないと答えた子もいるが，多くの人は負担を感じると答えている。

全体的に，おごりは避けたいことで，ネガティブに捉えられやすいことが分かる。「おごらない」背景には，「平等にするべき」「おごりはトラブルの元」といった意識がとても強く流れているようだ。韓国人が割り勘をネガティブに捉えて，割り勘は利己的だとか，相手に配慮していないとする感覚とはまったく異なった割り勘の認識が日本人にはある。また，調査結果を見ると，すでに買っておいたお菓子や食べ物を友達と交換したり，あげたりすることと，駄菓子屋・コンビニなどのお店で買ってあげることをはっきりと区分して認識していることが，日本人独特のあり方として読み取れた。

一方韓国では，「一緒に食べる」という行為の共同性を認識することが多く，前もって買っておいたものを分けても，その場で買って分けても，それは同じ共同行為として認識している場合が多い。おごりという言葉に対して，日本人は「お金の介入」「迷惑」というネガティブなイメージが先に浮かび，韓国人は「一緒に食べる」「ご馳走する」というポジティブなイメージが先に浮かぶという異なる特徴が見られた。

4-3. 対の構造における日韓のおごり・割り勘の論理

研究者同士の揺れと葛藤を伴う討論，インタビュー場面での揺れと安定を経て，調査から得られたデータの検討を行うにつれて，研究者グループに変化が生じた。おごり・割り勘行為の背景には，互いに異なった論理があることに気づき，葛藤としての揺れがだんだんと安定した異なるあり方として認識するよ

うになってきたのである。共同研究グループのメンバーは，自文化の基準により良し悪しを判断していたことを自覚し，異なるやり方，異なる感覚，異なる基準，異なる他者の存在が安定した対の構造のなかで受け入れられるようになっていく。

　韓国人になって必死におごりの正当性を主張していた私は，同じくらい日本の割り勘の正当性を聞き，調査を行い，データをまとめつつ，両国においてまったく異なる生活規範のなかで働いている背景の論理が似ていることに気づいた。おごりや割り勘のとらえ方に関するキーワードをまとめたのが表 14, 15 である。面白いことに，日本における割り勘も韓国におけるおごりも，相手に配慮し平等をはかることを求めているという安定した図式になったのである。

表 14　おごりに関する日韓のとらえ方

日本人の視点	韓国人の視点
・上下関係をつくる	・おごられると嬉しい
・カツアゲ等の危険性	・親しみの行為，必要な行為
・不平等が生じる	・一緒に食べることで平等
・依存（自立してない）	・助け合う，融通し合う
・負担感を与える	・負担感を与えない・感じない
・相手への無配慮	・相手への配慮の結果
・おごり抑制しつけ	・おごり共食誘導型のしつけ

表 15　割り勘に関する韓日のとらえ方

日本人の視点	韓国人の視点
・自立（自己責任）である	・利己的である
・相手への配慮の結果（負担与えない）	・相手への配慮がない（相手も食べたくなる）
・平等を保つため	・自分だけ食べて不平等
・トラブルがなく人間関係がスムーズ	・情・人間関係が浅い
・割り勘を促進するしつけ	・割り勘を抑制するしつけ

以上の表14, 表15に示したように，筆者が日韓の生活規範はそれぞれがその内部で一貫した論理を持っていることに気づいてから，ようやく韓国でよく見られるおごりも，日本でよく見られる割り勘も相対的に捉えられるようになった。ここまできて「本当の他者」に気づき，「間違った・悪い他者」ではなく，「異なる他者」「異なる文化」として，少しずつではあるが，受け入れ始めたと思える。

5. 意図的に対の構造を持ち込み，多声性を演出する：研究成果発表・授業の場

　4節で示した安定的に確立された論理を，今度は授業などに持ち込む。そうすると，研究者グループの間で筆者や共同研究者たちが体験したような多声性によるズレと揺れをそこでも同じように体験することになる。

5-1. 韓国におけるおごりデータに対する日本人の反応
　韓国人の子どもや母親達が自分達のおごりについてどう思っているかに関する調査結果を学会や授業などで日本人研究者や学生達に見せる。「ほら，韓国人当事者達は，おごりをただちに悪いこととして捉えていないでしょう？」という説明とともに再び問いかけてみる。「韓国でよく見られるおごり現象をどう理解し，解釈しますか？」，「おごり合いは互いに助け合う美徳として捉えますか？　それとも他人に依存する自己責任のなさとして捉えますか？」というふうに。このような問いかけに関して，日本人の研究者や学生は韓国人の捉え方をすでに知っているので，自分達の日常の規範をそのまま出すことはできなくなり，だからといって，おごりは良いと考えるように変わる訳でもない。部分的に，韓国式がとても良いと答える学生もいるが，大体「でも，だからといって……」と納得がいかない感じを示す。つまり，表9, 10, 14, 15のような内容を見ると，理屈として，とりあえず「違いが分かった」けれども，心情まではすんなり変われないのである。日本人は自分なりに必死に考えて表16, 17のような反応をする。

表16　韓国人のおごりのとらえ方を知り揺さぶられた日本人の反応

・おごりで親しみをもつという感覚は私にはないと思います。しかし，日本と韓国とではこんなにもおごりに対する考え方が違うのには驚きました。おごりを良くないとみる日本人は多いですが，けっして日本人が情が薄いと韓国人に思われてほしくないなと思いました。
・私はおごられるのは苦手です。やはり相手に悪いような気がしてしまうからです。
・こんなに近くの国でも考え方が全然違うことにおどろいた。文化差って怖い。大きな偏見につながります。

注．以上の表16の感想は呉が担当する授業で紹介したとき，寄せられた感想の一部である。

表17　割り勘の正当性を主張する日本人の反応

・おごられてまたおごると結局はおごられた意味がないのではないでしょうか。
・お金を使って親しくなることは，本当の友達ではないのではないでしょうか。
・おごられるとどうしても借りをつくったと感じるのではないでしょうか。

注．表17の内容は，呉が担当している授業のレポートで書かれている内容を呉のことばでまとめて表現した。

　このような疑問やすっきりしない感情が残るのは，ある意味当然と言える。共同研究の初期段階に日本人研究者によるおごりに対するネガティブな価値づけに筆者が葛藤を抱えていたこととちょうど反対に，日本人は自分達が大事にしてきた規範や，暗黙のルールが破れる体験をしないといけないからであろう。しかし，韓国のやり方を全面的にポジティブに捉えるまでは行かなくても，自分たちとはずいぶんと異なるやり方をとることを知ることで認識が変化することは，他文化理解のための大きな一歩が進んだと言えるだろう。

5-2．日本における割り勘データに対する韓国人の反応

　表12，13，14，15で示したような日本人の考え方・感覚を韓国人達に見せて話をした。「ほら，日本人たちは，平等のためにおごらないって答えているでしょう」と投げかけ，「日本でよく見られる割り勘をどう理解し解釈しますか」「自分の分は自分でという自立として捉えますか？」「割り勘は他人のためにお金をつかいたくない利己心だと思いますか？」と改めて尋ねてみる。そう

すると，行動の違いは認めるもののまだすっきりしない感じで表18のような反応をする。

表18　おごりの正当性を主張する反応

・本当に，本当に韓国とは違いますね。
・駄菓子屋で自分だけ買って，相手は平等の気持ちになれるのでしょうか？
・これは，あくまで見た目平等であって，本当の内容の平等ではないんじゃないですか？
・本当は，ただ，もっともっと自分のために使いたいのではないでしょうか？

注．表18の内容は呉の知り合いとの対話の中で聞いたことを呉が要約して表現したものである。

韓国人のおごりに対する日本人の納得しにくさと同じくらい，韓国人も日本人の割り勘に関して，納得がいかないようである。「本当に互いがここまで違う」ことを知りつつ，なかなか心情レベルまでは同意したくない（＝良し悪しの価値判断は変わりにくい）感覚を持ちながら，認識のレベルでは変化を体験していると言えるだろう。

6. 変化する身体・行動：「おごりで割り勘」という行為の発現

今まで日本と韓国における子どもたちのお小遣い世界のなかでおごりと割り勘はどう捉えられているか検討してきた。筆者や共同研究者が，時間順に対の構造におかれ，揺さぶられ葛藤を抱えながら異文化理解を体験してきたプロセスとして，①現場に出向いてデータを収集する前の段階での研究者同士の議論，②現場で子どもや親と向きあってインタビューを行う場面，③データを用いてまとめていく段階，④ある程度まとめられた後の安定した状態，⑤データやまとめられた知見を授業や発表に持ち込む段階について述べてきた。

これら5つの段階はもちろんきれいに直線的に推移したわけではなく，行きつ戻りつのゆれ動きのなかでの体験であるが，便宜上一直線に進むように述べた。

以上のような流れのなかで研究・生活をしてきた共同研究者の行動に少しずつ変化が起きていた。韓国で行われる研究会では，韓国人研究者から他国の研究者へのおごりが段々減っていき，日本で行われる研究会では，日本人研究者

から他国研究者へのおごりが段々増える形で日韓の研究者の行動の微調節が見られるようになった。日本でのおごりの形は「割り勘でおごり」、つまり、日本人研究者同士でお金を出し合い（割り勘），他国の研究者におごる形なのである。お互いの文化への認識の変化のなかで身体感覚も少し変化し，それによって調節する行動が出現したのかもしれない。

　少なくとも，異なるやり方を認識し理解したことに対して機械的に対応した行動ではなく，身体感覚そのものがおのずと微調節をするようになってきたと思われる。具体的な食事場面，お茶の場面等において，おごりをするか割り勘をするかは，もちろんそれまでの関係や個人的な親密感やそのときの状況によるのだが，割り勘でおごりの発生自体は，（異）文化に了解・共感しつつ，こちらの我々の状況にうまく合わせて出た自然な成り行きの身体感覚なのかもしれない。

7. 対の構造での多声性の有効性と弊害

　文化比較・文化理解をしようとする調査・研究活動には常に意図せぬ「対の構造」のなかでの多声に直面し，ズレや揺れ，葛藤が伴うディスコミュニケーションが起きていた。やまだ（1987）や石井（2002；2008）が示す「並ぶ関係」が，並んで同じ方向を見ながら語り合う関係になるのなら，本章で述べてきたインタビュー場面や議論の場面は「対する関係」に似ていると思われる。石井（2008）は，フィールドワークにおける，「対する，ならう，並ぶ」関係を示し，対する関係をフィールドワークの初期の様子として述べているが，本章で言及してきた「対の構造」は単に初期の様子としてではなく，むしろ「対面し続けられる対話・対決」にある働きがあるとみることができる。

　対の構造でのディスコミュニケーションこそ，他者（たち）と対面しつつ鏡効果のように自分（たち）を見つめなおすことによって互いに異文化を実感し理解するためのカギであったのである。

　目に見える現象レベルでは同じように思われても，その背景で働いている規範や基本原理がまったくの正反対の場合，対の構造がないとなかなか異なる他者として認識しづらい側面があるだろう。また，対の構造自体も揺れ動く葛藤の対の構造から安定した異なる論理が成り立つような対の構造に変わっていた。

葛藤や揺れのなかで安定した対の構造になることによって異なる他者として異文化を受け入れることになるのではないか（最低限，認識レベルでは）。

　このような対の構造での多声性を意図的に授業や文化交流の場に持ち込むことは，文化理解のための有効な実践活動にもつながると考えられる。一方的に都市を眺めながら観光するような形での文化理解ではなく，戦争状態のように全くの敵対状態で相手を攻撃する形でもなく，ある程度信頼をする平和な状態での実践活動のヒントである。

　第1章で山本が述べている内容は，まさに本章のコンセプトと似た活動としてみることができるだろう。筆者も自分が大学で受け持つ授業「東アジア比較文化論」では，留学生と日本人学生，そして韓国人という筆者の位置を活用して授業のなかで常に「対の構造」を作り出し，多声に直面させるという活動を行っている。常に当たり前のように了解されてしまっている事柄に対して異なる視点をもち他者性（他文化・異文化）に気づく最初の段階には有効であると思われる。

　しかし，対の構造が安定的に成り立つようになると今度は常に文化を固定的に捉えてしまいがちな弊害的な側面もまたあるかもしれない。例えば，次のような場合を想定することが考えられる。韓国人は友達とおごり合う関係こそ，分け合う共食関係であり，相手との関係をうまく作れていると思う。そして，おごりは友達関係における小さなスキルとして捉えることも可能である。一方日本では，割り勘してこそ，友達関係において力関係などのトラブルが起きない平等な関係が保てるのであり，これこそ母親のしつけを支える論理でもある。

　だが，韓国のおごり現象と日本の割り勘現象を取り上げ，議論を重ねつつ発表していくと，韓国ではおごりが常に優位に固定的に存在し，日本では割り勘が常に優位に固定的に存在しているかのように，日韓両国の違いばかりが強調されることになりかねない。等身大の個々人は常に状況に合わせ適切に選択しながら行動していることを忘れがちになる。

　認識レベルでの文化理解ではなく，異なる場において直接体験しながら生活をするといつの間にか心情レベルでも異文化を理解し，気が付かないうちにすでにその行動をとっていたりすることもあるだろう。ここでは，本章で示す対の構造での多声性の体験がまずは認識レベルの段階で大いに活用のヒントがあるということにとどめておく。

（注） 本研究は2002年度から2009年度まで科学研究補助金（基盤研究（B）1 海外，課題番号 15402044 および 18402042）をうけて実施されてきた。この共同プロジェクトでは，日本，韓国，中国，ベトナムの4カ国の研究者がインタビュー調査，質問紙調査，買い物行動観察の3つの方法を用いて共同で調査し議論してきた。本章はインタビュー調査と関連して，とくに日本と韓国を中心に議論してきた内容である。共同研究者として山本登志哉，高橋登（大阪教育大学），サトウタツヤ（立命館大学），竹尾和子（東京理科大学），韓国側の研究者として呉宣児，崔順子および金順子（両者とも大真大学），朝鮮族中国人である片成男（中国政法大学）——ベトナムの研究者として Phan Thi Mai Huon および Nguyen Thi Hoa（Vietnumese Acadeny of Social Science）が参加した。

石井宏典（2002）．「同窓会」という共同の物語――沖縄のある集落出身たちの並ぶ場所　やまだようこ（編）人生を物語る――生成のライフストーリー―　ミネルヴァ書房　pp. 113-142.

石井宏典（2008）．ならいとずらしの連環：那覇・新天地市場の形成と展開　サトウタツヤ・南博文（編）質的心理学講座 3　社会と場所の経験　東京大学出版会　pp. 45-76.

Oh, S., Pian, C., Yamamoto, T., Takahashi, N., Sato, T., Taleo, K., Choi, S., & Kim, S.（2005）. Money and the Life Worlds of children in Korea: Examing the Phenomenon of Ogori（Treating）from Cultural Psychological Perspectives. *Maebashi Kyoai Gakuen College Journal,* **5**, 73-88.

呉宣児・サトウタツヤ・高橋登・山本登志哉・竹尾和子・片成男（2008）．インタビューにおける〈声〉と〈文化〉――「多声性」と「対の構造」に焦点を当てて　共愛学園前橋国際大学論集, **8**, 235-245.

Oh, S., Yamamoto, T., Takahashi, N., Takeo, K., Sato, T. & Pian, C.（2009）. How does culture appear in interview？-Focus on "treating in Korea and "Going Dutch" in Japan. *Maebashi Kyoai Gakuen College Journal,* **9**, 125-135.

桑野隆（2002）．バフチン　新版――〈対話〉そして〈開放の笑い〉――　岩波書店.

やまだようこ（1987）．ことばの前のことば：ことばが生まれるすじみち1　新曜社.

第 3 章
ズレを通じてお互いを知りあう実践
――学校臨床のディスコミュニケーション分析

松嶋秀明

1. 学校臨床におけるディスコミュニケーション

1-1. 孤立する教師とサポートチーム

　近年，学校現場では，不登校や非行をはじめ，いじめ，児童虐待といったように，生徒の「問題」が多様化・複雑化している。担任が一人でなんとかできる範囲を超えることも少なくない。にもかかわらず，教師の多忙化がいわれ（酒井 1997），そのため個人の作業を効率化しようと，他の教師と仕事の話を共有したり，口出ししたりする機会が減少しているという指摘がある（秋田 1996）。また，従来から，教師は互いのプライベートには踏み込まず，実践を主体的に交流させることには消極的な集団であったという指摘（紅林 2007）や，困ったときに他者に頼ることが苦手といった指摘（例えば，田村・石隈 2001；2002）もある。いわゆる教師のバーンアウトの危険は，こうした職場環境のなかで，担任教師が生徒の「問題」を一手に抱え込み，孤立感を深めた結果として生じているとも考えられる。

　こうした現状に鑑みて，教職員がチームを組んで生徒の問題に対応すること，スクールカウンセラー（SC）や，スクールソーシャルワーカー（SSW）といった外部専門家とのネットワーク作りをすることの必要性が指摘されている（文部科学省 2003）。そして，この理念を具体化する方法としての「チーム援助」の実践・研究も多くなされるようになってきた（例えば，石隈・田村 2003；山野・峯本 2007）。本章のテーマである「サポートチーム」も，そうしたチーム援助のバリエーションのひとつである。

　ここで「サポートチーム」とは，コーディネーターをつとめる教員を中心として，教職員が協力し合う体制をつくり，それをもとにして担任を孤立から守り，学校の教職員が協力しあって問題の解決をはかろうとする実践である。そこでは SC や SSW といった専門家は，「問題」を持つ生徒を直接的に支援する

というよりも，特定の子どもの行動を「問題」としてとらえる教師と話し合うことを通して，間接的に子どもを支援しようとする（楢林ら 1994）。具体的には，週1回の「連絡会」と，不定期に開催される「ケース会議」がサポートチームの骨組みである。「連絡会」にはコーディネーター・SC・各学年（1~3年）の担当者・養護教諭が参加して，校内全ての「気になる」生徒の情報を共有し，関わりの方向性について協議する。そして，この「連絡会」で，さらに深く考えていく必要があるとされた生徒がいた場合，コーディネーターが「ケース会議」を招集して「見立て」をたて，今後の関わり方を模索することになる。ケース会議には，担任，コーディネーター，SC，各学年の担当者などが参加する。ケース会議では，話し合いの結果が，即，担任へのアドバイスとなる。連絡会での話し合いの結果も，担任にフィードバックされる。このようにして担任は，多くの教師が気になる生徒について知っているという安心感を得ることはもちろん，具体的にどう関わればいいのかを知ることができ，結果として，一人で問題を抱え込むことを防ぐことができると考えられている。

1-2. ディスコミュニケーションがサポートチームにもたらすもの

筆者は，これまでいくつかの中学校で，主に「不登校」への対応を主眼としてサポートチームの立ち上げに関わってきた（松嶋 2007; 2008）。本章では，そのうち2つの中学校（本章では仮にX中学校，Y中学校と呼ぶ）での導入直後から1~2年間の取り組みをとりあげよう。

結論を先取すれば，両校ともにサポートチームは当初から順調に実践されたわけではない。むしろ，その初期には，SCと教員との間はおろか，普段ともに仕事をしているはずの教師間でさえ，「不登校」生徒への意識のズレがあらわれ，そのことが対立へと発展していた。サポートチームにとって，このようなディスコミュニケーションの発生をどう評価すべきだろうか。「失敗」でしかないのだろうか？

確かに，生徒の情報を教員間で正確に共有することや，集団行動する際の指揮系統を明確にする上では，ディスコミュニケーションが起こることは「失敗」でしかない。ただし，生徒の「問題」とは，彼（女）らのある種の行動（自室に閉じこもること，人を殴ること）では必ずしもないことには注意を要する。龍島・梶（2002）が，少年非行に対処するため，関係機関が集まり，事

件の解決に向けて協働する実践について行った報告は示唆的である。この報告のなかで，協働の障壁とされているのは，関係機関が相互に持つ不信感，無理解である。すなわち，各成員は，同じ1人の少年への理解の仕方をめぐってズレを生じさせつつも，そのことに無自覚であるがゆえに，こうした不信感，無理解が生まれる。それは，成員各々が，自らの職務を前提として少年の「問題」を理解しようとすることに起因する。この報告をもとに考えれば，教職員の間にある生徒の見方の相違は，どれがより正確なのか決着をつけるべきものでも，統一できるものでもない。むしろ，見え方の違いは，各々をつきあわせることで多角的な生徒理解を可能にするものであり，また，それぞれの成員が生徒にどのように関わっているのかを逆に映しだす鏡にもなると考えられる。

このような考え方を前提として，本章では，2つの中学校のサポートチームの導入経過のうち，教職員同士がうまくいかない場面，トラブルが生じたと思われる場面に注目して記述していこうと思う。そうすることで，ともすればネガティブなものとしてとらえられがちなディスコミュニケーションを，私たちが日々遭遇しているが自覚しないままになっている「通じ合うこと」や「協力すること」をめぐる困難さに直面させ，そのことで私たちのこれまでのあり方に省察を迫るという，ポジティブな力を持つものであることを例証してみたい。

1-3. 2つの中学校のプロフィール

まず2つの中学校（X中学校，Y中学校）について簡単に紹介しよう。もちろん，本章の2事例は，いずれも登場人物を仮名としたほか，論旨を損なわない範囲で設定を改変していることはお断りしておく。

とりあげたのは，どちらも全校生徒700人余，教員数40人余という，いわゆる「大規模校」であった。ただし，X中学校が街の中心部に学区を持つ，いわゆる「荒れた」学校なのに対して，Y中学校は農村部に学区を持つ「落ち着いた」学校であった。また，サポートチームのコーディネーターも，X中学校のA先生は，これまでもっぱら生徒指導で活躍しており，教育相談の経験がほとんどなかったのに対して，Y中学校のC先生は，教育相談の経験が豊富であった。

どのような学校にせよ，「不登校」のように集団指導にのらず，個別対応が求められる生徒への対応をめぐっては，一般的に教員間には意識のズレが生じ

る。例えば，登校を当然視するスタンスで生徒に関わる教員もいれば，「問題」のために登校できないと考え，援助的に関わろうとするものもいるといった具合である。また，こうしたズレが，サポートチームのコーディネーターのように，この「問題」に専心的に関わる教師と，一般の教師との間において顕著になりやすいのも一般的といえる。

　実際はどうだったろうか。簡単に要約すれば，X中学校では，当初，不登校生徒への認識をめぐって，少なくとも表面的には教員間に意識のズレはみられず，人間関係のトラブルが生じることもなかった。ただし，私には，サポートチームはうまく運営されていないと感じられたし，コーディネーターのA先生が1人で苦労されている様子が目についた。いわば，ディスコミュニケーションは潜在化されていた。これに対してY中学校では，当初からコーディネーターは他教師との間で，不登校生徒への意識にズレがあることを認識していた。そして，このズレへの認識が，教員間のトラブルに発展することもあった。いわば顕在化されたディスコミュニケーションといえる。このように，両校は，ズレへの認識も，トラブルの有無についても対照的であった。両校を比較検討することで，ディスコミュニケーションの生成の積極的意味について，より深く理解する糸口となると考えられる。

2．潜在化されたディスコミュニケーション

　X中学校におけるサポートチームの導入経過は，先述のとおり順調ではなかった。ケース会議は1学期中こそ数回開かれたものの，夏休み以降は開かれなくなり，その状態がその後1年間も続いた。「連絡会」は続けられたが，担任からの報告が滞りがちになることもあった。筆者は不遜にも「（いくら忙しくても）それ（報告すること）くらいできるのでは？」と，担任への批判的な目を向けることもあったが，A先生は，そのことを担任が「忙しい」からだと説明していた。むしろ，A先生は，担任の先生に，報告することへのモティベーションを持ってもらうため，連絡会で話し合われた内容を丁寧にフィードバックしていた。周囲が感心するほど長文にまとめることもあった。それでもなお，A先生には，担任とサポートチームのメンバーのコミュニケーションが不足していると映っており，2年目の最初の連絡会では「担任とサポート

チームとのこころの交流」と書かれた資料を配布し，日頃から担任とサポートチームがコミュニケーションをとり，連絡会で何が話し合われているのか，他教師にとって分かりやすくしていこうと提案するほどだった［4月のフィールドノート（FN）より］。まとめれば，A先生はサポートチームがうまく行かないことを「問題」と感じてはいたが，それは担任の「忙しさ」という，半ば不可抗力なものに帰属されたり，自分自身の働きかけの不足がもたらした結果として語られたりしていた。

2-1．サポートチームが上手くいかないことがもたらす意味

X中学校では，1年目の後半から，クラスメートにどう思われているかが気になると訴えて別室登校する生徒が数名でてきた。とはいえ，X中学校における「別室」は，あくまでも緊急避難の場所であり，空き教室が用意されているにすぎなかった。彼（女）たちは別室でコツコツと勉強に取り組んだが，自習がほとんどで教師から指導をうける機会は皆無に近かった。担任も，多忙のため別室に顔を出せない日があり，養護教諭やA先生らが短時間関わるのみの日も多かった。

私は，せっかく学校に来たのに誰からも相手にされない状況は，彼（女）らに「寂しい」「虚しい」と感じられ，登校へのモティベーションが奪われるのではないかと危惧していた。私だけでなく，ある女性教師は連絡会で「（別室生徒には）時間割もない」から「自分でひたすら自習をするのみで，疲れたら自分で休むといった感じ」という生徒の現状を「問題」として語ることもあった。筆者は別室に常駐する教師がいたらと感じたが，そのことをA先生にいうと「そら，しんどいですわー。今，みんな（授業離脱する生徒への指導のために）廊下番とかで全コマが埋まってるさかいに……」と顔を曇らせたり［X＋1年4月のFN］，「全然来てへん子も気にはなるけども，やっぱり毎日来る子の対応に……（略）……追われますのでね。……（略）……どうしても後回しになるなあと。（それを優先しろというと）プレッシャーになって，担任の仕事が追いつかへんし」［X＋1年7月のインタビュー］といったように，ケアの必要性は感じるが，教師の忙しさを知っているだけに頼めないジレンマを語った。

このジレンマはA先生のなかに最初からあったものではない。X＋1年12

月のインタビューで，A先生は別室生徒があらわれはじめた頃の心境を，以下のように語っている。

> 別室についてはね，去年（1年目）はほとんどあんま意識してなかったんですけども。（別室にいる生徒が）1人で勉強してる様子を見ててね，なんかあの，可哀想というか，そういう感情がガーッと出てきて……（別室に）入れといたら最初はよいなと思ったんだけども……（勉強をはじめとして）何かできないだろうかというふうになんか思いかけたんですわ。

この語りには，別室生徒の気持ちを，A先生が身を以て感得し始めていたことが語られている。と同時に，1年目にはそうした生徒の状況を，たいして問題とはみなしていなかったこともうかがえる。「入れといたら……よいな」と考えるかぎり，A先生に生徒へのケアの必要性が感じられることはなく，その必要性に教師が対応できないことへのジレンマもうまれようがない。

まとめれば，1年目のA先生にとって，サポートチームが機能しないことが問題なのは，それが担任の支援につながらないという意味においてであり，生徒へのケアをよりよくしていく必要性が感じられたからではなかった。これに対して2年目のA先生は，次第に，X中学校全体の「不登校生徒」へのとらえ方と，自分自身のそれとのあいだのズレを「ジレンマ」として意識しはじめている。いわば，これまで「潜在化」していた認識のズレが，顕在的なものになりつつあると考えられる。

2-2.「可哀想」から，「夢のある実践」への転換

さて，別室の生徒への働きかけとして，筆者は，生徒が1日の記録として書いている自習ノートに注目し，「（例えば，提出されたノートに）花丸をひとつ書くだけでも」反応を返してはどうかと提案し，A先生と養護教諭に，それを行ってもらえることになった［5月後半のFN］。そして，このことがきっかけになってA先生は別室生徒に対してさまざまな関わりをするようになった。連絡ノートに加え，夏休みに，別室に通う生徒のために補習授業を開くことや，お楽しみ会を開くことを計画していると語るようにもなった［6月後半のFN］。

このように生徒へのケアが増えることは好ましいことだが，私やSCは，A先生が頑張りすぎることを常に危惧していた。幸い，A先生は元気でい続け

た。インタビューで「(忙しさで) 大変では？」と質問した私には，こうした仕事を苦には感じていないと語り，その理由を以下のように語った。

> (生徒が可哀想というのが最初だが) その後は，いろいろアイデア出てきて，ほんで，あ，これもしてやろう，あれもしてやろうというのは，これはね，そういう可哀想というんじゃなくてね，あのー，上手に言えんですけどね，そのね，あの，夢がある，変な言い方（だけど）…「子どもらのため」（というの）は，一応表向きやけど，自分の気持ちの中にやりがいが出てきたのがやっぱ大きいですわ。

上記の語りの「いろいろアイデアが出て」という部分は，A先生が生徒の現状を，それへの対応策につながる形で理解できはじめたことを示していると考えられる。これは当初，生徒の出欠状況といった，SCからみると生徒理解に結びつきにくそうな情報にとらわれ，対応策についてもSCに頼っていたのとは対照的である。

こうした様々な活動と並行して，A先生は中断していたケース会議を，2年目の2学期から再開した。A先生はこれまでケース会議に対して持っていた苦手意識が払拭されたことを，「僕の中でなんかこう，詰まったったもんがやっと落ち」たと表現した。ここで「詰まったったもん」とは別の箇所で「胸に詰まったもの」とも表現されていたが，息苦しさや，漠然とした不安感を連想させる表現である。2年目になって試験的に再開された会議は，A先生にとっては「成果がみえなかった」1年目とは異なり，「見通しがスーッと出てきたから……(自分にとっては) 成功体験」だったという。これはA先生の不登校生徒に対する理解が深まったからこそ見えてきたものだともいえるだろう。

2-3.「他者」としての同僚との出会い

前節では2年目にA先生を中心におこった実践の変化についてみてきた。こうした変化は，私にとって望ましいものであったが，ここで重要なことは，これらの変化はあくまでもA先生のやる気に依存したものであるということだ。A先生は全体との間に感じる葛藤を，自らの仕事量を増やして引き受けることで解消していたともいえる。

もちろん，A先生1人でこれらのことが成し遂げられたわけではない。A先生が前節で紹介したような様々な活動をはじめたことで，他の教師やSCら

が，A先生とつながりを持つ機会も増えてきた。例えば，A先生は別室登校している生徒からの，勉強を教えてほしいというニーズに応えて「夏休みいっぺん，あの，質問教室しよう」と思いつき，と同時に「夏休みやったら……教室やら，いろんなとこどんどん入って来られるのだから」と，生徒の活動の幅をさらにひろげようと，普段，別室登校で使っている校舎を教師と一緒に掃除することを思いついた。これに対して，SCが掃除だけでなくレクリエーション活動を盛り込んではどうかと提案したり，当初，A先生だけで行おうとしていた補習教室については，これらの生徒の学力保障について心配していた当該生徒の所属する学年の教師が協力を申し出たという。これはケアの必要性と，他の教師の仕事を増やせないこととの間に感じたジレンマが，必ずしも絶対的なものではないことをA先生に気づかせてくれるものだったのではないだろうか。

ケース会議についてもA先生は印象深いケースとして以下のようなエピソードを語ってくれた。

> （最近，不登校になりかけた生徒の件で）担任もアタフタしてたと思うんですよ。そしたら向こうからね「先生，今日の教育相談部会で○○（生徒の名前）のことどういう話になりました？」って，向こうから聞きに来てくれはったんです。あ，そうか，やっぱり，その要求があったら，なんぼでもそうやって，あれ（ケース会議）ができるんやなと思って。

ここで語られているように，担任が必要を感じれば，自分が努力せずとも相談にきてくれる姿を目の当たりにして，A先生はこれまで義務感にかられて仕事してきたことが「形式的」であり，「担任にとっては必要ない物」だったかもしれないと反省的に振り返っている。総合すれば，A先生は，「不登校生徒」への対応を1人で引き受けようとする当初の取り組みから，担任教師が求めているものに合わせた援助を考えることの重要性について次第に気付き始めたといえる。もっとも，現状では，サポート「チーム」であるといいながら，その成否がA先生1人にかかる状態であり，全校的な動きへと展開していくのにはまだまだ時間を要するといわねばならない。

3. 顕在化されたディスコミュニケーション

　続いてY中学校でのサポートチームの導入過程についてみていこう。
　コーディネーターのC先生は，これまでの教育相談の経験から，不登校や対人関係につまずいた生徒と人間関係をつくるのがうまいと感じられる先生だった。C先生は教室に入れない生徒が過ごす部屋（Y中学では「相談室」という）で，生徒と過ごすことが多かった。その結果，以前なら「《学校に行きたくても行けないという辛い思いをしているんだろうな》というふうに言葉では言えても，どういうふうに辛いと思っているのかというのは，想像がつかなかったかもしれない」が，現在は「《ここでこういうことを思ったんでしょ？》と言ったら，《そう》から始まったりする」こともあるなど，生徒の気持ちが様子から分かる部分がでてきたと語った。
　C先生いわく，生徒の支援に最も必要なのは「担任の関わり」である。担任が関わっていれば「(生徒も) 絶対，想いも変わってくる」が，担任から「置いていかれている」という感じを生徒が持つと「いくら私がどんなに手をかけても贖える物ではない」から，「やっぱり担任とかクラスとの繋がりという部分は大きい」という。そして，にも関わらず，これまで担任がそのように関わってくれたとC先生に実感できないことも多かったという。
　筆者自身，ベテランが多いために互いのやり方に口をださないことが多く，あまり教師同士が情報交換している場面をみることはなかった。C先生によれば過去には「学年が変わる際に，不登校生徒についての引き継ぎがなされない」というように，教師間の連携がよいとはいえない現状もあった。こうした現状をなんとかするため，C先生と私はサポートチームを中心とした協働体制の構築を2年目の目標とした。
　サポートチームの初期（5〜6月），筆者は自分の発言が学校にどのような影響を与えるのか分からなかったので，会議中はそれほど積極的に発言せず，他教師のやり方をみることにした。最初の数回の会議で，筆者がうけた印象は「生徒がいつ，どのように学校に来ているのか（また，誰が対応しているのか）」といった情報の共有が志向されている一方で，どのような困難を持つ生徒なのかについてはなかなか話し合われないというものだった［X年5月第2週のFN］。こうした印象は，どうやら筆者だけに感じられていたのではない

ようだ。B先生のように「(会議で) バーッと名前をだされても，誰がどの子とか（分からない）」ため，生徒への対応について意見したくても「人となりが分からなければ言いようがない」ことを訴え，「どうやったああやった，何日休んだ何日来たということだけ」ではなく「その子はどういう特徴があってどういうのだというのがあればいいと思う」と提案する教師もいた [X年6月のFN]。

3-1.「理解されていない」の相互的達成

さて，上述のB先生は，導入当初（X年6月）の連絡会で，多くの教師にサポートチームの活動を知らせて，共有するべきだとも主張した。これに対してC先生は多くの先生に共有してもらおうとしたところで「(現段階ではわかってもらう) 自信がない」し「自分が嫌な気持ちになるのも嫌」だと，その必要性は感じつつも，感情的には受け入れられない様子だった（X年6月のFN）。ここにはC先生の，他教師に対する信頼感の持てなさが現れている。

たしかに多くの教員と生徒の情報を共有することは難しい。7月の連絡会では，C先生から相談室を運営するうえでの困難が報告された。トランスクリプトⅠはその過程である。B先生が相談室の状況を語り，つづけてC先生の感じる困難に共感している [1行]。

トランスクリプトⅠ

行	発話者	発話内容
1	B先生	でも，それぞれも個性が強くて……バラバラなんやなー。だから，（授業でも大変だが）そうでない時に，これだけ集まっててC先生が大変だというのは，よくわかるような気がします。
2	D先生	うーん
3	B先生	みんな考えてることも違うし，マチマチやし，そら，あのー，僕ら授業だけでその子に接してるときには，そんだけのもんなんやけど，多分大変なんやろうなーというのは。
4	D先生	うーん，まあ，授業してる分には，別にあのー，一生懸命しとるでー [　　*　　]
5	B先生	[そやから] あの，毎日がー，あの子ら6時間授業つまってないからね，詰まっている時間の方が少ないからー。それ以外の時にーC先生の身体ひとつでこんだけの子らを……

6	D先生	何をしとるかやわなー　この ((時間)) に ［　　　　　］
7	B先生	［　だ　］ 前，聞いたらトランプやらしたりなー。いろいろやってるんやけどー。それが，黙々とするのと違って……（略）……対応するのが大変やろなーっていう気が。

＊何か言いかけるが聞きとれない発話。なお，4行目，5行目の［　　］は発話の重複を表す。

　これに対して，生徒指導のD先生は「うーん」と直ちにはその困難性に共感できない様子を示している［2行］。そこでB先生は「授業」と「それ以外の時間」を対比的に用い，それ以外の時間における生徒への対処が難しいと述べた［3行］。D先生は「うーん，まあ，授業してるぶんには，別にあのー，一生懸命しとるでー（しているから）」［4行］と発言して，代替案を提案しようとしている。これに対してB先生はD先生の発言に重複して「そやから（だから）」と再び同じように相談室の状況について話した［5行，7行］。

　ここでのB先生の一連の発言は，同じ発話の反復とうけとれる。一般に，発言内容の繰り返しは，繰り返しが起こる直前の聞き手側の反応に，話者が何らかのトラブルを見いだし，修復したものと考えられる。そこでD先生の発言をみると，「授業中」と「それ以外の時間」を対比的に扱っており，文を構成する「事実」のレベルではB先生との間に齟齬はないものの，「事実」の力点の置き方が異なっていることがわかる。すなわち，B先生は「それ以外の時間」が大変である方に力点をおくことで，C先生の苦労への共感を示すことを志向しているが，D先生は「授業中」の「（生徒が）一生懸命しとる」方に力点をおくことで，C先生の苦労への共感よりも，現実的な解決を導くことを志向していると考えられる。

トランスクリプトⅡ

行	発話者	発話内容
1	D先生	あのー，あれ，部屋的に，どうなんかなー。そのー，今，その，授業はどっちかいうと，その，一斉に授業してるのが大部分やんかー。んもっとー，個別学習，もっと自分でー学習をそれぞれーやらしていくー。
2	B先生	去年の子らはー，先生もいってたけど，去年の子らは出来る子らが，

		相談室に来てたような気がする。
3		今年はそれが1人ずつにしたらー，できひん。多分，できんような気がする。
4	D先生	うーん，ちゃう，僕はな，だから，イメージとしてはな，あるやん，こう個別学習ってこう……（略）……あの塾のやつよー。
5	C先生	((……無理……))
6	D先生	うん，ああいうスタイルでー，それでー，こうボランティアで来てくれてる学生さんが回って，できたらな。静かにしとってええやろとかいうて。ああいうスタイルの方がなんかもっとこう壁があってこうというのの方が，人数おおくなっても対応しやすいんじゃないかなーと。人数的にー。で，こっちのなんか丸机のほうは，交流スペースで，こう，しといてー。
7	B先生	去年の子どもらみたいに，話すのも少ない，口数少のうて，非社会的な子どもらみたいなんが中心で来てた時は，先生言われるみたいにね，他の子らと一緒にするのもかなん，個別にこう，囲いをしてね，出来るような子やったけど。
8		今見てる子らは，そんなこと，先生，できるような見えてこーへん。だから先生が言われるようなイメージは，今年の子らは絶対できんと思う。
9		ま，そんな入ってくる相談室の子らがー，性質が全然違うでー，去年の子らと，同じ方法では多分やれんしー。C先生が1人でー，ずーっとついてる。1人の子としゃべりたいと思っても，他の子ら放っといてー，自習やらひとりで個別学習さそうと思ってできる子らやないでー，たぶんエラいんやと思う。
10	D先生	うーーん，ほんで，だから，それをさすためのー，その，仕組みとしてな，その衝立で一個ずつ，こう，仕切ったるようなところに……
11	B先生	ほーんなことしたら，誰も，来ないようになる。

　トランスクリプトⅡはこの議論の後半部分である。ここでもD先生は現状改善に向けた提案を行うと［1, 4-6, 10行］，B・C先生は「去年の子らは」と前年度に相談室登校をしていた生徒をひきあいにだして［2, 7行］，最終的に相談室の生徒の現状について語りつつ提案を否定するというパターン［3, 8-9行］が繰り返されている。D先生が相談室で授業をしていることをB先生は知っている。したがって，ここでの相談室の現状についての語りは，現状を知

らないD先生への事実報告というよりも，自分たちの見方に沿った理解を求めるメッセージとして受けとれる。トランスクリプトⅠ, Ⅱで, B先生が自身の発話への適切な応答として想定しているのは, 無条件の承認である。解決策を導こうとするD先生の発話は, C先生の苦労（それはB先生も理解している）を「理解していない」という被害感, 不信感を募らせるものだったと考えられる。

3-2. コンフリクトの発生と解消の場としてのケース会議

　C先生らの他教師への不信感は, サトルについてのケース会議でも顕在化している。サトルは, C先生によれば, これまで「サボリ」と見なされやすい生徒であった。会議では, 両親からの虐待（ネグレクト）の結果, (1) サトルは日常生活において大事にされているという感覚を持ちにくく, そのことは (2) 本人の母親への不信感につながっており, また, (3) 登校への動機づけを低めていることが確認された。そこで, 担任をはじめとした教師が家庭訪問を繰り返しつつ, サトルが少しでも登校できる機会をつくることが確認された。

　ところがケース会議後, 担任とC先生の見解にはズレがあることがわかった［X年7月のFN］。すなわち, 担任はサトルを登校させるにあたって, 苦手意識のある教室よりは「相談室」に入れるのがよいと考えていたのかもしれない。これに対してC先生は, 怠学傾向のサトルが相談室に来ることで, 他の生徒に悪影響を与えるのではないかと懸念しており, かつ,（前節でみたように）相談室の運営にも行き詰まりを感じていた。そこでC先生は担任の提案に非常に憤慨し, 強い口調で反対した。もしかすると, C先生は担任から仕事を押しつけられたように感じたのかもしれないし, 前節と同様, 相談室の仕事の大変さが理解されていないと感じたのかもしれない。

　私は, C先生が感情的に反発することで, かえって担任との溝ができることを危惧した。そこでC先生に「(C先生のように) 子どもと密に接するからこそ, 子どもの気持ちがとても分かって何とかしたいと思うようになる」一方で, 「(他の教員は) 細かい事情が分からないからこそ提案できることもある」と述べた。そして, どちらも生徒を抱えていくためには重要な要素であり, うまく折り合いをつけることが大事だという趣旨の発言をした［X年8月のFNより］。

サトルに関する2回目のケース会議は2ヶ月後に行われた。驚いたことに，担任のサトルに対するイメージは，家庭訪問を繰り返したことの結果なのか，ポジティブに変化していた。例えば，サトルが全く勉強していないのではないかとB先生らは懸念したが，担任は「1回家庭訪問をしたときに……（略）……（本人は）勉強してたというんで，お母さんも嘘やろと言ってたのに，（確かめてみると）本当に部屋に（教科書などが）広げてある状況があるのを見て，あ，本当にしてたんやなっていう話になって」と，他教師が知らなかったエピソードをあげて，サトルの頑張りを強調した。トランスクリプトⅢは，このケース会議の終盤，今後の対応について話す場面である。

トランスクリプトⅢ

行	発話者	発話内容
1	担任	（とりあえず，週1回の夕方登校からはじめてみよう，という話題の続きで）まあ，全然（学校に）来てないで，ほら週1回でも大変や。
2	A先生	ま，そんな定期的なところまではまだ。まず1回くるというのをまず。
3	担任	うん
4	C先生	したらまあ，ちょと，そういうかたちでー，どうやろな1回目は……（略）……で，そうしたらそのー，勉強のほうーは，ちょっとおいとこっか。この前やってたやつは。
5	担任	いや，だから，あの，ドリルを。ちょっと回答は渡してるんだけどね。
6	C先生	ふーん，そうしたら「これ来週までにやっとき」とか，そういうかたちで続けてくださいます？
7	担任	うーん，かー（＝それともー）
8	B先生	（私が家庭訪問に）いった時に自主学習ノート点検はする。
9	C先生	ふーん。
10	B先生	そのまんま，続けるつもりはしてるでー。
11	C先生	はい，ほんならしてください……（略）……（松嶋）先生いいですか？
12	SC	うん，まあ，とにかく勉強とかなんとかよりも，とりあえずやっぱり，（学校に）くるとか，大人にちゃんと認めてもらうとか，そういうことを積み重ねていくほうが大事なので，そういう意味での関わりやということだと思うんですけど。
13	C先生	（先生方からサトルに）しゃべったってくださいってことですねえ。
14	SC	そうですね。

15 C先生　じゃあ，そういうことでー．
16 担任　　（自分が家庭訪問に）いったら出てきてるしー，拒んでることは今まででいっさいないのでー．何でも話は聞ける状況にあるので．
17 C先生　しゃべる人を探してやんねな．そうやな．

　まず，サトルの担任は「全然（学校に）来てない」から「週1回でも大変や」と，サトルが学校に来ること自体の大変さに共感している［1行］。C先生は勉強をするという目標を中断することを提案するが，担任とB先生は「続ける」と主張する［5～10行］。筆者はこれまで大人から評価される体験の少なかったサトルには，勉強の出来以前に，自分の頑張りが大人から評価されること自体が重要と考え，「とにかく勉強とか何とかより……（学校に）来るとか，大人にちゃんと認めてもらうとか，そういうことを積み重ねていく方が大事［12行目］」と述べた。これに対して担任はサトルとはしゃべれる関係であることを強調し，C先生もサトルを「しゃべる人を捜している」生徒として語った［13，17行］。このように2回目のケース会議では，前回のようなコンフリクトは生じておらず，サトルに関わろうとすることで皆の方向性が一致した。

3-3．不可視性の自覚化に向けて

　年度末が近づく頃，相談室に関わる教師と，それ以外の教師との間にある認識のズレを埋めることの重要性が，連絡会でも話題になってきた。C先生は「ずっと4月から（不登校生徒の）記録をとってて……（職員室に）置いておくと皆にも見てもらえるかなと思ってるんです」と提案した。すなわち，C先生がこれまでに対応した生徒の記録のファイルを，全職員が閲覧可能なものにすることで，相談室の現状を知ってもらおうというアイデアである。これにはサポートチームのメンバーから，その有効性をいぶかしむ声もでたが，C先生は「でも，私が持っていたらみんなが見ることはないでしょ」と意欲をみせた。

　たしかに，これまでにも放課後に登校してくる生徒を受け入れるための部屋が，すでに他の目的で使用されるといったアクシデントがしばしばあった。しかも，それは部屋の使用状況簿を見てさえいれば未然に防げるものであった。したがって，C先生の発案は実効性という観点からみた場合，必ずしも有効ではないかもしれない。

しかしながら，当該の行為の有効性の有無はここではさほど重要ではない。むしろ，C 先生が不登校生徒の情報を自分だけで止めるのではなく，他者に向けて発信しようとしたことが重要である。これは当初 C 先生が「嫌な想いするのも嫌やし」と語っていた態度とは正反対といえる。C 先生は生徒の困難を多くの教員に知ってもらうという目的のため，あえて情報を表にだすことで予期されるネガティブな結果をうける覚悟を決めたといえる。

4. ディスコミュニケーションからお互いが誰かを知る

　サポートチームの実践におけるディスコミュニケーションは，教員や SC が生徒の困難を見てとる視点のズレのなかに「あらわれる」。
　以前から教育相談に関わって，教室に行けない生徒たちと近い位置で接してきた C 先生が，生徒の気持ちを次第に分かるようになっていったと語り，Y 中学校の体制にも批判的であったのに対して，X 中学校でサポートチームが始まった当初，A 先生は，担任から情報がもらえないという，潜在的には不満につながる（あるいは生徒支援にマイナスになる）事態についても，それを担任の「忙しさ」に帰属して説明していた。このような語り口はディスコミュニケーションの存在を，A 先生自身にとっても認識しにくくしていた。A 先生が回顧的に語ったことによれば，当初，教室に入れない生徒は「別室に入れとけばよい」としか意味づけられておらず，X 中学校全体の生徒処遇のあり方に疑問を抱くことはなかった。2 年目になり，生徒が自習する姿をみて「可哀想」という感情がわいてはじめて，A 先生は「何かできないだろうか」と感じ始めている。生徒の困難への気付きが，ディスコミュニケーションへの対峙と関連しているといえるだろう。

4-1. ディスコミュニケーションのなかでの「生徒の困難」の発見

　ヤッコ・セイクラら（Seikkula, Arnkil & Hoffman 2006）は，協働を成功させる要因のひとつとして，支援者が「問題」に自己をコミットさせることと距離をとることのバランスを調節することを挙げている。つまり，「問題」に対して評論家的な立場にとどまる限り，有効な支援には結びつかない。支援者が「問題」を当事者として考えることが必要となる。その意味で，コーディネーター

の感情は，協働を開始させる糸口となっただろう。この感情について考えるうえでアルフォンソ・リンギス（Lingis 2006/1994）の思想は役立つ。

　彼は，誰もが共有できる理由や目的に基づく「合理的コミュニケーション」とは別種の，「もうひとつのコミュニケーション」について考察している。彼によれば，こうしたコミュニケーションは，自らの意志によって開始されるというよりも，むしろ他者から訴えかけられ，それに応えることを負わされていると感じるという受動性のなかではじまる。リンギスによれば，こうしたコミュニケーションは，合理的なコミュニケーションの失敗（すなわちディスコミュニケーション）としてあらわれる。そこでは不特定な「生徒」と「教師」という関係ではなく，むしろ，特定の誰それが気にかかるという形での個別的関係が目指される。両コーディネーターが別室で生徒の傍らにいながら抱いた感情は，こうしたもう一つのコミュニケーションへの糸口ではないだろうか。

　もちろん，と同時に，コーディネーターは「問題」から距離をとることができなければならない。さもなければ，教師は生徒のことであるにもかかわらず，自身が疲弊する危険性をはらんでいるからだ。例えば，Y中学校ではC先生や，B先生と，他教員との間には感情的衝突が起こっているが，これは他教員からの理解を得られないままに，困難な生徒の問題を押しつけられているというC先生の被害感が背景にある。つまり，当初は「生徒」の問題として始まったことが，いつのまにかC先生自身の他の教員との人間関係の問題として再現されているのである。幸いC先生は，事例の後半になって，徐々に建設的な協働関係を築けるようになっているが，これはC先生が自分自身を振り返り（例えば，生徒の行動を記録したファイルをオープンにすることについて「自分が持っていたら見ることないでしょ」と言ったように），自分自身が「問題」を抱えこむことでズレを維持することに一役かっていることを自覚したことが影響していると考えることもできる。X中学校のA先生にしても，生徒の寂しさや虚しさを「可哀想」というかたちで感受したものの，後にそれを「夢がある」行為として意味付けなおしたことで，その感情にのみこまれることから逃れたと考えられる。

4-2. 新しい言説との出会い

　SCをはじめとした外部専門家もまた，こうしたディスコミュニケーション

の外部にはでられない。専門家がもたらす「言説（discourse）」が学校という現場に与える役割も見逃せない。ここで筆者が「言説」と呼ぶのは，文字通りの言葉だけではない。本章でとりあげているサポートチームやケース会議といった仕組みも含まれる。

　X中学校では1年余にわたってケース会議が中断された時期がある。この事実だけからも，A先生にとってケース会議が「役にたたない」「余計なもの」だったと想像できる。したがって，A先生はこれを切り捨てることもできたはずだが，そうはしなかった。むしろ，「胸に詰まったもの」と語ることからは，A先生にとっての「サポートチーム」は，自分のものにしようとしても，常に違和感を感じ，とりこめない言葉であり続けたことがうかがえる。バフチン（Bakhtin 1996）が「権威的な言葉」と呼ぶのは「ただ伝達されるのみ」(pp. 161-162)で変奏が許されない言葉であり，対話を阻むものである。A先生にとっての私が持ち込んだサポートチームという言説は，「権威的な言葉」のひとつであり，主体的に使いこなせないものだったことが想像できる。

　これはX中学校の特殊事情によるものとはいえない。サポートチームが比較的スムーズに導入されたY中学校でも，SCの「虐待」「ネグレクト」といった言葉は，すんなりと教師集団に受け入れられたわけではない。担任がともかく始めた「家庭訪問」という対処行動（＝手だて）を通して，生徒イメージを変化させたことにより，そうした言葉を理解するための文脈がととのったことで初めて可能になったのである。

4-3.「つながる」実践から，「お互いが誰なのかを知る」実践

　学校臨床場面での協働に，ディスコミュニケーションがいかに現れ，成員の活動にどのような意味を持つのか記述してきた。その結果，ディスコミュニケーションは，当初，その存在が，例えばSCや研究者といった外部者には予感されるが，顕在化しないよう維持されることがわかった。こうしたディスコミュニケーションの存在を顕在化させるのは，成員が客観的に問題を眺めるのではなく，感情を関与させつつコミットすることを通してであった。

　ディスコミュニケーションに直面することは，成員間に感情的な衝突やストレスの増大をもたらすものの，そのことを通して，これまでになかった新たな実践の可能性を多方面にもたらし，これまで見えていると思っていた対象の姿

を改めて知り直していく力がある。例えば，X中学校の教員のなかには，A先生が計画した（別室生徒向けの）補習授業を手伝ったり，生徒について相談するために，A先生のもとへ自主的に訪れたりするものがいた。これらはA先生が当初感じていた「忙しい」ことに翻弄される教員というイメージではなく，むしろ「忙しい」ことに対して，教員たちが主体的に対処しようとする姿として理解できる。A先生は，生徒への関わりを増やすという願望と，それを担任に求めれば「忙しい」教員をより追いつめることになるというジレンマに悩んでいるが，上記のような同僚教員からの手助けは，ジレンマ状況に揺らぎをもたらすといえる。Y中学校にしても，当初，担任の「関わりが少ない」と感じていたC先生も，ケース会議を経ることで，実は担任が意外な関わりを持っていることを知り，そこからケースが展開することを経験した。そのことにより，これまでの固定化した担任イメージが揺らいできた。

　このように考えるならば協働とは，複数の専門家や生徒が，「教師」や「生徒」，あるいは「SC」といった，それぞれがお互いによく見知った役割関係でのみ相手を理解する段階から，そのことを基盤としつつも，その外部にでていくこと。すなわち，自分がそれまで知らなかった対象の諸側面があることを知り，また，自分自身のあり方についての省察的理解をすすめていくプロセスといえる。ディスコミュニケーションは，こうした他者としての対象に出会うチャンスを提供するのである。

Bakhtin, M.（1934）. *Slovo v romane*.（バフチン，M.　伊東一郎訳（1996）．小説の言葉　平凡社）

石黒広昭（1998）．心理学を実践から遠ざけるもの――個体能力主義の興隆と破綻　佐伯胖・宮崎清孝・佐藤学・石黒広昭（編）心理学と教育実践の間で　東京大学出版会　pp. 103-156.

石隈利紀・田村節子（2003）．石隈・田村式援助シートによるチーム援助入門――学校心理学・実践編　図書文化社.

紅林伸幸（2007）．協働の同僚性としての《チーム》――学校臨床社会学から　教育學研究，**74**，174-188.

Lingis, A.（1994）. *The community of those who have nothing in common*. Indiana University Press.（リンギス A.　野谷啓二訳（2006）．何も共有していない者たちの共同体　洛北出版）

松嶋秀明 (2005). 関係性のなかの非行少年——更生保護施設のエスノグラフィーから 新曜社.

松嶋秀明 (2007). 人々がつながり, まとまる サトウタツヤ（編）ボトムアップな人間関係——心理・教育・福祉・環境・社会の 12 の現場から 未来を開く人文・社会科学 2 東信堂 pp. 25-41.

松嶋秀明 (2008). 境界線上で生じる実践としての協働——学校臨床への対話的アプローチ 質的心理学研究, **7**, 169-185.

楢林理一郎・三輪健一・上ノ山一寛・吉川悟・湯沢茂子 (1994). 学校現場におけるシステムズ・コンサルテーションの可能性——滋賀県での「さざなみ教育相談」の経験から 家族療法研究, **11**, 99-107.

Seikkula, J., Arnkil, T., & Hoffman, L. (Eds.) (2006). *Dialogical meetings in social networks* (Systematic thinking and practice series), London, UK: Karnac Books.

龍島秀広・梶 裕二 (2002). 非行における臨床心理的地域援助 臨床心理学, **2**, 223-231.

田村修一・石隈利紀 (2001). 指導・援助サービス上の悩みにおける中学校教師の被援助志向性に関する研究——バーンアウトとの関連に焦点をあてて 教育心理学研究, **49**, 438-448.

田村修一・石隈利紀 (2002). 中学校教師の被援助志向性と自尊感情の関連 教育心理学研究, **50**, 291-300.

山野則子・峯本耕治（編著）(2007). スクールソーシャルワークの可能性——学校と福祉の協働・大阪からの発信 ミネルヴァ書房.

第 II 部

日常性の中の
ディスコミュニケーション

一見安定して揺るぎなく共有されているように思う日常。
私とあなたを共に支える場としての日常。
その日常こそは，実は絶え間ないズレの生起と，
その隠蔽として成り立っている。

けれどもその事実に改めて気づくとき，
揺らぎだし，切り裂かれたように思えた日常の裂け目から，
私とあなたを共に超えた何かが
唐突にその前に姿を立ち現してくる。

川野がマテリアルとして語り，
奥田が未来として語り，
高木が過去として語る，
その何者かに出会うとき，
日常は改めて驚きの中に自己を再生し，
私をあなたと共に支える場として
新たな様相でその姿を現すかもしれない。
ここではその可能性にこだわり続けてみたい。

第 4 章

ケア場面における高齢者のコミュニケーションとマテリアル

川野健治

1. 高齢者ケア活動でのディスコミュニケーション

　本章でとりあげるのは，ロボット介在活動に参加したお年寄の間での対立である。ある特別養護老人ホームの一室で行われた活動に一緒に参加しながら，一体のロボットに対して異なる見方・関わり方を構築したお年寄りたち。まずは，ある回の様子を観察記録風に示してみよう。

　エピソード1　3月×日
　　この日で，ロボット介在活動は4回目である。参加している4人のお年寄りも少しはなれたのだろうか。前回までは，ロボットを見せても「初めて見た」「憶えていない」といっていたのだけれど，今回はHBさんだけは「このあいだ見た」という。GさんとNさんは，「はじめて」，Oさんは「見たことがある」と言っているが，ご様子からして本当に記憶しているのかどうか，やはり判断できない。
　　いつものように4人と寮母さん，それに研究スタッフ1人，女性6人が大型の電気コタツにはいる。今日も寮母さんを中心に，和やかに進んでいく。Gさんの前におかれたロボットをHBさんは横からみて「いーい目をしている」，Nさんは覗き込もうとする（が対面なので，十分に見えるはずはない）。Gさんが「よくわかるみたいな顔をして」といい，HBさんのわかるんだよ，本物だよといういつもの反論があるかと思ったが，何もいわなかった。
　　ロボットのパロは，Nさんの前に置かれる。Nさんはパロの頭を叩くかのような構えから，撫でてやる。すかさず寮母さんが気持ちいいって？と聞くが「わからない」という答え。Nさん，次は頭を軽く叩いて「怒ってる」と報告すると，痛かったのかも，今度は撫でてみてと寮母さんに声をかけられ，のどのあたりを撫でる。
　　じゃ，こんどはOさんにごあいさつしようと寮母さんがパロを移動させる。Oさんの笑顔。握手しましょうと寮母さんが促し，Oさんは少しパロの前腕にふれてい

た。頃合いを見て，はい，HBさんこんにちはーと，パロをHBさんの前へ。

やさしい顔つきで，パロの両前足を撫でながら「気持ちいい」といっていたHBさん，急にパロが前足を動かし，ミギャアと鳴いたために，驚いて手を引く。寮母さんたちから，明るい笑い声が起こる。びっくりしたの？と聞く寮母さんに，「急に動いたもんで」。「私がばかだったのよ，いい子いい子，とってもいい子」と，気持をこめていいながら，パロの前足を撫でるHBさん。こんどはパロがピーと鳴き，寮母さんはすかさず，HBさん，うれしいっていってるねと解釈する。Gさんが時折，「あらあ」「ふふふ」と合いの手のように反応している。HBさんは，「食べ物は何を食べるかな」と考え始める。

寮母さんはHBさんの「目方だいぶあるね」という発言を受けて，抱っこしてみる？と聞く。HBさんはパロの手をもって動かそうとするが，ミギャアと鳴かれて，「おっかなくてしょうがない」。もう一度，だっこしてみる？と聞かれ「いい」と断るHBさん。じゃ，Gさん抱っこしてみて，とパロはGさんの前に。Gさんは「あらそうお」と顔をほころばせ，撫でてやる。HBさんといっしょに話しかけたり，パロの鳴き声の意味を解釈したりもしているが，結局抱っこはせず，「あっち行ってみる？」パロを少しだけNさんのほうに，押して少しだけ滑らせる。

実はNさん，寮母さんやHBさん，Gさんの様子をよく見ていて，ときどきコタツの対面から手を伸ばして，パロの尻尾をもって揺すったりしていた。それに気づいていたGさんの反応に，寮母さんはタイミングを逃さずに，じゃ，ちょっと，Nさんと遊びましょうとパロを動かす。

Nさんは，目の前にきたパロの頭を，ぽんぽんと軽く叩くとパロが発声する。鳴いているの？　と寮母さんが聞くと，「怒っているみたい」との答えとともに，今度はぺしっぺしっと強く叩く。HBさんが「叩くからよ」と声を出す。不機嫌とまではいかないが，先ほどまでのにこやかな表情ではなくなっている。なんで（パロが）怒っているの？と寮母が重ねてNさんに聞くと，また，Nさんより先にHBさんが「叩くからよ」と返事する。Nさんは間を空けずに，またぽんぽんと叩き，寮母さんが，じゃ，かわい，かわいしたら？　というと，そのまま頭を撫でた。一度手をひっこめて，皆が注目する中で，今度はひげを引っ張るNさん。HBさんは，呆れた，という表情。Gさんは声をひそめて，HBさんに話しかけている。そしてNさんは，心なしか愉快そうな表情をしている。

数秒後に，Nさんがパロの手，さらに頭を撫でると，パロがピーと鳴く。HBさんの顔がほころび，GさんはHBさんに「隅っこに放っておけないね」と話す。HBさんがうなずき，寮母さんも，そう，放っておけないね，かわいがってやると喜ぶねと応じる。HBさんは独り言のように，「何の子でも同じこと。人間の子だって同じこと。大事にしたら……」，そしてGさんも再び「隅っこに放っておくわけにはいかな

いね」，そして「やっぱり生きている」とつぶやく。

　Nさん，今度はパロの顔に息を吹きかけてみる。しばらく吹きかけていたが，また叩き，パロがミギャァと鳴く。それを見たHBさんが，Nさんに言い聞かせ始めた。「あのね，大事にしてやらにゃだめよ。ぽこんぽこんと，叩いたりしては駄目。何の子だって同じこと。人間の子だって，めったやたらに，叩かれるよりは大事にして，かわいがってやれば喜ぶのと同じこと。こういうのだってみんなそうだよ」。

　このように，HBさんはロボットを大事にして，かわいがるのだが，同じ場にいるNさんがロボットを叩く様子を見かねて注意を始める。HBさんとNさんでは，パロに対する関わり方がズレているのである。そして，少なくともHBさんは，Nさんのパロへの関わり方を許容することができない。すでに過去3回のロボット介在活動に一緒に参加していた2人の間に，どのようにして，このような「叩いてはダメ」という対立状況が生まれるのだろうか。そのプロセスをディスコミュニケーションとして記述することがこの章の主たる目的である。

　ここで，このロボット介在活動をディスコミュニケーションとしてとりあげる上での特徴を指摘しておいたほうがよいだろう。それは，参加したお年寄りたちは，このロボットをはじめて見ており，ロボットとの関わりをゼロから作っていくという点である。

　他の章でとりあげるディスコミュニケーション事態では，コミュニケーションの開始時点ですでに当事者の間に対象に対するズレが潜在しており，それに気づかぬままにコミュニケーションが展開していくなかでズレが顕在化し，対立が生まれるというプロセスを経るものがある。しかしここでは，ズレの要素である個々の当事者の対象への捉え方・関わり方そのものの生成を，検討の視野に入れる。つまり，同じ場で同じ対象と関わりながら異なる捉え方・関わり方が成立する＝ズレが生成されることも含めて，ディスコミュニケーションのプロセスとして検討する。本章は，ズレの潜在から顕在というディスコミュニケーションの展開よりも，そもそもディスコミュニケーションの基礎にある「ズレ」はどのように成立するのかについて，説明を試みるものである。

　あと1つ，参加しているお年寄りは皆，認知症であり，6回のロボット介在活動において，前回までの参加の「記憶」を十分に利用できていないことも特

徴といえるだろう。では，そのようなお年寄りたちのロボットの捉え方・関わり方を支えるものは何か。その鍵となるのは，各参加者による対象への多様な捉え方・関わり方に潜在する，対象のマテリアル（郡司 2006）である。本章はこの概念を鍵に，「叩いてはダメ」というディスコミュニケーションの成立を記述し，さらに，このロボット介在活動で見出されたもう1つのディスコミュニケーション「生きてるの？」論争の終結について検討していく。

2. ロボット介在活動

　冒頭でとりあげた場面は，ある特別養護老人ホームで私たちが研究として実施した，ロボット介在活動（robot assisted activity；以後RAA）の様子である（川野ら 2005）。ロボット介在活動は，動物介在活動（animal assisted activity）の有力な代替案と位置付けられる。高齢者介護施設でのケアとしてのアニマルセラピー・動物介在活動はその効果が検討されており，(1) 生理的効果（血圧などバイタルサインの向上），(2) 心理的効果（リラックス，気力を高める），(3) 社会的効果（施設利用者同士，あるいは職員と利用者のコミュニケーションをひろげる）の3つが指摘されてきた。しかし，アニマルセラピーは動物を管理する負担（セラピーに参加するための訓練，飼育等）のみならず，動物自身にかける負担も大きい。そこでこれらの問題を解決しうるものとして，ロボット介助活動が提案されているのである。

　この施設でRAAに導入したのは，パーソナルロボットとして，喜びやリラックスといったメンタルな効果を生むことを期待して作られたアザラシ型ロボット「パロ」（Shibata 2004）である（図1）。パロは白い毛に覆われた竪琴あざらしの赤ちゃんを模して作られている。重量は2.7 kg，体長60 cm，何種類かの発声があり，頭，前足，後ろ足が動くが，自力で移動はできない。自発的行動，反応的行動，終日リズムでの行動パターンがある。

　このロボットを囲んで，施設利用者である女性4名が一つのグループをつくり，ファシリテータ役の施設職員1名とともに，1日1時間程度，週2回，3週間で計6回，RAAに参加した。

　この研究の（表向きの）狙いのひとつはRAAの効果，とくに認知機能の改善が期待できるかどうかを検討することであった。そのため，参加者の変化を

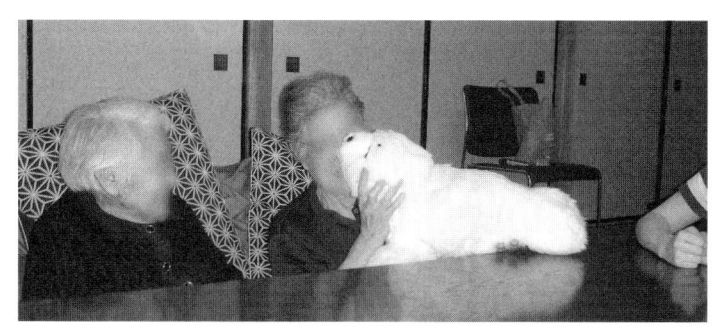

図1 アザラシ型ロボット パロ／（写真）筆者撮影

とらえる目的で，いくつかの指標による活動の評価を行っている。6回のRAA全体のプレ・ポストで研究スタッフによるMMSE（認知機能）測定とQOLの評価，特養スタッフによる参加者の行動評価，また，研究スタッフによる各回ごとの参加者の行動評価（PAFED），ビデオデータの収集，さらに，初回，5回目，6回目に2人に心拍計をつけ，HRV（交感・副交感神経の活動状態）を捉えることも行った[注1]。

3. 接触への注目

これらの測定から，参加者4人にはいずれも認知症の症状があることが，事前に確認されていた（MMSE 8.38±6.46点）。今回のRAAの場面に関していえば，毎回開始前に寮母さんが「これ覚えている？」とロボットを示すのだが，HBさんは3回目まで，GさんとNさんは4回目まで，「知らない」「初めて見た」と答えていた（Oさんは，寮母さんからの「覚えている？」という問いかけに毎回うなずくのだが，寮母も，私たち研究スタッフも，Oさんがロボットを再認しているとは思えなかった）（表1参照）。つまり今回の参加者は記憶の面で障害があるのだが，そのため，特養での日常生活において，参加者同士が自主的・継続的にコミュニケーションするという場面はほとんど見られない。HBさんとGさんもよく一緒にレクレーションなどに参加するが，普段の空き時間に，上の例ほどおしゃべりをしているわけではない。

一方，RAAが問題なく行われていたのは冒頭のとおりである。これには，もちろんベテランの寮母の巧みな進め方が大きいのだが，それとは別にこのロ

表1　6回のRAAにおけるパロの記憶とディスコミュニケーション

		1	2	3	4	5	6
パロの記憶	G		× はじめて	× はじめて	× はじめて	○ このあいだ	× はじめて
	HB		× はじめて	? 以前みた	○ このあいだ	○ 何度も	未確認
	O		? (否定せず)	? (否定せず)	? (否定せず)	? (否定せず)	未確認
	N		× はじめて	× はじめて	× はじめて	○ 二度目	○ 二度目
論争の有無	叩いてはダメ	未発生	←――――――――発生――――――――→				
	生きてるの？	←―――発生―――→			終結？		

○…前回活動でのパロの記憶がある
×…前回活動でのパロの記憶がない
?…（研究者から）判断できない

ボットの特徴も十分に影響していると思われた。

　それは，このアザラシを模したロボットが，白い毛皮の下やひげにはセンサーがあり，人が触ったり抱いたりすることに反応するように設計されている点である。つまり参加者は，主に接触によってロボットと関わることが期待されていた。もちろん，参加者がロボットに話しかけたり，あるいは参加者同士の意見交換が起こることもあったが，それは参加者のロボットに対する能動的な行為，つまり，どのように「触れているのか」に関わって交わされるものが中心であった。

　そこで，毎回のRAAの様子を撮影したビデオを分析し，各参加者のパロへの接触の仕方の変化をグラフに表した（図2）。分析に際しては，以下のカテゴリーを準備し，各人がそれに費やした時間を測定し，各回のパロがコタツの上に乗っていた時間あたりの比を算出している。カテゴリーは，探索ストローク（反応をみるかのように，いわばこわごわ撫でる），伝達ストローク（何かを伝えるように，たとえばかわいがる・いたわるように撫でる），タッチ（触れる），タッピング（とんとんと，たとえば指先などで小刻みに触れる）の4つである。

　図2で4人の参加者の変化を比較してまず気付くことは，触り方が収斂する

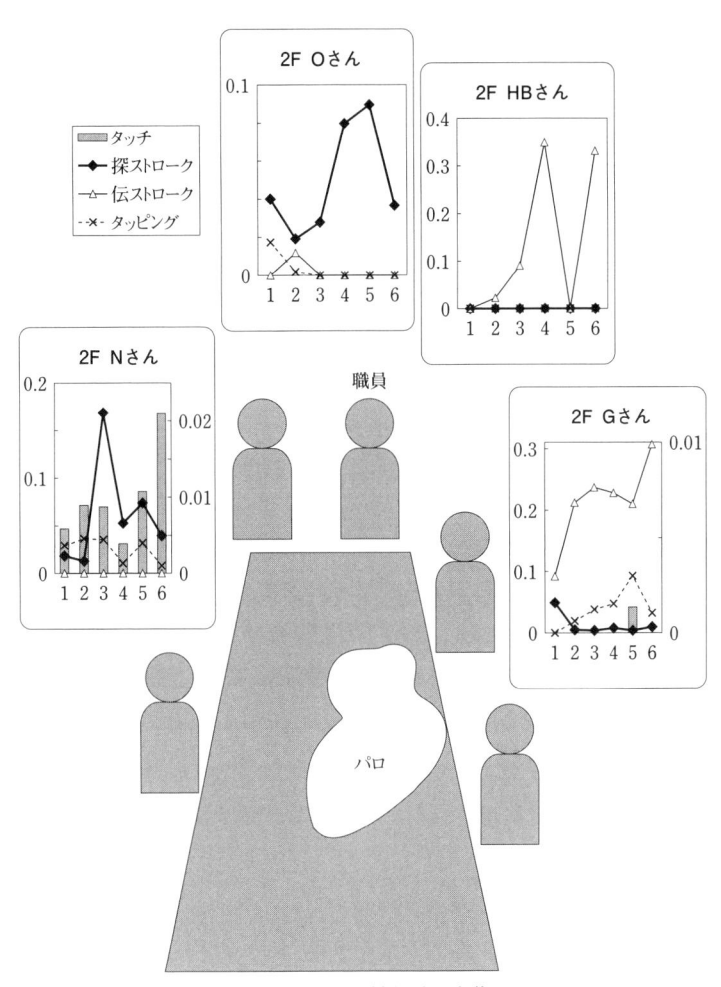

図2 4人の接触行動の変化

ことである。それぞれが最初のうちは、複数のカテゴリーにわたって行為しているが、6回目には、主な触り方が定まってくる。GさんとHBさんは伝達ストローク、Oさんは探索ストローク、Nさんはタッチである。そして、Nさん以外の3人は、それ以外の触り方がほとんどみられない。また、最終的に選択された触り方は4人共通ではない点も注目される。

4. 触り方の収斂と認知

　いったいどのようにして、それぞれの参加者は、6回の参加を通して、独自の触り方に収斂していったのだろうか。

　参加者の1人、HBさんの変化の経緯を追ってみよう。RAAの初回ではこのロボットに声をかけることはあったが、ファシリテータである寮母に、いいこいいこしてあげて、といわれると「だめだぁ」と断っていた。図2では判読しにくいが、初回はごくわずかに、タッピングと探索的なストロークがなされていた。また、座席正面に座ったNさんがロボットをつついたり、撫でたりしている様子をみて、「しょっちゅういじってんの？」とファシリテータである寮母に確かめている。つまり、初回では明らかにロボットを警戒していた。

　その背景には、ロボットではなく生物と捉えており、不用意に触れると噛み付かれる、といった不安を感じていたようである。しかし、寮母にときおり促されながら、徐々に触れるようになり、4回目には冒頭のように、触ると「気持ちいい」としながら可愛がっている（この「気持ちいい」はロボットの心情を代弁しているようでもあり、HBさん自身の感じを言葉にしたようでもあった）。この不安は5回目まで確認されたが、6回目ではそのような様子はなく、ロボットを抱きかかえて撫でるようになっていた。この経緯が、図2では、伝達ストロークの占める割合が、高くなっていく様子で確認される。

　この変化の過程の中で、特に印象的な場面が3回目にみられた。この回の活動でも、最初HBさんはロボットに「こんにちは」とはいうものの、触るように誘われると「おら、こういうの、手を出すの怖い」と避けていた。一方、冒頭に示した4回目（エピソード1）と同様に、Nさんはロボットを叩き、それに対してHBさんは「叩いてはダメ。猫だって犬だって、やみくもに叩いてはダメ」と、やや声を荒げて注意している。この機会に寮母がNさんにロボッ

トの頭を撫でるように促した。すると，撫でられたロボットが鳴き，HB さんは「嬉しいって，声がでることがある」と説明した。

　しかし，その後にも叩こうという様子を時折みせる N さんを見て HB さんは，「あのやり方ではダメ」といいだした。N さんの振舞いが気になっていたのであろう寮母は，じゃ，HB さんのところで機嫌を直そう，といいながら，ロボットを HB さんのもとに移動させた。すると HB さんは，この日初めて丁寧にゆっくりとロボットの頭を撫ぜ，やさしい声で「ねんねしよ」と声をかけたのである。

　この場面が印象的なのは，HB さんが，他者を観察した結果を自分の行動の変化に明示的に反映させたからである。このような自発的な選択と意思表示は，全体を通して他の参加者にもあまり見られなかった。通常ならば，これ以降は，ロボットをかわいがるように，行動が安定して変容すると思われるのではないだろうか。しかし実際には，HB さんの場合は，5 回目の冒頭では，「器量よしだね」「よしよし」とはいうものの，寮母さんに促されても「おれは，こんなのは好きじゃない」と，触ろうとしなくなっている。(図 2 参照)。また，冒頭に紹介したように，4 回目でもロボットが急に動いたことに驚いており，無条件に安心して関わっているとまでは言えない。

　触り方の収斂について，可能性のある説明の一つは，因果推論（causal inference）の成立だろう（中野・篠原 2006）。探索的な個別の経験の累積（情報）から，ルールを推定する帰納法が行われ，ひとたびルールとして確認されれば矢印の向きは逆転し，個別の経験はルールに沿っているか，イレギュラーであるかという基準で判別されるとするものである。具体的には，論理的な条件記述「ロボットを撫でると，目的の報酬（ここでは喜びや楽しみの感情）が得られる」が，因果推論「目的の報酬を得るには，パロを撫でる」，さらに「パロは撫でるものであり，他の選択肢はありえない」へと「ジャンプ」してしまえば，その選択肢は安定すると思われるのである。つまり，HB さんは，寮母さんの声かけなどに支えられながらパロを撫でることに，喜びや楽しみを感じ始めていた。そして，3 回目に N さんの触り方を「ダメ」と評価したことと，いわばコインの裏表として「パロは撫でるものだ」とルール化したと考えられるのである。

　ただし，これだけでは 5 回目の不安定さは疑問として残る。そして，認知症

だから不安定なこともある，と個人内変数で説明してしまったのでは，行為の収斂の説明とダブルスタンダードになる。HBさんが，不安を完全には解消せず，ロボットの記憶も十分ではないままに，つまり不安定さを抱えながらも，能動的に伝達ストロークを徐々に増加させていく。このプロセスを支えるモデルが必要なのである。

5. 場への適応と違和感の漏出

一方，HBさんに「ダメ」と評されたNさんの捉え方・関わり方はどのように成立したのだろうか。図2にあるように，Nさんも6回目にはタッチが主な触り方となっているが，しかし他の3人とは異なり，完全に収斂しているわけではない。

Nさんの印象的なエピソードは2回目である。

エピソード2　3月×-7日

(前略)Gさんが触っていると，パロが鳴くので「どうしたの，どうしたの？」「わからなくなっちゃったよ，あんまり上手にできているので」とパロに話しかけるが，横にいるHBさんが，「本物よ，この辺（横顔のあたり）をさすってやると喜ぶね」と口を挟む。Gさんがパロののどのあたりを撫でながら，「こうして，こうしてほしいの？」と聞いている。パロが頭をあげ，目をつぶったのをみて，HBさんが，「これは喜んでいる」と説明すると，Gさんは「これは生きているもんじゃないでしょ」，これにHBさんが「生きているよ，本物！」と少し大きな声で答えると，「あなた生きているの？　本物？」。ここでタイミングよくパロが，キュー，と鳴く。これに応じてGさん「あらあ」，HBさん「本物だからねぇ」とパロの声を解釈すると，Gさん「信じられないわぁ，あらあ」。

このやりとりを，こたつの反対側のNさんは，注目して見ていたが，手を伸ばしてパロの足を引っ張った。気づいた寮母さんが，Nさんがお話したいって，とHBさんとGさんに了解を求めて，Nさんのほうにパロを動かす。Gさんは，「かわいいねぇ」という。研究スタッフがHBさんに，どのあたりを撫でると喜ぶの？　この辺？（横顔のあたり）と聞くと，HBさんからは「そうでしょうなぁ」と返事が返ってくる。このやりとりを聞いていたNさんは，スタッフといっしょにパロの横顔や頭を撫ではじめる。HBさんはさらに，動物について説明をはじめ，寮母さんとGさんは

聞いている。

　それまでNさんは，他の参加者の様子を注意して観察し，また，話を聞いているようだったが，ここで違う様子をみせた。HBさんたちが話をしているのをしり目に，パロのヒゲに触り，手を軽く叩き，次いで正面からにらめっこを始めたのだ。そして，寮母さんに「本当に見えているんじゃないでしょ？」と尋ねた。

　寮母さんは，見えるんじゃなあい，HBさんも「見えるんだよ」と答えるが，Gさんからは「これぇ？」と疑いの声があがる。HBさんは再び「見えるよ」といい，研究スタッフは，見えてますかしら，と軽く疑問形で応じる。この間，Nさんはパロを正面から見つめていたが，急に人差し指でパロの鼻のあたりをつついた。パロが鳴き，寮母さんがいやだって言ってる？　と尋ねると，Nさんも「いやだって」と応じ，またつっついた。寮母さんにやさしくしたら喜ぶかも，といわれ，今度は頭を撫でた。

　やりとりを見ていたGさん「これ，生きてるの？」と寮母さんに尋ねるが，HBさんが間髪入れず「生きてるよ」と答える。HBさんとGさん，それに寮母が話をしている間，Nさんはパロの眉間のあたりを人差し指で撫で，スタッフの顔をみた。また指を出して撫でると，パロが鳴いて顔を動かしたのでびくっと手を引いたところ，寮母さんやスタッフの明るい笑い声が起こった。Gさんは「あら，本当に生きているの？」，今度はHBさんは黙って自分の髪を撫でているが，寮母さんが，不思議？と応じる。Nさんはまた人差し指で，のどを撫ではじめると同時に，Gさんは誰にともなく「生きているように見えるぅ？」「あらあ，不思議なものがいますねぇ」と話し始める。パロが鳴き，Nさんは指を引っ込める。Gさん「生きてるの？」，HBさんが「生きてるの！」と返事をして，話を始める。

　Gさんと寮母さんがその話を聞いているが，Nさんはまた，鼻をつつき始める。パロが鳴くとスタッフをみるNさん。スタッフは軽く笑う。Nさんは，人差し指で鼻だけでなく，口をつつき，ヒゲに触ると，パロが鳴き，スタッフがまた軽く笑う。パロを見つめつつ，何度もヒゲに触り，パロも何度も鳴いた。これを聞いてNさんは，「嫌なんだ」とスタッフに話しかけた。

　次にNさんが，両手でパロの両手をリズミカルに軽く叩いていると，寮母さんが，ちょっとOさんにいいですか？　とことわって，パロをOさんの正面にもっていく。Nさんはパロの足に手を伸ばして左右に動かし，反応を見るかのようにOさんの顔を見ていた。Gさんはまた「生きているの？」と聞き，HBさんも「本物よ！」と応じてから，寮母に，「親はこの子産んで山にいるの」と説明をしている。Nさんはこのやりとりを注意深く聞きながら，うなずいているように見えた。

　次に，HBさんの前にパロが来ると，寮母さんが促す前に，HBさんは頭を撫で始めた（最初は触らなかったのに！）。寮母さんは，HBさんに勧めて，パロを抱っこ

させる．Gさんは，横から手を伸ばして顔を撫でながら「生きてるの？」とパロに語りかける．NさんとOさんもパロとHBさんの方を見ている．すると急に，HBさんがパロを机の上に戻したので，寮母さんがどうしたの？　と聞くと，HBさん「おしっこされちゃ困る」．明るい笑い声が起こった．

　Gさんはパロに手を伸ばしながら「これ本物？」HBさん「本物だよ」．寮母さんが，Nさん，GさんとHBさんが悩んでいるのと話しかけると，Nさんは笑顔を見せ，パロの足を引っ張る．寮母さんに勧められて，パロを抱っこしたNさんは，足が動くのを見て「やだやだっていってる」．10秒ほどして，机の上にパロを載せるが，仰向けになっている．寮母さんが，ねんねしたの？　と尋ねると，(わざと仰向けにしたようには見えなかったが)「寝かせたの」と答えた．

　そしてスタッフを見て「見えてるかな」と尋ねるNさん．スタッフが，見えてると思いますか？　と返すと，Nさんは人差し指でパロの目を軽く触ってみた．スタッフは（ちょっと困ったように？）軽く笑う．次に，パロの足を手で広げると鳴いたので，「嫌だといってる」と寮母やスタッフに伝える．パロがOさんの前に移動しても，同じように足を広げ，Oさんの顔を見ている．そしてまた，「嫌だって言っている」．これに寮母さんが，Nさん，嫌だっていうこと，好き？　と尋ねた．スタッフは，頃合いを見て，寮母に合図をし，お年寄りにはわからないように，パロのスイッチを切って停止させた．

　スイッチを切った後も，Nさんはパロに触っている．人差し指でつついていたが，だんだん大胆になる．起こそうとしているのだろうか，6回つづけて，強く平手で叩いた．「寝ているみたい」と寮母さんに報告した．寮母さんが，少しパロを机の真ん中に移動させ，Gさんに寝てることを伝えている時，Nさんは手を伸ばしてパロの胴をさらに強く2回叩いた．Nさんは寮母さんの方をみており，寮母さんとスタッフは（少しあきれたように）軽く笑った．するとHBさんが，Nさんに注意を始めた．「だめよ，そんな，こいちゃ．叩いちゃだめ．寝てる時に，そんな叩いちゃだめ」．Nさんは特に表情は変えていないが，頷きながら聞いていた．

　エピソード2(2回目)のNさんのロボットへの触り方は，この回のなかで目まぐるしく変わっていった．最初は，HBさんたちの様子を参考に頭を撫でていたが，次に，HBさんたちの話をよそに，ヒゲに触り，手に触り，やがて，寮母さんやスタッフに報告したり尋ねたりしながら，鼻をつつく，目をつつく，頭を叩くようになる．生きているかどうかを探索的に調べ，「生きものではない」という確信が深まっていく経緯と解釈するべきなのだろうか．しかし，生きものに対する攻撃のエスカレート，つまりいじめているように見え，HBさ

んではないが止めたくなる。寮母さんやスタッフも困ったような笑いで応えていた。

　一方，2回目の前半はとくに注意深く周りを見て話を聞いていたNさんだが，同時に，他のどの回よりも発話が多かったようである（エピソード1（4回目）も参照）。その発話内容を追ってみると「本当に見えているんじゃないでしょ？」「嫌だって」「嫌なんだ」「やだやだっていってる」「寝かせたの」「見えてるかな」「嫌だって言っている」そして頭を叩いたあとも「寝ているみたい」と，「見えること」についての疑問以外は，生きものについて言及しているような内容である。

　上記のNさんの行為と発話には，どこか不整合な感じがある。Nさんは，寮母さんやスタッフ，また他の参加者の様子によって構成される「場」の様子・情報をよく利用しているようである。そして，ロボットが嫌だと言っていると感じたり，あるいは寝かせようとするのは，つまり，ロボットを生きもののように捉え・関わることは「場」と矛盾はない。しかし，そのような関わり方からは，どうしても漏出してしまう感覚がNさん自身にもあったように思われる。それが，「本当に見えているんじゃないでしょう？」という，発話に示されている。Nさんが，「にらめっこ」で感じた何かと他の参加者や寮母さんの様子から感じ取れることとの間に違和感があり，これを確認すべき相手としてスタッフを選んで「……ないんでしょう？」と尋ねている。

　このような違和感を，6回の活動の中で繰り返し感じ取りながら，Nさんは「叩く」に代表される行為によって，他の参加者にその存在を示していたのかもしれない。Nさんの触り方は，この「ないんでしょう？」と同じく，違和感を抱えつつ場へ参加する方法だったのではないだろうか。

6. 多様な収斂を想定する潜在性とマテリアル

　ここまで，HBさんもNさんも特定の触り方へ収斂していくこと（ただし，どの行為に収斂するかは人によって異なること），特定の触り方＝捉え方・関わり方を見出しながらも，その背景にロボットと関わる別の「何か」が潜在しており，そこに関連する不安や違和感を持っていること，ときに，収斂の過程が不安定になっていたこと，そして，HBさんは，当初は垣間見えた不安を抑

えて，一方Nさんは感じた違和感を通して収斂していったという違いがあることを記述してきた。ここで，これらを保証するものとして，ロボットを捉えることが必要になった。このようなアプローチを支える視点として，本章では郡司（2006）のマテリアルというアイデアを導入する。

　私たちの認識は通常典型的である。たとえば，真っ赤なみずみずしい光を放つリンゴを見れば，食べたいと思う。リンゴが好きで，空腹のときならなおさらだろう。しかし，たまたま絵画展から帰宅したばかりで，柄にもなく手に取ってしげしげと眺めたとしよう。すると驚いたことに，歯形がついている。ネズミが齧ったのだろうか。とたんにあなたが注目するのは，表皮の放つ真っ赤な光ではなくほんの小さな齧り跡であり，湧き上がるのは食欲ではなく恐怖かもしれない。

　郡司は，私たちが認識するとき，それは理念的言葉「リンゴ」による表現であり，そのモノの「そのもの性」は失われていると指摘する。私たちの行為と知覚の循環を指摘したのはギブソンのアフォーダンスであるが，これに重ねるなら，ある安定した行為と知覚の循環が成立している時には，他の行為（典型的なリンゴ像からズレて，ネズミの歯形を見る）と知覚（汚らしいものとして怖気が走る）の循環は成立しがたい。後者の循環は前者の循環が成立しているもとでは見いだせないはずである。ただし，理念的言葉ではなく，「そのリンゴというモノ」のそのもの性には後者の循環も潜在しているのである。上の絵画展帰りの例のように，たまたま行為を変えうることが，一度成立した行為-知覚循環が無効となり，異なるものへと変化していく必要条件である。

　しかし，それは簡単ではない。まず郡司は「太さのある線」というメタファを道具として推奨する。上記と同じ議論をたどることになる。

　たとえば図3で四角形を横切っているものを「線」と言い，この四角形を二つの三角形に分けていると私たちは捉える。しかし，この線は実際にはなんらかの物質（印刷技術でつけられた色，硬いものでつけられた傷等）であり，太さを持っていることを思い出してみよう。上記のように線というときには，その太さの中に無限小幅の「線」を見つけ出しているのである。文脈に応じた十分な性質（主に細さだろう）を示していれば，私たちはその物質から，適切な側面を抽出して「線」とし理解し続けることができるし，ある種の条件が整えば，それは他者からも共有可能であることが少なくない（再びアフォーダンス

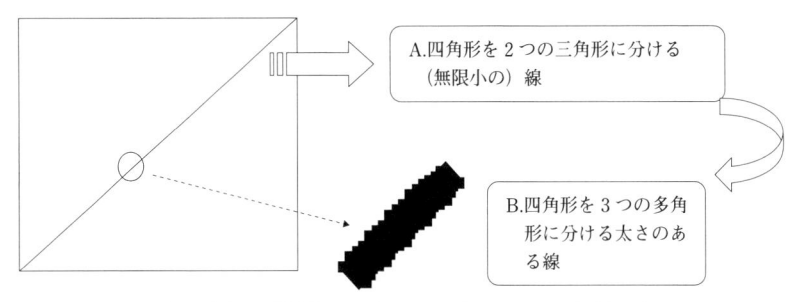

図3 線の中に無限小幅の「線」を見出すと同時に，それを無効にするマテリアル

A．四角形を2つの三角形に分ける（無限小の）線

B．四角形を3つの多角形に分ける太さのある線

の議論に重ねるなら不変項ということになるだろうか）。ゆえにこの理解は，この「物質の安定性」ゆえに安定している。

　しかし同時に，いったん「線」を見出すとき，認識の外においやられた，物質の潜在を担う「そのもの性」が失われている。そこで大切なのは，あらためて物質であること，つまりそのマテリアルに意識を向けることなのである。すると，それは太さのある領域であり，その境界がギザギザになっており，ここで四角形は3つの多角形に分かれていたことに気づくかもしれない。すなわち，この線が物質であるからこそ，「線」を安定して見出すことができるが，同時に物質であるからこそ，「線」という意味を無効にして異なるもの（例えば，多角形）を見出すことも潜在しているといえるのである。ただし，それは認識者にとって同時に見渡せる選択肢＝可能性ではなく，通常は「ある典型的な一つの認識と潜在する何か」になっている。そうでなければ，私たちの生活はきわめて混乱したものになるだろう。マテリアルとは，この通常の典型的な認識とそれを覆す潜在性をになう，物質のそのもの性のことである。それは物質がもっている現実的な制約（無限に細い線は引けない，境界が完全にそろった線は引けない，濃淡は完全に一致させられるとは限らないなど）であり，行為している以上，同時にすべてを見出すことはできない。

　マテリアルの以上のような性質をもって，一人ひとりの触り方の収斂と不安定性，また，異なる参加者が異なる収斂をみせるしくみを準備できるだろう。そして線のメタファは，私たちが成す典型的な行為知覚循環からふっと抜けだしてマテリアルに触れ，潜在性から可能性を抽出するためのちょっとした手がかりなのである。

7. 感情表現の役割——いたみ

　HBさんはエピソード2で紹介した場面以降，何度もNさんに注意をしたが，最後までNさんがロボットを叩くことは止めさせられなかった。逆にNさんがいくらロボットを「叩いて」試してみせても，HBさんがロボットを疑うことはなく，可愛がっていた。その意味で，彼らのコミュニケーションは功を奏しておらず，ディスコミュニケーション事態が成立していたといえるだろう。むしろお互いを反面として，それぞれの捉え方・関わり方は回を重ねるごとに安定し，両者のズレは対立として顕在化していったようにすら見えた。認知症をもち記憶が十分に利用できない参加者たちが，独自に漸進的に行為を収斂させていった背景には，やはり言葉とは別のレベルで行為と知覚を支える対象のマテリアルが利用できたことと，さらにその循環を支える環境要因（他の参加者もまた行為を収斂させているなど）がある。それらが継続性を保証すると同時に潜在性を担保し，毎回の活動に反映されていたと説明することができる。

　さて，この対立を解消するためには，それぞれが上述のように線のメタファを思い出し，マテリアルを通して新たな可能性に気づけばよいということになるだろうか。もちろん，認知症をもつ彼女たちに線のメタファを説明することは極めて困難である。あるいはそれを介さなくても，たとえばあえて異なる触り方を勧めて，ロボットのもつマテリアルの多面性に気づいてもらえばよいだろうか。しかし，HBさんがこのロボットを叩くことがあるとは，筆者にはもはや想像できない。一方，Nさんは寮母さんに，かわいかわいしたら？　と促されて，ロボットの頭を撫でることがあった。しかし，次の瞬間にはもう，ロボットを叩こうと構えていたのである。

　マテリアルのアイデアは，私たちの認識が対象のそのもの性に注意を向けることで，私たちが対象との関わりにおける潜在性から新たな可能性を選択する機会を提示する。ただしそればかりではなく，これには私たちの「意識」に踏み込む提案が続かなければ，ズレと対立の解消へ向けた変化はみられない。なぜならある瞬間に可能性に気づくだけではなく，それを継続して「選ぶ」ことがなければ，結局，私たちの行為と知覚の循環は一時的にゆらぎ，不安定さを示すだけだからである。

　そこでここでは，6回を通してズレを顕在化した「叩いてはダメ」論争とは

異なり，4回目で認識のズレがなくなった（表1参照）．HBさんとGさんの間の「生きてるの？」論争について，主にGさんに注目して検討してみよう．

HBさんがロボットを生き物とみなし，不安に感じていたことを研究者が知りえたのは，隣にすわっていたGさんとの会話があったからである．Gさんは，寮母さんやスタッフによってロボットが自分の前に置かれると，初回から3回目まではいつも疑う気持ちを述べ，これに対して，HBさんはいつも声を少し強めて，Gさんを説得していた．

2回目（エピソード2）では，始終そのようなやりとりが展開している．Gさんはなんども「生きているの？」「本物？」そして「信じられないわぁ」と疑念を呈し，そのたびにHBさんの「生きているの！本物よ！」という反論にあっている．しかしこの2人は，もともとRAA以外の活動でも時間を共にすることが多く，少なくともこの場では気のあった関係であり，GさんはHBさんの反論に機嫌を損ねることなく「また，そんなこと言って」と笑って返すことも多かった．

実際，3回目まで，GさんはHBさんの主張に納得するわけではないが，パロに触れ，楽しそうに参加してきた．単純にロボットに触れている時間だけをみれば，Gさんは初回から最も長く，また回を追うごとにその時間は長くなっている（図4）．いわば，最も順調に触れあってきた経緯がある．彼女もまた，「これは生物ではない」という疑念を感じつつ，しかし，HBさんや寮母さんとともに，ロボットをかわいがりながら触り方を収斂させていく過程にあった．

しかし，4回目で興味深い場面を迎えた（エピソード1）．Nさんが頭を叩いたり，ひげをひっぱったりしているのに対して，HBさんはいらだちをみせ，寮母さんもNさんの気持ちを汲み取ろうとして，叩くたびに話しかけ，さらに，「じゃ，かわい，かわいしたら？」と提案した．この提案にNさんはロボットの頭を撫でた．が，すぐにまた叩いたのである．ところが数秒後には，今度はNさんが自ら手を伸ばし，ロボットの手と頭を撫でたところ，ピーと鳴いた．この様子をみていたGさんは，独り言のように「隅っこに放っておけないね」と話した．HBさんがこれにうなずき，寮母さんも，そう，放っておけないね，かわいがってやると喜ぶねと応じた．そしてGさんはふたたび，「隅っこに放っておくわけにはいかないね」そして，「やっぱり生きている」とつぶやいたのである．

図4　個人ごとの単純接触時間比

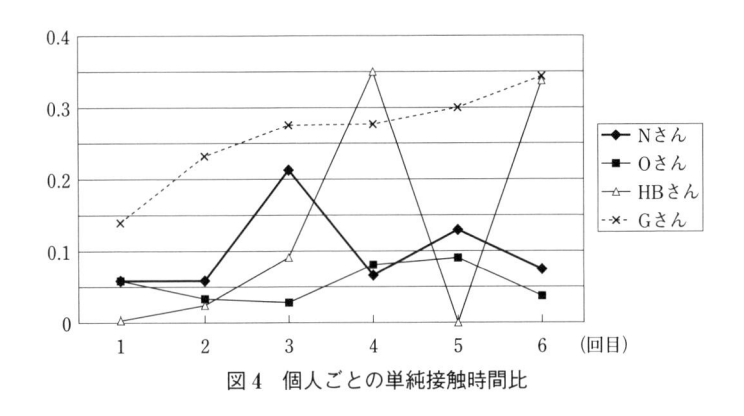

　ただし「生きているの？」論争そのものが起こらなくなったのは，このGさんの「やっぱり生きている」の発言のあとというわけではない。そもそもエピソード1（4回目）をよく確認してみると，Gさんはこの日は最初から，生きているかどうかの疑念をほとんど呈していない。唯一そのように受け取れる「良く分かるような顔して」という発言があるが，これには今度はHBさんが反論していない。十分にパロと触れ合ってきた中で，Gさんの行為と知覚の循環は，すでにロボットの反応に対してかわいがる，というように変化していたのかも知れない。

　しかし，その変化が一時的なゆらぎ・不安定でないことを示しているのは，その変化をGさん自身のロボットの捉え方・関わり方として言葉にした「隅っこに放っておけない」という感情の発露である。この言葉がGさんの変化にあてられてこそ，Gさんの行為はGさんの「意識」として遂行されたことになる。それまでのGさんにとってのロボットのマテリアルの記憶（ばらばらな，可能であった行為）は，ここに1つに集約され，すでに潜在性の中の可能性ではなく，理念的言葉によって指し示されたものとなったのである。

　もちろん，それがルールとしてGさんを拘束するわけではない。認知症のあるGさんにとって言葉は，通常の私たちの認識活動ほど重要でないと指摘してきたように，努力目標ですらないかもしれない。しかしこの感情の発露は，例えその時点だけのものであったとしても，Gさんの「意識」の存在である。そしてこの後，Gさんの態度は明確になった。5回目にGさんはロボットが再

認できるようになった（表1）。また，「生きているの？」という発言はこの後一度もされなかった。さらに，ロボットを叩くNさんに対して，それまで特に反応してこなかったGさんだが，5回目にはNさんが叩いた直後に，注意するHBさんに同調して口を尖らせて不満そうな表情をし，そして6回目では「なんでそんなことするの？　へんなことをする人ね」と発言している。

　このような感情の役割に関連して，郡司は「痛み＝傷み」というアイデアを提示している。マテリアルを通して潜在性の中から，新たな行為と知覚の循環が見出されるとき，ただ対象の側が異なる様相をみせるだけではない。当然，知覚する側もそれまで駆動していた「プログラム」＝典型的な受け取り方，が変容すると考えられる。心理的には，痛み，つまりHBさんの不安やNさんの違和感，そしてGさんの「放っておけない」感情として感じられる。これを物質的な制約をもつプログラムと例えるなら，傷み，小さく損傷する・故障すると表現してもよいだろう。つまり，マテリアルを通じて潜在性から可能な選択を行う時，ある感情として存在が確認された「痛み＝傷み」とは，あらたなマテリアルへの気づきと不分離に，損傷の修正，つまりプログラムの書き換えへと自然に接続していく，糊代の機能を果たすのである。

8.　対立の解消？

　本章では，RAAに参加しているお年寄りの様子を題材に，ディスコミュニケーションの基礎にある「ズレ」，さらにその必要条件である，各参加者のロボットの捉え方・関わり方が独自に成立するプロセスについて記述してきた。認知症が認められ，はじめてロボットと関わった参加者たちの行為では触ることが重要な方法であり，言葉のやりとりだけで回収されない，変化の不安定さを観察することとなった。ロボットには未確定の部分，潜在する部分が常に残されており，ゆえに参加者は捉え方・関わり方を主体的に「選び取る」と想定された。また，参加者ごとの多様性が可能となり，そして，ズレと対立の顕在化した二つの場面をとりあげて，それぞれが自らの認識を変化させるために，郡司（2006）を引用して線のメタファと感情の役割を示した。それは行為・知覚循環の水準とことばの水準での変化を，マテリアルによって連続させるモデルの採用であった。

ただし，対象への捉え方を参加者が変えることは，論理的には対立の解消ではない。それぞれが「合意できるように」変化しなければ，対立解消とはならないのである。他方，対立を解消するだけなら，1．相互の差異を認める。2．合意に向かってコミュニケーションをすすめる。3．どちらか（あるいは双方が），モノもしくは他者とのコミュニケーションへのコミットメントを低下させる（深く関わらない，回避する）のいずれかでよい。本章で議論してきたことをここに接続するなら，2のコミュニケーションの一つのバージョンとして，コミュニケーションの参加者が現在の自分のありようだけに固まらず，変化していく過程を論じたことになる。

　ここから先は本論の範囲をやや超えているが，合意にむけての変化をあえて推測するならば，それぞれが典型的と受け止めている認識の背景に潜在している可能性の探索を，参加者が共に，具体的なレベルで，親和的に行うことが大切になるだろう。具体的なレベルで，とはすなわちマテリアルへの注目を意味し，典型的と受け止めていることが特定の物理的な条件に支えられており，別の可能性が潜在していることに気づくためである。そして，親和的に，とは，あらたな可能性に気づいたときの感情が，他の参加者に無関係な一人称的なものではなく，いわば二人称的にあることによって，相互に観察可能であることが，さらなるコミュニケーションへと接続していくと予想されるからである。

　その意味では，「生きているの？」論争でのGさんの変化は，ディスコミュニケーションを解消しようと合意に向けて取り組んだわけではないが，一応上記の条件を満たしている。Gさんの「やっぱり生きている」という言葉は，彼女の変化が突然の発生ではなく，HBさんとのやりとりの中で提示された可能性の「再認」であったことを指している。事実，HBさんとの論争は，その後，起こってはいない。ただし，GさんとHBさんの対立は，このように解消されるべきであったのか，と改めて考えるなら，少し疑問が残る。少なくとも，「このロボットは生き物ではない」。科学的には，Gさんの変化前の疑いのほうが正しいのである。

　では，彼女たちのディスコミュニケーションは，どのように解消されるべきだったのだろうか。これが子どもへの教育場面なら，科学的に正しい結論へと合意されることが望ましいと多くの人が指摘するだろう。なぜなら，子どもたちの生活は，その教育場面を超えた「世界」で成立しており，科学的な正しさ

は，そこにおいて適切とされるからである．それに向けて，対象を共有し具体的に関わりながらお互いの発見や気づきを連結させつつ共有していくこと，たとえば「たたくことも，なでることもできる．なぜならこれはロボットだ．これから，どうやって一緒に遊んだら楽しいかな」といった解消の形が望ましいだろう．

　他方，本研究で紹介したような特別養護老人ホームの入居者は，その主な生活空間イコール，その特別養護老人ホームである．求めるべきは彼らの生活空間での快適さ，いわゆるQOLであるとするならば，科学的な正しさは必要条件ではない．たとえば認知症である本報告の参加者たちは，このRAA活動の部屋を出れば，ロボットについての認識がズレていたこと，それについて意見が対立し，（わずかながら）お互いに陰性感情をもったこと自体も忘れてしまっていたと思われる．そうであるなら，とにかくRAAの時間を楽しく充実して経験してくだされればよいということになる．何が「世間的にみて正しいか」とは一線を画して生活の充実を図る．それは特養の生活を構成する重要な側面であり，専門的なケア職員がいる施設だからこそ可能となる．

　しかし言い換えれば，ディスコミュニケーションの解消とは，将来の新しい展開・その時その場を超えたつながりへの希望を含むものということになるのではないだろうか．本研究でいえば，「主な生活空間は特養の中」「認知症だから忘れてしまう」「世間一般とは別」という基準を当てはめたとき，RAAは楽しく時間を過ごすものと位置付けられ，ディスコミュニケーションの解消は，せいぜいその場の活動の支障を排除することのみを意味する．

　しかし，そのような基準をあてはめるのは誰なのか．私たちはここまで，RAAの参加者が対象との関係を主体的・継続的に選び取る過程と変容可能性をみてきたのではなかったか．このように考えるとき，認知症高齢者の生活空間における対象の共有とディスコミュニケーションについて，マテリアルの視点から分析することの意義が，あらためて見出されるのである．私たち研究者・支援者もまた，潜在性に開かれていなければならない．

　謝　辞　小平市特別養護老人ホームAの皆様，とりわけRAAに参加してくださったお年寄り一人ひとりに深く感謝いたします．

(注1) これらの結果から,このRAAのプログラムによって認知機能の改善が認められた.

郡司ペギオ-幸夫 (2006). 生きていることの科学——生命・意識のマテリアル 講談社現代新書.
川野健治・柴田崇徳・和田一義 (2005). ロボットが媒介する高齢者のコミュニケーション 日本社会心理学会第46回大会論文集, 214-215.
中野昌宏・篠原修二 (2006). コミュニケーションにおけるAha!は,「話が裏返る」ことによってもたらされる. Inter Communication, 特集「コミュニケーションの現在」, NTT出版, pp. 53-65.
Shibata, T. (2004). An overview of human interactive robots for psychological enrichment. *Proc. IEEE*, **92** (**11**), 1749-1758.

第5章
未来という不在をめぐるディスコミュニケーション
――大学生の揺れ続ける未来と共にある実践の在り方

奥田雄一郎

1. 苛立ちを伴うディスコミュニケーション

　就職活動を控えた大学のキャンパスでは，しばしば次のような大学生たちの会話に耳にする。

事例1：大学生たちの未来に対するリアリティの持てなさ
大学生A：うん，危機感て，持てないよね
大学生B：ね，あんまり，何とかなるかなぁ，とか，思っちゃうからね，今までなんか，何とかなってきたから，っていうのもあるし
大学生A：ね，でもここで挫折しそうだなぁっていう思いもある
大学生B：あるよね，どうなんだろうね，就職
大学生A：うん，就職
大学生B：活動
大学生A：うん
大学生B：なんか想像できないもんね
大学生A：ねぇ，うん

　こうした大学生たちの未来に対するリアリティの持てなさに対して大学の教職員やキャリアカウンセラー，そして親たちといった大学生を取り巻く大人たちは「自分自身の未来のことなのに」と憤慨し，「なぜ，自分の言葉は若者に届かないのだろう」と落胆する。このような大人たちの感情的反応は，これまでたとえばメディアや若者研究の文脈において，若者バッシングというかたちで顕在化してきた。つまり，大人たちは事例1に見られるような，大学生たちの未来に対するリアリティの持てなさに対して，不可避にネガティヴな感情を持って接してしまう。

　筆者もまた，こうした大学生たちと関わる大人のひとりである。大学というフィールドの中で，大学生たちを教育する大学の教員のひとりとして，同時に，

大学生という対象を研究する心理学者として，日々大学生たちと過ごしながら対話を続けてきた。そうした日々の中で，事例1に見られるような自らの未来にリアリティを持てない大学生たちに対して，他の大人たちと同様に苛立ち，時には本人以上に心配し，大学生たちがどうしたら自らの未来を展望できるのかということに頭を悩ませてきた。

本章では，こうした大学生の進路選択という大学生たち同士の，あるいは大学生たちと大人たちの間における未来をめぐるコミュニケーション場面を，従来の若者論や青年心理学研究のように単に若者を未熟な存在として捉えるのではなく，むしろ，そうしたディスコミュニケーションこそが，若者自身にとってのリアルな未来への接近を可能にするフィールドなのであるという視点から捉えなおしてみようと思う。

2. 非対称的ディスコミュニケーション

ベイトソン（Bateson 1972）の理論的視点に従えば，全てのコミュニケーションは原理的に，その構造の中にベイトソンが分裂生成と名づけた破綻の契機を含んでいる。たとえばベイトソンは分裂生成の例として「自慢」という例を挙げている。ある二者間において，互いに自慢という同一のパターンを用いてコミュニケーションを行っていたとする。すると，この互いに自慢しあうというコミュニケーションのプロセスは，やがてはお互いに敵意を持ってしまうという形で破綻してしまうこととなる。ベイトソンの視点に立てば，もしもコミュニケーションに分裂生成が生じることなく継続し続けるのだとすれば，そこにはコミュニケーションの破綻を防ぐ何かうまい仕掛けがあるはずだと考える。

本章が問題とする，現代社会における大人たちと若者たちの間に見られる未来をめぐるディスコミュニケーションにおいても，そのコミュニケーションは破綻することなく継続していく。しかし，大人と若者の間に見られるコミュニケーションには，固有の特徴がある。

たとえば文化間対立といった場面に見られるように，通常ディスコミュニケーションが生じる場面においては，そのコミュニケーションを構成する両者が，互いに相手に対して不快感や苛立ちのようにネガティヴな感情を抱くといった，対称的構造が見出されることが多い。こうした対称的構造は，山本（2001）に

おける日中間での謝罪をめぐるディスコミュニケーションなどに端的に表れている。

しかしながら，現代社会における大人たちと若者たちの間に見られる未来をめぐるディスコミュニケーションにおいては，上記の文化間対立といった場面とは異なった構造を見出すことができる。

先述のように，若者の未来をめぐるコミュニケーションにおいては，多くの場合大人の側から若者に対してネガティヴな感情を抱いてしまうのに対し，若者の側からは大人が問題としている事態に対してリアリティを抱くことができない，あるいはそうした大人に対してポジティヴな感情も，またネガティヴな感情のどちらも抱くことがないといった，ねじれを含んだ非対称な構造が見られる。こうした非対称的構造の中で大人たちと若者たちの間の未来をめぐるコミュニケーションはズレ続けていってしまっている。

コミュニケーションとは本来，必然的に崩壊に向かってしまうプロセスであるというベイトソンの主張する前提に立つのであれば，現代社会における大人たちと若者たちの間に見られる若者の未来をめぐるディスコミュニケーションという非対称的構造は，いかなる仕掛けによって維持され続けていると考えることができるのだろうか。

3. 問題化される若者にとっての未来

現代社会における大人たちと若者たちの間に見られる若者の未来をめぐるディスコミュニケーションは，若者以外の子どもと大人，あるいは大人同士の間ではほとんど見られることはなく，大人たちと若者たちの間においてのみ見られる固有のものである。

たとえば先日，5歳になる筆者の姪が「私は将来アイドルになりたいの」と目を輝かせながら自らの未来の夢を語ってくれた。なんとも微笑ましい光景である。大人たちはこうした幼い子どもにとっての未来に対しては概ねポジティヴな感情を持って接する。

しかし，たとえばもしも就職活動中の大学生が「私は将来アイドルになりたいの」と語ると，大人たちからは，「いつまでに何をするの」，「どこまで具体的に考えているの」といった問いに加えさらに多くの質問がなされ，多くの場

合，大人たちから「何そんなバカなことを言っているの」といったように，ネガティヴな感情を持たれてしまうことになるだろう。「将来アイドルになりたい」という同様の未来に対する語りであるにもかかわらず，なぜ子どもにとっての未来と大学生にとっての未来に対する語りは，大人たちから異なる扱われ方をされてしまうのだろうか。

　生涯発達の中で，未来という時間がこれほどまでに詳細に，厳密に問われる場面というものは，実は進路選択を除いてほとんど存在しない。未来について問われる大学生たちの姿は，あたかも裁判において自らの罪を問われる被告かのようである。

　もちろん進路選択以外でも，日常生活の中で自らの未来について想像し，他者と将来のことについて語り合う場面は生涯発達の中で多く存在する。しかしそうした場面においては，若者たちの進路選択のように未来の詳細さや厳密さが問われるよりもむしろ，それが自分にとって楽しい未来なのかといった感情的側面や，誰かと未来を語り合うということ自体に意味があるといった共同性の側面が重視される。それに対して，若者が進路選択の中で大人たちから求められるのは，本当にそれが可能なのかといった実現可能性や，どれだけ具体的に未来を展望できているのかといった具体性なのである。

　就職面接における人事担当者の面接やキャリアカウンセラーとの面談，そして親との対話の中で，大学生たちは常に自らの未来をどのように展望しているのか，そうした未来展望にはどのくらいの具体性があるのかといった点をチェックされ続ける。つまり，社会の中で，若者の未来は常に問題として扱われてしまう。たとえばそれは現代社会におけるフリーターやニートを巡る議論といった，社会における若者の就業の文脈において。あるいは若者の就業の問題をどのように支援するかといった，キャリア支援の文脈において。若者の未来は常に，大人たちから一方的に解決すべき問題として若者に問われ続けるのである。だからこそ，たとえばフリーターやニートといった存在は，これほどまでに社会において問題化されてしまう。

4. 現代社会における大学生を取り巻く固有の社会的文脈

　青年期における進路選択の困難さというテーマは，これまでにも小説や映画

などにおいても数限りなく作品化され，また心理学をはじめとする諸分野においても多くの視点から研究が行われてきた。こうした意味ではいつの時代においても若者の未来は問題とされ続けてきたといえよう。しかしながら，現代社会における大学生の進路選択は，従来のものとは異質の困難さを抱えている。

　従来の伝統社会においては，若者はその家の家業を継ぎ，自分も親同様のライフコースを生きていくことが多くの若者にとって通常のライフコースの在り方とされてきた。それに対して現代社会においては，未来に対する多様な可能性が保障される代わりに，そうした多様な選択肢の中からどれを選択するかは進路選択の当事者である若者本人に委ねられている。若者自身が自らの自己責任のもとに，多様な選択肢の中から自らの未来を選択することが社会から要求されているのである。たとえば現代社会においては，大学生であれば大学を卒業後に民間企業などの何らかの組織に就職するのか，大学院へ進学するのか，あるいはフリーターとして生きていくのか，専門学校に入り直して新たに勉強をはじめるのかといった多様な選択肢が存在する。また，就職するとしても，医師や弁護士などの特定の職種でない限り，大学生たちには多くの職業を選択することが原理的には可能である。

　つまり，従来の伝統社会においては限られた，たとえば親と同一の職業といった選択肢しか存在し得なかったかった未来が，現代社会においては身分や生まれに関係なく，多様な未来を若者自身が選択できるようになった。これだけ聞くと，従来の社会に比べて現代社会はとても恵まれた世の中になったよう聞こえるかもしれない。しかしながら，進路選択の渦中にいる大学生にとっては，それらの多様な選択肢は大人たちが羨むような，自由な状況としては経験されていないようである。

事例2：自由に選択ができてしまうことへの不自由さ
大学生E：でもなんか良くわかんないよね，職業選択，何
大学生F：職業選択，あでも，あ，でもあれだわ，なんか，いろいろ興味があるけど，
　　　　たとえば，心理職になるか，普通に一般企業の全然関係ない営業になるか
大学生E：あー，うんうん
大学生F：で悩んでたとしてさ，でさ心理職の方に行ってもし大学院とか行ったらさ，
　　　　もうその，もう一個の興味のある方は
大学生E：あー
大学生F：捨てるわけじゃん

大学生E：うんうん
大学生F：もしかしたらそっちの方が，すごいやってみたら楽しいのかもしれないのに
大学生E：うんうんうん
大学生F：なんか，その選択肢を絞ってしまうのは，辛いよね

　ここで見られるのは自由に自らの未来を選択できる喜びではなく，むしろ自由に選択ができてしまうことへの不自由さである。Fさんの「捨てるわけじゃん」という語りに見られるように，大学生にとって多くの選択肢の中からどれか一つを選択することは，選択したもの以外の全ての可能性を捨てることを意味している。つまり，社会が若者に対して従来の価値観から見れば恵まれた環境である自由な選択を実現した結果，逆にその時代を生きる若者たちはその自由さの前に困惑してしまっているのである。

　また，若者の進路選択の中でも特に，大学生の進路選択は固有の文脈を有している。中学生にとっての進路選択や高校生にとっての進路選択とは異なり，大学院等に進学する学生を除き，大学卒業に伴う進路選択は，ほとんどの大学生にとって最終的な決断の場である。

　小学校，中学校，高校と自らの将来に対して主体的に選択することなく過ごしてきた若者も，大学卒業においては自ら自分の未来に対して必ず選択を行わなければならない。高校までは積極的にその時点での進路決定を回避し，親や教師の助言に従うといった形でとりあえず進むことができる進路へと進学するという進路不決断という戦略を取ってきた若者たちであったとしても，大学における進路選択においてはそうした戦略を使用することはできない。つまり，大学における進路選択は，大学生たちにとって自らの未来を自分自身で選択しなければならないという進路選択の中でもターミナル（終着）となる場所なのである。

　現代社会における大学生の進路選択はこうした固有の社会的文脈の中に埋め込まれているのである。

5. "私にとって" の未来

　これまで見てきたように，大学生にとっての未来は，大人たちの側から見れ

ばなぜこれだけ多様な選択肢がありながら，若者は自らの未来を展望することさえできないのだといったように，苛立ちの対象として立ち現れてくる。それに対して，大学生たちの側からしてみれば，多くの選択肢の前で戸惑い，大人から問われる自らの未来に対してリアリティを持てないといった形で，ディスコミュニケーション事態が形成されている。

　しかしながら，日々の大学生活の中で，大学生たちと共に過ごし，大学生たちの会話をつぶさに見ていくと，現代社会を生きる大学生にとっての未来は，従来の若者論や，若者研究が指摘してきたような単に未来展望がないといった単純なものではないことがわかる。次の事例3は事例1とほぼ同時期の大学生たちの会話である。

事例3：遠ければ見える未来
大学生C：まぁ，強いて言うなら，あれですか，結婚だなんだっていう選択肢も出て
　　　　くるなってことだろうね
大学生D：うん，なるようになるさとしか言えないからね
大学生C：まぁ，そこまでね，それこそまだ早いよ
大学生D：いや，でもそうでもないんじゃない？　あと3年すれば適齢期ですよ
大学生C：確かに。早ければそれこそ1年2年，下手するとほんとに就職して，あっ
　　　　さりっていう可能性もゼロじゃないもんな

　ここでは，先ほどの事例1において大学卒業後の就職という現在から近いライフイベントが大学生たちにとってリアリティの持てない，不可視な未来として語られていたのに対して，結婚という現在からは比較的遠いライフイベントが「適齢期」というかたちで，自らの未来に起こりうるものとして生き生きと語られている。これは一体どういうことであろうか。

　事例3からわかるのは，大学生にとって，未来は遠くにあるうちはよく見えるように感じられるが，そうした未来が現在に近づいて来るにしたがって霞んでしまうということである。なぜなら，大学生たちにとっての未来は，遠くにあるうちは一般的な年齢規範に基づいてモデル化された未来である。先輩や親たちといった周りの他者や，テレビや雑誌などから得られる一般的な知識によって，「一般的にはこのくらいの年齢では，このくらいになっているのが普通」といったかたちで自らの未来を描くことができる。たとえば，大学生たちに未来について尋ねると，就職，結婚といったライフイベントが必ず回答に出てく

る。これらは知識に基づいた一般的な未来である。従来の伝統社会においては，多くのものが親と同一の職業に就くことになるため，一般的な未来を描けばそれはすなわち自らの未来とほぼ同義であった。

　それに対して現代社会においては遠かった未来が次第に現在に接近するに従って，先に見たように，大学生たちは多様な選択肢の中から，自らどれか1つを選択することが要求されてしまう。現代社会においては，親と同一の職業につく者の割合は若者全体から見ればわずかであり，多くの大学生が多様な未来の中から，自らの未来を選択しなければならない。

　こうして大学生にとっては「一般的にはこのくらいの年齢では，このくらいになっているのが普通」といったかたちで，一般的な知識としての存在であった未来は，現在に近づくにつれて自己に固有の問題となり，詳細に展望することが困難となる。つまり，未来は遠い未来から現在により近い未来になることによって，一般的な知識としての未来ではなく，他の人とは異なる"私にとって"の未来として語ることを要求されてしまうと言うことができよう。その意味では現代社会を生きる若者たちにとって，未来は近ければ近いほど語りにくく，逆に遠ければ遠いほど実は語りやすい。

　たとえば，筆者が日々関わる大学生たちも，彼らにとって遠い未来である「老後に何をしたい？」と尋ねると，「60歳で定年だから，その後は好きな車をいじりたいんです」といったように実に多くの展望を語ってくれる。それにもかかわらず「じゃ，大学を出てどんな仕事をしたいの？」と大学生にとって最も近い未来である就職を尋ねると，彼らはとたんに口を閉ざしてしまう。

6. 未来を展望すべき者としての大学生という前提

　大学生における過去や現在，そして本章が問題とするような未来といった時間の問題は，これまで心理学，特に青年心理学においては時間的展望研究と呼ばれる研究領域において多くの研究がなされてきた。

　時間的展望とは Lewin (1951) によれば「ある一定時点における個人の心理学的過去および未来についての見解の総体」とされている。従来の時間的展望研究においては，概ね青年期においては未来に対してできるだけ長く，明るい展望を描くことが，精神健康度や性格，キャリア選択などの他の心理学的な変

数に対して，ポジティヴな効果を持つことが明らかにされてきた（都筑・白井 2007）。つまり，これまでの時間的展望研究からは，自らの未来に向かってより前向きに，展望を持って生きていくことが，青年期においては適切なあり方であるという研究知見が積み重ねられてきたと言えよう。

　筆者もこれまで，大学生の時間的展望研究を行い，多くの大学生たちに彼らの過去や未来を尋ねてきた。それに対して先日，ある学生（ここでは仮にX君と呼ぶ）が次のような質問を筆者に尋ねてきた。それはとても素朴な問いではあったが，筆者にはとても重要な問いであるように感じられた。その問いとは「先生，みんなどうやって自分の未来を創ってるんですか？　大人たちの言う未来ってどこかにあるんですか？」というものであった。この問いは，とても素朴な問いでありながら，時間的展望研究が有してきたある前提を逆照射している。その前提とは，「大学生とは未来を展望すべき存在なのである」さらにいえば，「大学生とは，当然未来を展望できる存在なのである」という前提である。

　時間的展望研究をはじめとする従来の時間研究において，未来という時間はその存在自体が問われることなく展望すべきものであることが前提とされ，その未来を大学生たちがどのように展望するのかという問いが当然のように問われてきた。

　しかしながら，先にも見たように，現代社会の進路選択の渦中にいる大学生たちにとって，「一般的にはこのくらいの年齢では，このくらいになっているのが普通」といった知識に基づいた一般的な未来を展望することは容易であるが，それに対して，他者とは異なる"私にとって"の未来を展望することは非常に困難な社会的文脈の中に置かれている。現代社会を生きる大学生たちは，研究者たちからどんな未来展望を描くのかを問われる以前に，そもそもどうやったら，自分の，"私にとっての未来"を作ることができるのかという問いの前に立ちすくんでいるのである。

事例4：大学生自身にとっても不思議な未来
大学生F：なんかさ就活はすごい辛く厳しいっていうイメージがありすぎてさ，すごい苦手意識が，やだなぁと思っちゃってさ
大学生E：それはあるかも
大学生F：ちょっといや，避けて通ってしまうよ

大学生E：そうなるべく避けて通りたいのは何でなんだろうね．
大学生F：ね
大学生E：決まっちゃうからなのかな
大学生F：あー，そうだよね．でも決まったらさ，楽だよね，決まったら決まったで
大学生E：決まったら楽だけど
大学生F：でもなぁ，迷うよね
大学生E：迷うし，不安だし

　ここで興味深いのは，大人たちと同様大学生自身にとっても，未来に対するリアリティの持てなさが不可思議なものとして立ち現れていることである。これから大学生たちに訪れるであろう就職活動という未来は，Eさんの発話に見られるように「なるべく避けて通りたい」未来となっている。にもかかわらず，それがなぜ「なるべく避けて通りたい」のかの理由は，大学生たち自身にとっても不可視である。大学生たちは知識に基づく一般的な未来として，この先就職活動があり，そしてその先に就職があることは知っている。しかしそうした知識に基づく一般的な未来に対してリアリティを持つことはできず，「未来を展望すべき存在」としての大学生という役割を十全に遂行することができていない。

7. 未来は実在しない

　ギブソン（Gibson 1979）が指摘するように，生物としての人間は，環境を探索する中でそこに持続を発見する。そうした持続を発見することによって，環境への予期が可能となり，いまだそこには存在しない不在の未来という時間を予期することができる。こうして，未来という感覚が生まれる。たとえば生物としての人間は，初めて経験する未知の部屋の中も，しばらくその部屋の中を探索すればソファーの裏には花瓶があることを発見し，再びその部屋を訪れる時には，現在は見えなくとも入り口からまっすぐに前に進み，このまま部屋の奥にあるソファーの裏側に回れば花瓶が見えるという未来を予期できるようになる。

　こうした環境としての時間の中で生きることによって，生物としての人間は，未来という時間があたかも環境の中にあるものとして，現在の持続として未来

があるかのように未来という形式に慣れていく。こうした持続に基づく環境としての時間に慣れるからこそ，人間は自らの現在の持続としての知識に基づく一般的な未来を表象することができるのである。

　しかしながら，本章が問題としているような大学生にとっての大学卒業後の就職といった未来は，こうした環境の持続としての未来とは異なり大学生が環境の中を移動すれば発見できるといった性質のものではない。大学生にとっての未来とは，環境のどこかにあるものではなく，現在という時間からは徹底的に不在である。たとえ人間が死んでもソファーの裏にある花瓶といった環境としての未来は持続していくが，ある大学生にとっての就職といった未来はその大学生が死んだとたんに消え失せてしまう。こうした時間を先に述べた"私にとって"の時間と呼ぶならば，ギブソン（Gibson 1979）が主張するような環境としての時間に対して，大学生にとっての卒業後の就職といった"私にとって"の時間は本来常に不在であり，あくまでもそうなる可能性があるという仮定的な存在である。実際には1秒後の未来さえ，どうなるかは誰にもわからない。その意味では人間にとって，全ての未来は本来仮定的な未来であるはずである。

　それにもかかわらず，環境としての時間に慣れた大人たちは，あたかも大学生にとっての未来がどこかにあるかのように，現在の持続として環境の中に存在するかのように，大学生たちに"私にとって"の未来を語ることを要求してしまう。たとえば，全く就職活動をしない大学生を見れば大人たちは「大学を出て，そのあとどうするんだ？」と問うてしまう。それに対してもし大学生が「どうなるんだろうね，全然わからないや」と答えたとすれば「あなたの未来のことでしょう」と苛立ってしまう。しかしながら，そうした本来不在である仮定的な"私にとって"の時間を，あたかも実在するものとして語ることは実は本来不可能な課題なのではないだろうか。未来は実は徹底的に仮定的なものであり，実在などしないのであるから。

　伝統社会においてはある意味で親の世代とその時代を生きる若者にとっての未来は持続的な関係にあった。そのため環境としての未来という図式は，"私にとって"の未来にもそのまま適用可能であった。つまり，伝統社会においては環境としての未来と"私にとって"の未来は重なっていたため，若者たちは大人たちからの未来を語れという要求に対して，知識としての一般的な未来を

語ることによってそれに応えることができた。

　大人たちからのあなたの"私にとって"の未来を語りなさいという要求に対して，若者たちは一般的な未来を語るといった形で応えることによって，実際にはズレを含んだディスコミュニケーションであるにもかかわらず，そこでは"私にとって"の未来と知識に基づく一般的な未来とのズレは顕在化されることはなかった。しかし，現代社会においては環境としての時間という図式は，そのまま大学生にとっての未来に当てはめることができない。なぜなら，未来は現在と持続する単一の環境ではなく，あくまで仮定的な多様な選択肢であることが暴露されてしまっているのであるから。

　それにもかかわらず，大人たちはあいかわらず環境としての時間の図式を人間にとっての時間にも当てはめ，あたかも未来は存在するかのように扱ってしまう。そのため，進路選択の渦中にいる大学生たちに本来実在しえない未来を語ることを要求してしまう。つまり，本来未来を語るコミュニケーションは実在しないものについて語る共同幻想なのである。

8. 一致を目指すコミュニケーション

　心理学においては通常，コミュニケーションとは両者のズレを解消し，同一の対象に対する指向性を共有する，一致を目指すプロセスとしてとして捉えられてきた。たとえばそれは，裁判においては過去の事件という同一の対象についてであったり，若者同士の会話であれば共通の興味のある洋服のブランドであったりといったように。

　しかしながら，ここまで見てきたように，未来という対象については原理的に，大人の視点と大学生にとっての視点は一致をさせることができない。たとえばキャリアカウンセリングと呼ばれるコミュニケーション場面においては，大学生にとっての未来という対象に対して，キャリアカウンセラーはカウンセリングを通して若者と未来を共有し，そうした未来を"私にとって"の未来として，具体化しようと試みる。

事例5：一致を目指すコミュニケーションとしてのキャリアカウンセリング
　カウンセラーⅠ：どんなことで起業したいっていうのはある程度イメージあるんだっけ？

大学生J：はい，あの，業種によってまた違ったんですけど，あの○○会社の所だと，携帯，とかWebのコンテンツとかで，なんか，ホームページっていうかなんでしょうね，コンテンツのひとつでこう，新しいのを作れたらいいなとかは思ってたんですけど，他に，だと何でしょうね，結構起業でも，何系にとか，絞ってもないんですよ，IT考えてるとか，結構，まだそれはやっぱり，私がその，専門知識もないから

カウンセラーⅠ：そっか，じゃまだ，どんな分野で起業するかっていうのは決めてはいないと

大学生J：そうだから，今までない物を，その隙間とか，隙間産業とかっていう感じでもいいんで，今まで無いけど，あったら良かったって思うようなものを，人が面白いって思うようなものとかを，作っていきたいなっていう漠然とした想いはある

カウンセラーⅠ：あー，そういうのはこう勤めながら作るんじゃなくて，こう起業っていうのを選んだっていうのはなんかこう

大学生J：自分の中でですか？

カウンセラーⅠ：うん

大学生J：将来，え，なんでしょうね，でも，多分，結構自分でやりたくなっちゃうんじゃないかなとは思うんですよね，最初はやっぱ圧倒的に社会人として力もないですから，働いてみないと，多分，全然自分の足りないものとかも分からないじゃないですか

カウンセラーⅠ：あぁ，まぁそうだよね

大学生J：働いているうちに多分，そういう見えて頑張ると思うんですけど，その後は多分，ある程度自分で確立できたら，こう，スキルとかも，そうなった時には多分，じゃ，もう，そろそろ1人で，とか，思う気が，するんですよね

カウンセラーⅠ：あーなるほど，その思うのは，どんなところから？　普通の人ってまぁ，なんて言うの，思わない人もいるじゃない，ずっと何十年も勤める人，っていう方がむしろ，今までの時代は多かったと思うんだけど，こう，今からもうたとえば，この間25歳ぐらいまでとか，あったけど

大学生J：はいはいはい

カウンセラーⅠ：その頃に起業したいなっていう，なんかこう起業することによって自分の中で達成したいものみたいのがなんか，自分の中にあるのかな

大学生J：んー…，なんでしょうね，でも多分，自分の好きにやりたいっていうのがあるのかな

カウンセラーⅠ：あーなるほど，そっか，人に使われるんじゃなくてみたいな

大学生Ｊ：はい，25，ちょもうちょっと28とかになるかなとは思うんですけど25は
　　　　　　　大体，どうするか迷うところで考えてます

　事例5では，キャリアカウンセラーであるＩさんが，カウンセリングというコミュニケーションの中で，Ｊさんの未来をなんとか共有しようと試みている。大人の側から大学生に寄り添い，なんとかＪさんにとっての"私にとって"の未来を聞き出そうと試みている。Ｊさんが「結構，まだそれはやっぱり，私がその，専門知識もないから」と語るのに対して，通常大人たちであれば，「まだなど言っている場合ではない」と苛立ってしまうところを，「そっかじゃまだ，どんな分野で起業するかっていうのは決めてはいないと」とＪさんの立場になるべく近づこうという態度が見られる。
　しかしながら，こうした未来に対するズレの問題は相手の立場に立てば解決できるといった単純なものではない。なぜなら人間は他者の経験に"共感"することはできても他者の経験を"共有"することはできないからである。大学生たちは大人たちと進路選択という文脈を共有しているが，"私にとって"の未来という経験は共有しえない。決して，進路選択の渦中にある大学生の内在的な視点を大人たちは共有しえないのである。
　たとえば大学教員として日々大学生たちと関わり，同じ大学で過ごす筆者にとっては，大学生たちはとても近い存在である。日々大学生たちと対話し，彼らの相談に真剣に向かい合い，大学生を研究対象としている筆者にとって，あたかも大学生たちは自分と同じ社会的文脈にいるかのように感じられる時もある。しかしながら，そうした筆者の幻想は大学生たちによって圧倒的なまでに拒絶されてしまう。たとえば，学生の頃と変わらない服装で大学へ行けば「先生らしい格好をしてください」と言われ，大学生たちと同じような行動をすれば，「先生なのに」と言われてしまう。
　大学生を研究する筆者が大学生に接近すればするほど，大学生たちはそこから逃げ続け，ズレ続けてしまう。その意味では大学教員であり，大学生を研究する心理学者である筆者は，大学生たちに共感する事はできても現在という時間の渦中を生きる大学生たちの世界を共有する事は決してできない。こうしたズレの中に筆者をはじめとした大人たちは置かれている。したがって，筆者をはじめとする心理学者が大学生の生きる世界を共有し，彼らの視線を理解する

ことは原理的に不可能なのである。

9. 未来を語ることに戸惑う大学生

　ここまでの議論をまとめてみよう。

　生涯発達を生きる人間にとって，未来は本来的に虚構的である。環境としての未来は持続の中に存在するが，人間にとっての，"私にとって"の未来は，あくまで仮定的な多様な選択肢であり，その存在がどこかにあるわけではない。

　それにもかかわらず，大人たちは大学生に対してあたかも未来が環境としての未来と同様に存在するかのように，語ることを要求してしまう。しかしこうした要求は原理的に応えることが不可能な課題である。つまり，現代社会における大人たちと若者たちの間に見られる，若者の未来をめぐるコミュニケーションは，実は本来虚構である未来をめぐる共同幻想なのである。

　こうした視点から見ると，筆者が日々接する大学生たちはこうした本来原理的に不可能な「未来について語れ」という大人たちからの要求に対して，様々なかたちで対応しようとしている存在であることが見えてくる。若者たちは「未来について語れ」という大人たちからの要求に対してそんな要求に応えることは不可能だと反発するのでもなく，自暴自棄になるのでもなく，ある時はなんとかその要求に応えようと奮闘し，またある時にはそうしたズレを隠蔽し，どうにか大人たちの要求に一致するように調整するといった形で，コミュニケーションの中で揺らぎながらも何とか大人たちの要求に応えようと試みる。

事例6：未来を語ることを要求する大人，要求に戸惑う大学生
カウンセラーG：あの，Hさん的には将来，自分自身で，どんな風にこう考えてるんだろう
大学生H：えー，なんだろ…，何か会社に，入ってるっていうイメージじゃなくて
カウンセラーG：うんうん
大学生H：何かを学んで，スキルを伸ばしてたら，自分で何かをしたいなっていう
カウンセラーG：あー
大学生H：ほんとに漠然としてはあるんですけど
カウンセラーG：うん，なるほどね
大学生H：それが，何なのか，っていうのがわからなくて

これまで見てきたように，現代社会においては，事例6におけるキャリアカウンセラーのGさんの「あの，Hさん的には将来，自分自身で，どんな風にこう考えてるんだろう」という語りに見られるように，大人たちは大学生に対して徹底的に"私にとって"の未来を語ることを要求する。

　それに対して大学生たちはその要求に戸惑いながらも何とか応えようと奮闘する。未来を語るべき存在としての大学生という役割を引き受け，その役割を十全にこなすことを試みる。しかしこの試みは多くの場合，失敗に終わってしまう。大人の要求に十分に応えることができず，それに対して大人たちは苛立ちといった感情的反応を生起してしまう。

　こうした不可能な課題を要求する者と要求された課題に必死に応えようとするという構図は，筆者が研究するもうひとつのディスコミュニケーション事態と類似している。それは冤罪と呼ばれるディスコミュニケーション事態である。先にも述べたように，未来について問われる大学生はあたかも裁判に引き出された被告のようでもある。

　裁判においては通常，過去に体験した出来事について，日常の生活の中ではありえないほど詳細に，厳密に，その過去を語ることが要求される。それと同様に，進路選択の渦中の大学生は，未来について日常の生活の中ではありえないほど詳細に，厳密に，その未来を語ることが要求されるのである。通常の裁判においては，被告は体験した出来事という対象について，裁判官，検事，弁護士といった人々と共にその出来事の語り直しが行われる。そこでは事件という共通の対象をめぐるコミュニケーションが展開される。それに対して冤罪事件においてはこうした共通の対象が存在しない。実際に事件を体験している犯人が裁判とは別の場所にいるからだ。あたかも存在すると信じられた事件という出来事は，実はその裁判を構成する誰も体験していない不在の出来事である。浜田（2001）が明らかにしたように，冤罪事件において被告は，事件を体験していないにもかかわらず必死に不在の出来事について想像し，事件の体験者としての被告として十全に振舞おうと奮闘する。こうした冤罪事件における被告と同様に，大学生の未来をめぐるディスコミュニケーションにおいては，本来語り得ない"私にとっての未来"という対象をめぐり，大学生たちは未来を語るべき若者として振舞おうとする。こうした状況に対する対処法のひとつとして，大学生たちは大人たちからの要求を回避し続けるという戦略を用いる。次

の事例 7 では大学生の C 君の未来について，友人の D 君が執拗に尋問をしている。

事例 7：あえて回避し続けるという戦略
大学生 D：公務員だよね
大学生 C：この不景気の世の中安定した方がありがたいしね
大学生 D：受かる自信は？
大学生 C：まぁ余裕…，っていうかそもそもまだ良くわかってないので
大学生 D：いやぁ…，本とか買ってきた？
大学生 C：いえ，動くのはこれからです
大学生 D：だいぶ難しいよあれは
大学生 C：まぁ，なんとかなんじゃね？　やる時はやる子だから

"私にとって"の未来を語りなさい，という D 君の要求に対して C 君は徹底的にその未来を"私にとっての"未来として語ることなく，「この不景気の世の中安定した方がありがたいしね」といったかたちで知識に基づく一般的な未来として語ることによって，D 君の要求を回避し続けている。こうした未来に対する態度は，"私にとって"の未来を要求する大人たちから見れば，苛立たしいものとして映るであろう。しかしながら，先にも見たように，本来この要求は応えることが原理的に不可能な要求である。

　従来の視点から見れば，こうした大学生は単に未熟な，未来展望を描くことのできない若者として捉えられてしまう。しかし，本章の視点からは，こうした大学生は不当な状況の中で，その中でもなんとか相手の要求に応えようとする大学生として捉える事が出来よう。

10. 揺れ続ける大学生にとっての未来

　人間にとっての未来は常に仮定的なものである。そのため，大人たちから見れば一見確定的になったかのように見える大学生たちの未来も，環境の持続としての未来のように，ひとつの確定的な未来としてとどまり続けることはできず，常に他の可能性として揺れ続けてしまう。

　以下の事例 8, 事例 9 はいずれも就職活動を終了し，既に大学卒業後の進路が確定している大学生たちの会話である。数ヵ月後，大学を卒業し，それぞれ

の進路に進んでいく。しかし，そうした未来もたとえばもし次の日に交通事故に遭えば消え失せてしまうという意味では相変わらず仮定的な未来でしかありえないのである。

事例 8：揺れ続ける大学生にとっての未来
大学生F：でもなんか最近すげー不安になることある，ほんとにやっていけるのかとか
大学生E：そうだよね，やっぱみんな思うよね
大学生F：思う
大学生E：周りも結構そうだもんね
大学生F：うん，聞くとみんな，不安だよねって，言うよ，やっぱり
大学生E：きっとどこに行っても，あれになっちゃうよね，…，不安になっちゃうよね，どこに決まっても

　EさんとFさんは既に大学卒業後の進路が決定している。それにもかかわらず，事例8においては互いに未来に対する不安を語っている。大人たちから見れば，あたかも就職活動以前の状態となんら変わらないじゃないかと憤ってしまう。実は，ある意味で言えば，大学生たちにとっても状況は就職活動以前と変わらないのである。大学生たちにとって，就職という未来は，その出来事が現在になってはじめて，リアリティを持てるのであり，それまでは"私にとって"の未来は常に仮定的でしかありえないのである。

事例 9：依然として見えない未来
大学生F：卒業後？
大学生E：(hhh) 超アバウトだね，何だろうね
大学生F：(hhh) 卒業後，とりあえず働いて，お金もらって，好きなものいっぱい買いたいとかしか考えてない (hhh)
大学生E：うん

　筆者をはじめ，大学生と関わる大人たちから見れば，大学生が「自分の未来が全然見えないんです」と言われれば，やはり「自分自身の未来のことなのに」と苛立ってしまう。しかし，大学生たちにとってはまさに，自分自身の未来，つまり"私にとって"の未来であるがゆえに「自分の未来を見なさいという」大人たちからの要求に応えることは困難なのである。知識に基づいた一般的な未来については，大人たちの要求に対していくらでも語ることができる。

しかしながら，本来実在しない人間にとっての時間，"私にとって"の未来については，原理的に確定的には語り得ないのである。事例8のEさんの「きっとどこに行っても」といった語りに見られるように，大学生たちは多様な選択肢の中で，様々な可能性を展望しながらその間を揺れ続けるのである。

11. 正解のない世界の中で

　現代社会を生きる大学生にとっての未来は，大人たちからはあたかも存在するように扱われながらも，その実態は多様な選択肢というかたちでの仮定的な未来でしかあり得ない。大学生たちは，大学教員やキャリアカウンセラーといった大人たちからの，「あなたの未来を語りなさい」という原理的に応えることが不可能な要求の中で，その多様な選択肢の中で，あれもあり得る，これもあり得るといったように，多様な選択肢の中を揺れ続ける。

　それでは，そうした大学生の未来と大人たちはどのように関わっていけばいいのだろうか。大学教員として日々大学生たちと関わり，心理学者として大学生を研究する筆者はどのように大学生たちの未来と関わっていけばいいのだろうか。現時点で筆者にその問いに対する明確な答えはない。現代社会においては大人たちも若者たちにこれが正解だと断定することはできない。大人たちもまた，正解のない世界の中を生きているのである。

　先にも見たように，これまでの心理学研究，あるいは直接大学生たちと関わるキャリアの実践の場においては，コミュニケーションを通して，大学生たちと未来を共有することによって大学生と大人とのズレを解消し，その揺れを縮減することによって彼らの未来をより具体的なものとすることが目指されてきた。しかしながら，大学生の進路選択という大学生たち同士の，あるいは大学生たちと大人たちの間における未来をめぐるコミュニケーション場面をむしろ，ディスコミュニケーションという視点から捉え直すことによって，従来の視点からは未熟な存在として捉えられていた大学生たちは，むしろ応えることが不可能な状況の中で，なんとかその要求に応えようと奮闘する存在へと姿を変えていった。

12. 揺れの増幅という実践の在り方

　こうした視点に立った時，大人たちはそうした大学生たちの未来に対する揺れに対して縮減させるよう努力するというより，むしろそうした揺れを増幅させるような，そうした関わり方もあるのではないだろうか。

　先にも述べたように，筆者は学生と関わる中でどうしたら学生たちに未来展望を抱かせることができるのかに日々頭を悩ませてきた。筆者もまた，現代社会という正解のない世界の中で揺れ続けているといえよう。ある日，「大学生にどうしたら未来展望を抱かせることができるのか」という問題を他の大学教員（ここでは仮にY先生と呼ぶ）に尋ねてみたところ「あなたのゼミは立派に未来を創っているではないか。学生たちはあんなにも未来を語っているではないか」という回答が返ってきた。

　筆者が日々の大学生たちとの関わりの中で行っていることを振り返ってみると，まさに彼らの未来に対する揺れを増幅しているといえるかもしれない。学生たちが「これが普通」と語ることに対して，「それは本当だろうか，なぜ普通といえるの？」と問い，「一般的には未来はこうなると思う」という語りに対して「こういう可能性もあるんじゃないかな」と別の可能性を提示する。そうした意味では筆者の関わりは，キャリアカウンセラーとはまったく逆の関わり方を行っている。筆者自身も大学生たちと同様に揺れ続け，その揺れによって大学生たちを揺らし続ける。ある学生はこうした筆者のゼミでの経験を経た結果として「お嫁さんになることだけが幸せじゃないんですね」と語った。彼女にしてみれば，他の大人たちから"私にとっての"未来を語ることを要求された際に，一般的な知識としての「お嫁さんになる」というかたちで自らの未来展望を語ることによって，大人たちとのディスコミュニケーションを回避してきた。しかし，大学のゼミというフィールドの中で，筆者をはじめそれとは全く異なる他者たちと関わることによって，一般的な知識としての未来からはみ出してしまった。しかし，一般的な知識としての未来の枠からはみ出す，そのことが大学生にとって，"私にとって"の未来を生み出すのではないだろうか。こうしたことを可能にするのは，自分とは異質な他者との出会いである。大学生らは本章で挙げたような同級生や大人たちといった他者以外にも，大学という場において様々な他者と出会う。それは，自分と全く違う価値観を持っ

た同級生であったり，上級生や後輩といった，大学という社会的文脈の中でも自分とは異なる社会的文脈の中に置かれた他者であったりするだろう。あるいは，アルバイト先の社会人や，インターンシップ先の社会人，そして教員や職員といった大人たち。こうした様々な他者とのディスコミュニケーションこそが，大学生にとっての未来を生成する契機となるのである。

　他者とのコミュニケーションによって多様な選択肢として揺らぎ続ける大学生の未来は，ただただ無秩序に揺れ続けるのではなく，その揺れの中でその大学生本人固有の揺れのパターンを生成していく。こうしたその本人固有の揺れのパターンが生成されていくのもまた，大人たちといった他者との対話の中なのである。

　　注　記　本章研究の一部は大橋靖史との共同研究（奥田・大橋 2006）を改編したものである．

Bateson, G. (1972). *Steps to an ecology of mind*. New York: Harper & Row Publishers, Inc.（ベイトソン，G. 佐藤良明（訳）(2000). 精神の生態学　新思索社）.
Gibson, J. J. (1979). *The ecological approach to visual perception*. Houghton Mifflin.（ギブソン，J. J.，古崎敬・古崎愛子・辻敬一郎・村瀬旻（訳）(1985). 生態学的視覚論――ヒトの知覚世界を探る　サイエンス社）.
浜田寿美男 (2001). 自白の心理学，岩波新書.
Lewin, K. (1951). *Field theory in social science: Selected theoretical papers*. New York: Harper & Brothers.（レヴィン，K.，猪俣佐登留（訳）(1974). 社会科学における場の理論，誠信書房）
奥田雄一郎・大橋靖史 (2006). "進路選択をめぐる談話"からみた大学生の時間的展望　日本心理学会第70回大会発表論文集，1199.
都筑学・白井利明編 (2007). 時間的展望研究ガイドブック　ナカニシヤ出版.
山本登志哉 (2001). 謝罪の文化論――対話の中のアイデンティティ形成をめざして，心理学ワールド，**15**，25-28.

第6章　回想とディスコミュニケーション

高木光太郎

1.「行為としての記憶」の「質」

　1982年は心理学的記憶研究にとって忘れることのできない年となった。ナイサーが編集した『観察された記憶：自然文脈での想起』(Neisser 1982) が出版されたのである。
　この本の冒頭に据えられた論文「記憶：重要な問いは何か」でナイサーは，実験研究を中心に展開してきた心理学的記憶研究100年の歴史を振り返りつつ，それが人間の記憶について実質的な知識をなんら蓄積できてこなかったと辛辣な口調で批判している。実験研究で得られる知見は，実験という特殊な状況における人間の記憶の挙動を明らかにしたものに過ぎない。だから，ちょっとした物忘れ，いつまでも染み付いている思い出，出会った人の顔をなかなか覚えられないこと，事件の目撃者の記憶の正確さ，など人びとが日常で出会うありふれた記憶現象について十分な説明を与えることができない状態にある，というのだ。そこでナイサーは記憶研究にこれまでにない転換を要求する。「生態学的アプローチ（ecological approach）」へのシフトである。彼は言う。記憶研究は実験室を離れ，人びとの日常的な記憶の現場に飛び込まなければならない。必要なのは脳内の記憶のメカニズムの実験的解明ではなく，人びとが日常生活の様々な文脈のなかで，どのように過去にアクセスし，それを語り，またそれを利用しているのかをつぶさに観察する「記憶の生態学」である。同書には，こうした問題提起と響き合った先駆的かつ刺激的な研究が数多く集められていた。
　認知心理学研究のトップランナーによる，この突然の「転向宣言」は記憶研究者たちに強い衝撃とある種の解放感を伴って受け止められ，心理学的記憶研究における1つの重要な転換点となった。同書に触発されて多くの研究者が実験室を飛び出し，日常的な文脈にみられる様々な記憶現象を対象とした研究を

図1 「観察された記憶」の表紙（初版）

スタートさせた。研究は着実に増え続け、「日常記憶（everyday memory）」は心理学的記憶研究のジャンルの一つとして定着した。現在では記憶研究の標準的なテキストに「日常記憶」に関する章が置かれることも珍しくなくなっている。

しかし奇妙なことに、このように日常的な文脈にみられる記憶現象を対象にした研究は着実に増加したものの、ナイサーが当初目論んだ実験室的アプローチから生態学的アプローチへの大転換は結局起こらなかった。日常記憶を扱う多くの研究が、日常場面で興味深い記憶現象を発見した後、その特質を保持したまま現象を実験室に「移築」するという折衷的な手法を採用したためである。日常記憶をそれが生起する実際の文脈のなかで観察的にとらえる生態学的な手法を積極的に採用したのは、過去をめぐる人びとのコミュニケーションの特質を談話分析的な手法で解明する共同想起（joint remembering）研究（たとえばMiddleton & Edwards 1990；Middleton & Brown 2005）や、社会集団のなかで事件や歴史的出来事の記憶を保持、伝達していく過程を分析する「集合的想起（collective remembering）」研究（たとえばWertsch 2002）、アフォーダンスの概念で知られるギブソンの生態学的知覚理論の視点でナヴィゲーションの記憶を分析した佐々木の試み（佐々木 1996）、刑事事件における証言や自白の分析を試みたもの（たとえば大橋ら 2002；浜田 2006）など、少数の分野に限られている。

なぜ生態学的アプローチへの大転換は起こらなかったのだろうか。たとえば学術誌の保守的な査読体制や、観察的研究にかかる手間やコストなど、科学研究をめぐる制度的、実際的な問題が関係していることは間違いない。しかしより本質的にはナイサーの提起が、記憶現象の観察的研究という「研究手法」の

水準にとどまり，そこで問題となる記憶という現象のとらえ方，つまり「記憶概念」そのものの変革にまで至らなかったことが致命的であったと思われる。「観察された記憶」の段階では，記憶を人々の脳内に保持された過去の痕跡としてとらえる視点から，現時点で人々が遂行している「行為」としてとらえる視点への転換が求められていた。いわゆる「記憶から想起へ」の転換である（佐々木 1991）。ここまではよい。問題は「行為としての記憶」がもつ特質である。行為としての記憶は，他の様々な行為とどのような点で異なっているのか。この点についてナイサーは明確な説明を行っておらず，またその後の生態学的記憶研究の展開のなかでも検討されることはなかった。行為の対象が過去であるというだけでは，たとえば歴史や社会的な事件についての「知識」をめぐる一連の行為と，自身が体験した出来事をめぐる一連の行為の区別がつかず不十分である。「行為としての記憶」という視点で心理学的記憶研究を転換しようとするならば，やはり「行為としての記憶」がもつ独特の「質」を把握する必要がある。生態学的記憶研究の一連の展開には，このレベルでの探求が決定的に欠けていたのである。

　本章の目的は，「行為としての記憶」がもつ独自の「質」を「ディスコミュニケーション」という視点から検討することにある。日常生活のなかで展開する「行為としての記憶」には多様な種類がある（このような記憶の「分類学」も生態学的アプローチには不可欠だと思われるが，やはり十分には行われていなかった）が，ここではディスコミュニケーションという視点をとることの必要性が最も明確に把握できる「回想（recollection）」，つまり過去体験について，それを共有していない他者に言語的に説明する行為に注目する。

　回想は，体験（記憶）を他者と「共有」することを目指して展開する共同想起の一種として説明されるのが通常である（たとえば Middleton & Edwards 1990）。しかし過去の出来事を現時点で再観察する，あるいは他者の記憶を直接覗き見るといったことは不可能なので，語り手と聞き手は回想において話題となっている対象に同じようにアクセスすることはできない。それゆえ体験（記憶）の共有というのは本来的に不可能なゴールとなる。回想には，このため「過去の出来事はこのようなものであったはずだ」という認識の決定的なズレ，すなわちディスコミュニケーションという契機が必然的に含まれることになる。これはコミュニケーションの「失敗」ということではなく，むしろ，回想という行

為がもつ不可避の特性であり、このような本質的な不一致がコミュニケーションにもちこむ「不安定さ」「ゆらぎ」のなかにこそ「行為としての記憶」を他の行為と区別する独特の「質」が見いだせると考えられる。回想の特質は、体験（記憶）の共有を明確に志向するコミュニケーションでありながら、必然的にディスコミュニケーション事態を生み出す構造を持っているという点にある。以下、このような視点で「行為としての記憶」の「質」について考えていきたい。

2. 回想する人

　ディスコミュニケーションという視点で「行為としての記憶」の「質」を考えるための格好の手がかりは、「観察された記憶」のなかにすでに用意されていた。同書の表紙である。前節の図1（初版の表紙）と次の図2（第2版の表紙）を見てもらいたい。

　どちらも何かを回想するような表情の老人のモノクロ写真である。心理学の専門書とは思えない味わいのある表紙だ。1986年か87年のことだったが、卒業論文のテーマを決める手がかりになりそうな本を探して書店を歩き回っていたとき、たまたま手に取った初版の表紙に強く惹かれ、ろくに英語も読めないのに買ってしまったことを思いだす。

　さて、この回想する老人たちである。彼らは現在の環境のどこに焦点を合わせるでもなく、過去に思いを巡らせているように見える。彼らが何かを語ったとしよう。たとえば「最初の子どもが生まれた日の出来事」についてである。老人たちは、写真のような表情を浮かべ、現在の環境にない「何か」について語る。だが聞き手である私たちが同じようにその「何か」をとらえることはできない。老人の言葉はかつて生じた出来事を志向し、それを足場にして語られている。しかし、その「何か」を直接参照することのできない私たちに聞こえてくるのは、足場を持たない、いわば空中に浮遊した言葉のみである。

　エスノメソドロジストたちによれば、言葉と文脈は互いを相互反映的（reflective）に参照することによって対象と意味を生み出している（Leiter 1980）。たとえば「とても美しい」と語ることは、ある視点で世界を枠付け、対象として切り出す作業である。こうした切り出しの作業がないところに対象は存在し

図2 「観察された記憶」の表紙
（1999年に出版された第2版）

ないとエスノメソドロジストは言う。私たちは予め存在している対象について語るのではなく，語りを通して対象を作り出しているのである。だが話はこれで終わらない。こうして切り出された対象が今度は「とても美しい」という言葉の具体的事例＝文脈としてそれに内容を付与するのである。わたしたちは「とても美しい」と語ることで対象を切り出し，そうして切り出した対象を参照しつつ「とても美しい」という言葉の意味をつくりだすのである。

　老人たちの回想の聞き手は，彼らの言葉によって切り出されている対象を参照することができず，したがって，その言葉の内容を確定するための文脈が得られない状態に追い込まれている。そこで聞き手は言葉を手がかりにして，それが指し示しているであろうものを想像する。そしてこのように「想像された対象」を文脈として言葉と相互反映的に関係づけ，その意味を理解しようとする。だが老人たちが向かっている「何か」と，聞き手が構築した「想像された対象」が一致している保証はどこにもなく，またその一致不一致を確定的に評価する方法もない。老人と聞き手にできることは，お互いが「同じもの」を見ていると根拠なく信じた上で，過去の出来事を語り，またそれを聞くことだけである。相手と自分が異なる対象に向かってしまっている可能性を解消することが原理的に不可能な状態のなかで（そして多くの場合，実際に不一致が生じてしまっている状態のなかで），しかし「同じもの」を見ていることを前提としてコミュニケーションを組み立てていく。このようなコミュニケーションの一致と不一致の交錯が「行為としての記憶」の一種である回想や証言に独特の不安定さや揺らぎをもたらすものと考えられる。

3. 環境の探索としての想起

　このように「現在の環境のなかで他者が参照することのできない『何か』について語る」ことをしながら，互いに相手と「同じもの」を見ていると無根拠に信じてコミュニケーションが展開されている状況を，ここでは「ディスコミュニケーション」と呼ぶことにしよう。すると回想は典型的な「ディスコミュニケーション」であるということになる。だがこれだけでは回想の性質を十分にとらえたことにはならない。このように定義できるディスコミュニケーションには他にも，たとえば「霊能者」が周囲に幽霊がいることを説明するような場合や，ソムリエが普通の人には感じることのできない微妙なワインの風味について語るような場合にも生じると考えられる。回想をこうした他の語りと区別するより本質的な特徴は，それが過去の体験についての語り，つまり想起であるという点にある。次にこの視点から回想をもう少し精密にとらえてみたい。

　想起として回想をとらえるとき，それを「脳内に貯蔵された記憶表象の参照」ととらえてしまうと，ナイサーが目指していた「行為としての記憶」への観察的な接近をめざす生態学的アプローチから遠ざかってしまう。「行為としての記憶」という視点で「現在の環境にない『何か』について語る」回想をどのように説明できるだろうか。

　この問題を考えるとき，ギブソンの生態学的知覚理論の立場から記憶の問題を論じた佐々木の論考（佐々木 1996）が大きな手がかりとなる。ギブソンによれば知覚とは生物による環境の探索の1つのモードである（Gibson 1979）。生物による環境の探索は中立的な情報収集ではなく，常に生物自身の行為とセットになっている。すなわち「この場所は歩くことができるのか」「ここを登ることができるのか」「これは食べられるのか」といった行為の可能性として環境を探索するのである。このことをギブソンは知覚という探索のモードにおいては「現在の環境」と「自己の行為」という「二重性（duality）」が生じていると表現している。このような発想を受けて佐々木は想起も生物が環境を探索する形式の一つであり，そこには知覚とは異なる独特の二重性が生じているとした。「過去」と「現在」の二重性である。このモードで環境を探索するとき生物は，現在の環境を自己ではなく，過去に経験した事象との関係によって区別する。これは以下の3種類に分類できる。

新事象：過去に経験していない出来事が現在の環境に生じている
　　　　＝「かつてなかったものが今はある」
旧事象：過去に経験した出来事が現在の環境にも生じている
　　　　＝「かつてあったものが今もある」
不在：過去に経験した事象が現在の環境には生じていない
　　　　＝「かつてあったものが今はない」

　想起とは現在の環境をこのようなかたちで区別する探索行為なのである。この定義にしたがえば，回想において「現在の環境にない『何か』を参照して語る」ことは，現在の環境のなかに出来事の不在を探索する行為であるということになる。2人の老人が見ていた「何か」とは脳内の記憶表象ではなく，「私がかつて見たことは，今ここにはない」というかたちで不在として分節された現在の環境なのである。
　このように回想において環境を不在として探索する作業は，何かの出来事を経験した現場に「再訪」する場合に最もはっきりとあらわれてくる。例をみてみよう。ホロコーストの生存者たちとその関係者たちの証言を集めた映画「ショアー」（1985年）の一場面である。証言者はホロコーストの「傍観者」であったポーランド人の1人，フィリポヴィッチである。彼とインタビュアーである監督のランズマン，それにポーランド語の通訳が車に乗ってソビブール収容所（ポーランド）近くの町ヴウォダヴァを移動している。

抜粋1

――このあたりの建物は，みな，当時と変わっていませんか？
ええ，ぜんぜん。ここには，
鰊を詰めた樽が置いてあって，
ユダヤ人が魚を売ってた。
屋台も，小さい店もいろいろあった。
あなたの，おっしゃるとおり，
ユダヤ人商売だったね。

ここは，バーレンホルツの家。

材木屋さんだった。
あそこにあるのが，布地を売っていた
リプシッツの店だった。
ここには，リヒテンシュタインが住んでいた。
――それじゃ，あれ，正面のは？
食料品屋だった。
――ユダヤ人の店？
そう。

ここには，飾り紐屋があって，
糸だの，針だの，細ごましたものが置いてあったっけ。
それから，その先，あそこには，床屋が三軒も。
――あの立派な家は，ユダヤ人のでしたか？
そうだよ。
――で，ここの小さな家は？
やっぱりユダヤ人のさ。
――で，うしろの，あれは？
全部ユダヤ人の家だった。
――左手の，これも？
あれもそうさ。
――で。住んでいたのは……，ボーレンシュタイン？
そう，ボーレンシュタイン。
セメントの商売をしてた。
すごい美男子で，教養も豊かだったな。
（中略）
――ヴウォダヴァは，すっかりユダヤ人の町だった，という印象ですね。
そうだよ，実際，そのとおりなんだから。
ポーランド人が住んでいたのは，もうちょっと先の方さ。
町の中心部は，
全部，ユダヤ人だったんだ。

(ランズマン 1995)

　ここでフィリポヴィッチは，ヴウォダヴァの町を一貫して不在として探索している。かつてユダヤ人やその家や店のあった場所（だが今はもうない）とし

て町の各所に視線を向け，そこに「かつてあった」ものについて語っているのである。ヴウォダヴァの町を想起として探索する方法はほかにもあった。「あの家の窓飾りは当時と同じだ」といったかたちで環境のなかに「いまもあるもの」を探索する旧事象という形式や，「このあたりも，すっかり新しい建物になっている」といったかたちで「かつてなかったもの」について語る新事象という形式である。しかしこれらの形式による探索で見いだされるのは，「昔と変わらない町としてのヴウォダヴァ」（旧事象）あるいは「変化してきた町としてのヴウォダヴァ」（新事象）である。つまりこれらの形式による環境の探索は過去と現在との二重性にフォーカスしているという点では間違いなく想起であるが，そこから浮かび上がってくるのはあくまでも「現在のヴウォダヴァ」となる。これに対して不在という形式による探索においては「現在のヴウォダヴァ」を地として「今はもうないヴウォダヴァ」が浮かび上がってくる。回想とは「現在の環境」のなかで他者が参照できない『何か』について語ることであるが，そこでの参照行為は環境の探索としての想起のモードである不在として遂行され，「何か」は「今はもうない」ものとして環境内に発見され語られることになる。

4．「不在」の探索における聞き手

　ではこの不在の探索において聞き手はどのような位置にいるのであろうか。抜粋1の冒頭，ランズマンは「このあたりの建物は，みな，当時と変わっていませんか？」と，街を旧事象として探索することをフィリポヴィッチに求めている。しかしフィリポヴィッチはこの形式での探索を「ええ，ぜんぜん」の一言で打ち切り，即座に「ここには，／鯡を詰めた樽が置いてあって，／ユダヤ人が魚を売ってた」と不在に焦点をあわせた環境の探索を開始する。その後，ランズマンは「それじゃ，あれ，正面のは？」といったかたちで町のあちこちを指し示し，そこを不在として探索するようにフィリポヴィッチに求めることになる。

　ここでランズマンは環境における特定の場所を指し示し，そこにフィリポヴィッチの注意を振り向けている。つまりランズマンはフィリポヴィッチとの間に環境内の特定の対象に対する共同注意を形成しようと試み，その対象につい

ての説明を求めようとしていることになる。しかしランズマンが指し示しているのは，あくまでも現在の環境で観察可能な対象（たとえば「このあたりの建物」）であり，それに応じてフィリポヴィッチが焦点をあわせるのは不在の対象（たとえば「鰊を詰めた樽」）である。回想の聞き手は現在の環境を「地」として指し示す。回想者もそこに注意を振り向け探索を行うが，彼らが志向する対象は現在の環境ではなく，それがいわば「地」となることによって浮かび上がる「図」としての不在（今はないもの）なのである。聞き手と回想者が現在の環境を探索の「地」として共有することは可能である。しかし，そこに浮かび上がる「図」としての不在を共同注意の対象として聞き手と回想者が直接共有することはできない。ランズマンが「で，ここの小さな家は？」「で，うしろの，あれは？」「左手の，これも？」と環境の様々な部分にフィリポヴィッチの注意を振り向けていたように，回想の聞き手にできることは，そこにどのような対象＝不在が探索されるのか（あるいは探索されないのか）予想し難い状況のなかで，半ば当て推量的に現在の環境の様々な部分を指し示し，回想者の応答を待つこと，そして回想者が探し当てた不在を慌てて後追いすることしかない。「当て推量」と「後追い」。回想の聞き手は，こうして回想者の言葉と環境の間を不安定に往復し，不在を探し求めることになる。

　だがこうしてなんとか回想者が指し示す不在に辿りついたとしても，聞き手がその回想の言葉と相互反映的に関係づけられるべき対象を現在の環境のなかに見いだすことはできない。それゆえ聞き手が回想者と対象を十分に共有し，それを文脈として回想の言葉の意味を確定することは原理的に困難となる。聞き手はランズマンのように質問を立て続けに繰り出すことによって形式上は会話をリードし方向づけるものの，実質的には回想者の言葉が指し示す探索の対象を捉え損ない，繰り返し不安定な位置に立ち戻りつづけるのである。

　回想におけるこのような聞き手のあり方を整理すれば次のようになるだろう。

（1）不在の「地」となりうる場所の当て推量的な指し示し
（2）「図」としての不在を見いだす回想者の視線の後追い
（3）不在の捉え損ない
（4）（1）または（2）に戻る

映画「ショアー」のカメラワークとカット割りは，回想におけるこのような聞き手の不安定な位置取りに観客を巻き込むように仕掛けられている。抜粋1に戻って検討してみよう。
　この再訪シーンでカメラは，ほとんど常にフィリポヴィッチが乗る車のなかから，ヴウォダヴァの町並みを映している。しかし，多くのドキュメンタリー映像がそうであるように，フィリポヴィッチの言葉にあわせて，特定の場所をクローズアップするシーンを差し挟むようなことはしない。カメラはただ車の外の流れる町並みを淡々と映し続けている。このため，たとえば「鰊を詰めた樽」が置かれていたであろう場所についてフィリポヴィッチが語り始めたときには，すでにその場所は車の後方に流れ去りつつある。カメラはこの町の様々な場所にユダヤ人が住んでいたというランズマンの「当て推量」にしたがって，その風景を「地」として映し出すが，そのスムーズな移動のなかで観客は「図」としての不在を見いだしたフィリポヴィッチの言葉から常にわずかにおくれながら，その場所に注意を向けようとし，ほとんど常にそれに失敗する。フィリポヴィッチが言葉にする「バーレンホルツの材木屋」「リプシッツの店」「リヒテンシュタインの家」「食料品店」もみな同じである。それらは車窓の後ろにすぐに流れさってしまうか，あるいは特にどこにもフォーカスしない漫然とした風景ショットのなかに溶け込んでしまっている。観客は「当て推量」的な流れと漫然さでヴウォダヴァの町に向けられたカメラの目線のなかで，フィリポヴィッチによる不在の探索を「後追い」するものの，ほとんど常にそれを捉え損ねてしまうのである。
　映画「ショアー」はホロコーストについての証拠を集め「事実」を明らかにする作品ではない。そこで目指されていることは観客をホロコーストの回想者そのものに出会わせることである。そのためには，たとえばカメラがヴウォダヴァの町の特定の場所を切り取って映し出し，ここに「鰊を詰めた樽」が置いてあったと「説明」してはならない。あるいは最新の技術を使ってヴウォダヴァの町の映像を再現する必要もない。このような方法では観客を回想の聞き手が宿命づけられている不安定な位置取りに追い込むことはできないからである。そうした説明や再現は回想者に対峙することではなく，出来上がった説明や物語を理解したり，受容したりする，何か別の（過去の出来事をめぐる大半の表現行為が陥っている）関係である。ホロコーストの不在を探索する回想者とそ

れに翻弄される聞き手との間に生まれるディスコミュニケーション。映画が上映される場において，観客をこの関係に実際に巻き込むために映画「ショアー」の全装置は構成されている。

5. 回想のディスコミュニケーションがもたらすもの

　だが映画「ショアー」は，このようなディスコミュニケーションの構図によって観客を戸惑わせ，置き去りにするだけなのであろうか。不在という形式による環境の探索は，ディスコミュニケーションの力に強く曝されているため，過去の出来事へのアクセス方法として不適切であるのだろうか。

　この映画を観ればすぐに気づくように，ここで生み出されているディスコミュニケーションは，ただ観客と回想者との間に断絶を持ち込むようなものではない。不在という形式による環境の探索において，前節でみた（1）（2）（3）（4）のプロセスが徹底して実現された場合，そこには他の形式では得ることのできない過去の出来事の「リアリティ」が立ち現れる。

　映画の冒頭部分。ヘウムノ絶滅収容所からの生存者であったスレブニクが収容所の跡地を再訪する。

抜粋 2

なかなか見分けられませんが，ここでしたね。
そう，ここですよ，人を焼いたのは。
大勢の人がここで焼かれました。
そう，まさにこの場所です。
（中略）
ガス・トラックが到着したのは，ここ……，
大きな焼却炉が，二つありましてね……。
着くたびに，死体を投げ込んだんです。炉の中にね。
すると，炎は，天まで立ち上りました。
――天まで，ですって？
そうです。
恐ろしかった。

(中略)

　ここにいるのが，信じられません。
　そうです，戻ってきたことが，信じられないのです。
　いつでもここは，静かでした。いつだって。
　毎日，二〇〇〇人を，二〇〇〇人のユダヤ人を焼いたときも，
　やはり静まりかえってました。

　叫ぶ人はだれもいず，皆，それぞれ自分の仕事をこなしていました。
　ひっそりとしていた。静まりかえっていたんです。
　ちょうど，今と同じように。

(ランズマン 1995)

　ここでスレブニクは抜粋1のフィリポヴィッチと同様に，ヘウムノの森の各所を「地」として，そこに様々な不在を発見し，それを語っている。カメラは，そうして環境の中を探索するスレブニクの表情を追い，また彼がまなざしを向けているはずの場所を映し出す。だが，ここでもインタビュアーであるランズマンは，スレブニクが「図」として向かっている不在をさらに特定するようなことはしておらず，カメラもまたヘウムノの森のただ中にぽっかりと広がった収容所の跡地を引いた構図のまま半ば呆然と映し出しているだけである。ランズマンと観客はスレブニクの言葉が現在の環境のどこを「地」として，どのような不在を探索しているのか正確に摑むことができないまま，ただ彼にやや遅れて環境に自身のまなざしを向けている。「当て推量」と「後追い」と「捉え損ね」。ゆっくりと展開するディスコミュニケーションの積み重ねのなかで，スレブニクはランズマンにも観客にも想像もできない不在について不意に語りだす。

抜粋3

　すると，炎は，天まで立ち上りました。
　――天まで，ですって？
　そうです。

(ランズマン 1995)

このように予想を超えた不在の指し示しによって聞き手を不意打ちすることは，不在として探索された対象について聞き手に伝達し，（かならず失敗するものの）共同注意を形成しようとするだけの行為ではない。それは，むしろ想像し難いもの，説明し難いものとして，回想者が体験した出来事を現在の環境に（否定的な形で）現前させることに他ならない。出来事を整理整頓して「説明」するのではなく，フィリポヴィッチやスレブニクは慌ただしく環境を探索し，そこに見いだした数々の不在を，その都度，言葉で埋め続けていた。それは出来事がもつ本来的な「底のなさ」（無限の探索の可能性をもつこと）ゆえに生じる，整合的な構造を欠いた，終わりなき不在の探索である。このためその探索に追従し，語り手と「同じもの＝不在」を見ようとする聞き手は，その都度翻弄され，現前したものに打ちのめされ続けることになる。回想を「不在という形式による環境の探索」としてとらえた場合に見いだされる不可避のディスコミュニケーションは，こうして回想の阻害要因ではなく，むしろそれらに「過去の言語的叙述」以上の質を付与することで，過去の出来事のリアリティを特有のかたちで立ち上げる，現象の本質的な側面であると考えるべきであろう。

6. 日常場面における回想

　しかし映画「ショアー」のように回想におけるディスコミュニケーションが徹底して機能することはまれである。多くの場合，回想者も聞き手も，回想のディスコミュニケーションに由来する不安定さをあえて顕在化させ，それを持続するようなことはしない。日常的な回想場面では，通常，回想者が見いだした不在を聞き手が十分に探索することなく，その説明を「理解」することでコミュニケーションが終結する。たとえば『観察された記憶』の表紙の老人たちが「最初の子どもが生まれた日の出来事」について語りだしたとしても，聞き手は彼らが向かっている不在の対象を環境のなかに探し出そうとはしないだろう。そうではなく聞き手は，歴史の記述を読むのとちょうど同じように老人たちが語る過去の出来事を説明として理解し「最初の子どもが生まれた日の出来事」についての表象を構築する。それはたとえばこんな会話になるだろう。

老　人　あなたのお母さんが生まれた日はひどい雨がふっていたんだよ。
聞き手　そうか，雨だったんだね。

　映画「ショアー」のように出来事の現場へと再訪しなくても，つまり現在の環境に過去の出来事と明確に結びつく「地」を見いだすことができない状況でも，語り手と聞き手のコミュニケーションが「当て推量」「後追い」「捉え損ね」という一連のディスコミュニケーション的なプロセスによって不安定化された環境の共同探索として遂行されていれば回想は成立する。これは『観察された記憶』の表紙の老人たちの回想を考えれば容易に理解できることである。しかし，再訪を伴わない日常の多くの場面でおこなわれる過去の出来事への回顧的な言及は，上の例からも読み取れるように，不安定な共同探索というよりは単純な情報伝達，つまり過去の出来事に関する共有された表象の構築という想起とは質的に異なる共同作業として展開する。「母親が生まれた日は雨であった」ということが過去の出来事に関する正しい情報であると合意されることが目指されるコミュニケーションである。もちろん，この作業においても，誤解や前提とする文脈の食い違いなどによる別レベルの不安定化（表象共有レベルでのディスコミュニケーション）が生じるかもしれない。だが多くの場合，日常場面における回想はなんの不安定さも露呈せずにスムーズに展開する。想起固有の不安定さが，過去表象の共同構築という異なるレベルのコミュニケーションによって抑制され表面上の安定が生み出されるのだ。しかしこの表象共有優位のコミュニケーションも，想起がもたらす必然的なズレによって再び不安定化する可能性からは逃れられない。日常場面における回想はこのような重層的なディスコミュニケーション過程として展開している。

7. 法廷におけるディスコミュニケーションの隠蔽

　このように日常場面においてわれわれは回想がもつ本来的な不安定さを，過去表象の共同構築という別レベルの共同作業によって隠蔽する一般的傾向がある。通常，この隠蔽は過去の語り手に対する聞き手の無条件の「信頼」によって容易に達成される。聞き手は普通「母親が生まれた日は雨だった」という老人の主張をなんの疑いもなく，それが具体的にどのような事態を指しているの

かについてもそれほど検討することなく「信じる」のである。

　こうした回想のディスコミュニケーションの隠蔽がさらに徹底され強引に行われる場合がある。なんらかの社会的および権力的な理由で過去の出来事について安定した説明，つまり「事実」が必要とされる場合である。その最も典型的なケースの一つが刑事裁判である。ある事件の裁判における尋問をみてみよう。2009 年に DNA 再鑑定によって服役中の S 氏の無実が明らかになったいわゆる「足利事件」の第一審での被告人質問である。S 氏は当時，幼女を誘拐したうえで殺害し，さらにその遺体を陵辱した罪で逮捕，起訴されていた。

抜粋 4

Q = 尋問者
A = S 氏
1Q　普通の，遠回りして，土手を回って降りて行ったのかな。
1A　はい。
2Q　途中で何か気が変わったことがあるんですか。
2A　気が変わったといいますか，遊園地の道路までは行きましたけれども，それから河川敷ですか，そこまで行きました。
3Q　取りあえずは，目的としていたブランコなんかがある，河川敷にある遊園地，そこには行ったんですか。
3A　道路はずっと自転車で走って行きました。
4Q　そこの遊園地のところには降りなかったんですか。
4A　はい。
5Q　遊園地に行って一緒に遊ぼうという気持ちが途中で変わったことになるわけですか。
5A　はい。
6Q　どんな気持ちが起こってきたんですか。
6A　そうですね，やはり自分としては，かわいい子だなと思いまして……。
7Q　自転車に乗って，その場所を今あなたが言われた場所まで来て，その気持ちとしてはかわいい子だなと。
7A　はい。
8Q　それから。
8A　それで，やはり自転車を河川敷ですか，止めまして，止めたところから下へ降りて行きました。

9Q　そのときはどういう気持ちに変わってくるの。例えばこのかわいい子を抱き締めたいとか，いろいろそういう。
9A　はい，そうです。
10Q　もう少し具体的に言うと，例えばこの女の子を裸にしてなめたりとか，触わってみたいとか，そんな欲求も生じてきましたか。
10A　はい，ありました。
11Q　それで，そういう気持ちを持って河川敷のほうへ降りて行ったわけですか。
11A　はい。
12Q　最初，この女の子をパチンコ店の駐車場で見つけたときには，そういう気持ちは全くなかったんですか。
12A　はい，ありませんでした。

　この抜粋では尋問者とＳ氏の間に明確なコミュニケーションのズレを観察することができる。たとえば2Qと2Aでは，尋問者が犯行時の心的状況について質問しているにもかかわらず，Ｓ氏は移動の経路について説明している。同様の食い違いは，6Qから8Aまでのシークエンスにもみられる。ここでも尋問者は犯行時の心的状況に焦点をあわせた質問（6Q）を投げかけているが，Ｓ氏はそれに漠然とした応答（6A）をしたのち，ふたたび行為の系列を浮かび上がらせるような説明（8A）を展開している。このような状況を回想のディスコミュニケーションという視点でとらえれば，回想の「地」を設定する聞き手の「当て推量」の失敗であるということになる。

　このような状況で尋問の破綻を回避するにはどうしたらよいか。回想のディスコミュニケーションのプロセスに忠実であれば，尋問者はＳ氏の予想外の応答のなかで指し示された不在を「後追い」することになるだろう。だが実際にはこのような方策はとられなかった。尋問者はこのディスコミュニケーションを隠蔽する方向で尋問を進めていったのである。

　9Qから12Aまでに見られるように尋問者は，Ｓ氏の心的状況を浮かび上がらせる「地」の設定を維持したまま，本来Ｓ氏が説明すべき心的状況を質問のなかにあらかじめ示し，それにＳ氏の同意を求めるスタイルで尋問を組み立て直している。これは尋問者が過去の出来事について語る回想者による不在の探索を「後追い」する不安定な立場から，自身の位置取りを固定し回想者の応答を先取りする安定した立場へと移動したことを意味している。その結果，

1Qから8Aまで展開していた「地」の「当て推量」の失敗という回想のディスコミュニケーションはのちの尋問過程においては完全に隠蔽され、尋問者が提示した出来事の説明についてS氏が合意するという過去表象の共同構築として尋問が展開していくこととなった。

　尋問者がこのように心的状況の説明に固執し、コミュニケーションにおける自身の位置取りを大きく修正した理由は、刑事裁判という社会システムそのものが持つ要求と密接に関連していると考えられる。刑事裁判において動機や犯行時の心的状況の解明は特に刑の重さを決める際に重要な要素となる。抜粋4の尋問も裁判においてこのような重要な意味を持つものであり、尋問者が容易に質問内容を変更することは困難であったと思われる。しかしより本質的な問題は刑事裁判が求めている過去の出来事の理解に関係している。刑事裁判では過去の出来事を「事実」として、つまり明確かつ確実な記述として把握することが目指されている。タイムマシンが不可能である以上、この事実の明確性と確実性は、実際の出来事との対応関係によってではなく、証言および物的諸証拠の評価に基づいて判断されることになる。この判断は、裁判官（場合によっては裁判員も）、検察官、弁護人による法廷での議論を通して形成される。つまり法廷は論争というコミュニケーションの形式を通して事件についての合意を形成する過去表象の共同構築過程なのである。

　このように考えれば、法廷において回想のディスコミュニケーションがもつ不安定性が拒絶されたことはむしろ当然である。法廷では回想者による不在の探索を「後追い」し続け、それに翻弄されることを通して、出来事の本来的な「底のなさ」に触れるようなリアリティの発見は目指されていない。映画「ショアー」が試みたこのようなリアリティへの接近は、過去の出来事（＝事件）を「事実」として確定記述することを通して、社会的な合意を形成することを目指す刑事司法のコミュニケーションの対極にある。9Q以降にみられるように尋問者がS氏の語るべき言葉を収奪してしまうことは、「事実」を志向する法廷のコミュニケーションにおいても大きな問題である。証拠に基づかない推定を供述者に押し付けることになるからだ。だが尋問者が1Qから8Aまでに見られたディスコミュニケーションを避けようとしたこと、S氏を「後追い」するのではなく、心的状態という枠を動かさなかったこと、そしてそれらを通して出来事を出来る限り明確に叙述しようとしたことは、むしろ刑事裁判にお

ける過去の探求としては当たり前のことであったとも考えられるのである。

　では刑事裁判という社会的実践の現場において回想という過去へのアプローチをとることは不可能なのであろうか。そうではない。実際に刑事裁判がめざす「事実」の確定記述と回想を接続する試みが存在する。たとえば主に虐待被害を受けた子どもからの被害供述聴取を目的としてイギリスで開発されたMOGP（Memorandum of Good Practice：よき実践のためのメモ）と呼ばれる供述聴取技法である。この技法においては，まず供述者に体験について自由に語ってもらい，その後，その語りのなかに登場したトピックについてより詳しい説明をもとめるという手順が推奨されている（Home Office & The Department of Health 1992）。すなわちMOGPでは，まず供述者に自由に環境内の不在を探索してもらい，聞き手はそれを「後追い」して，改めて「地」を設定し，そこでさらに供述者に不在の探索を求めるのである。供述者による不在の探索を「後追い」し，それにある意味で翻弄されつつ，しかし法廷が求める「事実」の社会的合意に必要な情報を獲得していく。MOGPにおいては回想のディスコミュニケーションを通した出来事のリアリティへの接近と過去表象の共同構築の往復運動が繰り広げられることになる。

　もし抜粋４の法廷で尋問者がこれに類した技法を用いＳ氏による不在の探求の「後追い」を試みていたとすれば何が起こったであろうか。いまや明らかになっているようにＳ氏には犯行体験がない。したがってＳ氏に幼女の殺害という出来事をめぐって自由に環境内の不在を探索させても，それはおそらく失敗に終わっていたはずである。供述者をコントロール下に置いて過去表象の共同構築作業のパートナーとしてしまうことで足利事件の法廷は，自身が求めていた「事実」を得ることに失敗した。もしＳ氏に環境の自由な探索を求めていたら，つまりＳ氏を回想者の位置取りに無理矢理に追い込んでいたら，その位置取りにおける当然の役割（＝不在の発見）を全う出来ないＳ氏の姿が浮かびあがり，それが翻って法廷における過去表象の共同構築作業つまり「事実認定」に大きな影響を与えたかもしれない。法廷において回想のディスコミュニケーションを隠蔽するのではなく，それと過去表象の構築作業を的確に結びつけていく。このような尋問への取り組みが必要であるように思われる。

8. おわりに

 本章ではナイサーによって提唱された生態学的記憶研究の試みを現代において蘇らせ，それを展開するために必要な「行為としての記憶」の「質」について検討してきた。「行為としての記憶」が他の諸行為と決定的に異なるのは，佐々木が指摘しているように，それが過去と現在の二重性によって現在の環境を探索するという点にあった。この探索の特徴をさらに詳しく検討するため，本章では不在として環境を探索する行為である回想に焦点をあわせ更なる検討をおこなった。ここで明らかになったのが，回想という行為が不可避に含み込んでいる回想者と聞き手のディスコミュニケーションの存在であった。回想者が探索する不在は原理的に不可視であるため，回想の聞き手は常に回想者の探索を「後追い」し翻弄される。回想という共同作業は常に不安定な揺らぎを内包しているのである。

 さらに本章では映画「ショアー」を手がかりにして，このような揺らぎがどのようにして過去の出来事のリアリティに結びつくのかということと，こうした揺らぎを隠蔽する過去表象の共同構築というもう一つの共同作業の特徴について若干の検討を行った。しかし，回想のディスコミュニケーションがもたらす揺らぎの具体的な特徴については，それが「当て推量」「後追い」「対象捉え損ね」という側面をもつものであることを指摘したのみで，十分に検討することはできなかった。今後の課題である。

Gibson, J. J. (1979). *The ecological approach to visual perception.* Boston: Houghton Mifflin.（ギブソン，J. J., 古崎敬ほか（訳）(1986) 生態学的視覚論——ヒトの知覚世界を探る　サイエンス社）

浜田寿美男（2006）．自白が無実を証明する——袴田事件，その自白の心理学的供述分析　北大路書房．

Home Office & The Department of Health (1992). *Memorandum of good practice: On video-recorded interviews with child witness for criminal proceedings.* London: HMSO.（仲真紀子・田中周子（訳）(2007) 子どもの司法面接——ビデオ録画面接のためのガイドライン　誠信書房　pp. 101-142.）

ランズマン, C.（1995）．ショアー　作品社．

Leiter, K. (1980). *A primer on ethnomethodology.* New York: Oxford University Press.

（ライター，K., 高山真知子（訳）(1987) エスノメソドロジーとは何か　新曜社）

Middleton, D. & Brown, S. D. (2005). *The social psychology of experience*. London: Sage.

Middleton, D. & Edwards, D. (Eds.) (1990). *Collective remembering*. London: Sage.

Neisser, U. (Ed.) (1982). *Memory observed: Remembering in natural context*. San Francisco: Freeman.（富田達彦（訳）観察された記憶――自然文脈での想起〈上〉〈下〉誠信書房）

大橋靖史・森直久・高木光太郎・松島恵介（2002）．心理学者，裁判と出会う――供述心理学のフィールド　北大路書房．

Reed, E. S. (1994). Perception is to self as memory is to selves. In U. Neisser & R. Fivush (Eds.), *The remembering self: Construction and accuracy in the self-narrative*. Cambridge: Cambridge University Press, pp. 278-292.

佐々木正人（1991）．「現在」という記憶の時間　無藤隆（編）ことばが誕生するとき――言語・情動・関係　新曜社，pp. 93-128.

佐々木正人（1996）．想起の「自然」についての覚書　佐々木正人（編）想起のフィールド――現在のなかの過去　新曜社，pp. 31-67.

Wertsch, J. V. (2002). *Voices of collective remembering*. New York: Cambridge University Press.

第III部 ディスコミュニケーションを語り合う

「障碍」という形であからさまにズレが与えられたとき，
ともすれば健常者への一方的な同化が求められ，
そのようにしてお互いのズレが権力的に処理され続ける。

視覚障碍という個性を生き，
人々と多様なコミュニケーションを積み重ねてきた河野と，
晴眼という個性を生きてきたその他の著者たちが
改めてそこに潜在しまた顕在するズレを
ことさらに，あからさまに語り合う場を作る。

そのような語り合いの場は
お互いの異質な個性というズレを抱え込みつつ，
固定化された権力的関係に揺らぎをもたらし，
そこに新たな意味を生成し，お互いを更新し続ける
コミュニケーションの場となりうるだろうか。
ここではその小さな生成の試みを行ってみたい。

第 7 章

見える文化と見えない文化
――「規範化」から見た考察

河野泰弘

はじめに

　2006 年よりディスコミュニケーション研究会に参加しています。視覚障碍当事者として，私が経験するディスコミュニケーションの実例を提供し，議論を深めています。
　「日常生活において人と会話をするなかで，コミュニケーションのズレを意識することはない。しかしそのズレは厳然と存在している。」
　初めてこのディスコミュニケーションの定義を聞いたとき私は
　　（視覚障碍をもつ私と目の見える人との間には意識されないズレがあるはずだ。それはどんなことだろう。）
　と考えたことを思い出します。

　私は先天性全盲です。目でものを見た体験はありません。しかし目の見える方たちと同じように生活していると思っています。
　日常生活のなかで私はよくジェスチャーを使います。肯定の気持ちを表すときはうなずくし，否定の気持ちを伝えるときは首を振ります。人と別れるときには手を振ります。それを見た周囲の友人，知人は私に対して違和感をもつ様子はありません。
　また，「はずかしいときは顔が赤くなる」「冬は吐く息が白くなる」という表現を自然に用いています。それで私と周囲の人と問題なく会話しているように思えます。
　私と目の見える人との間で意識されないずれというのはあるのでしょうか。それとも，視覚障碍者と晴眼者（視覚障碍のない者の意。以下同じ）の間でディスコミュニケーションは生じないのでしょうか。

実例を発表するため，私の体験をもとに題材を集め始めました。大きなテーマとして，晴眼者との間の認識のズレについて考察することにしました。
　(1)　私のジェスチャーは本当に通じているのか
　(2)　私と晴眼者とで色の認識にズレはあるのか
　(3)　イメージに差はあるのか
この3つでした。
　あるとき発表用資料を作成しながら気づきました。私と晴眼者との間に認識の違いがあったことを。それは，今まで私が気づかなかった大きなずれでした。
　以下1節と2節で，私が経験したディスコミュニケーションを列挙します。そして3節ではそれについて考察します。

1.　ジェスチャー理解のズレ

　私が感じたジェスチャー認識のズレを，体験をもとにいくつか例示します。

車を通そうと手を振ったら……
　後ろから1台の車がゆっくり走ってきます。白杖(はくじょう)をつきながら道端を歩いていた私は，いったん立ち止まりました。道幅が狭かったので車を先に通そうと考えたのです。
　まず私が視覚障碍者であることをドライバーさんに知らせるため杖を立てました。それから，手のひらを横に向け，小さく手を振ってみました。
　以前に「お先にどうぞ」と手で合図するとき目の見える方は片手を振る，と聞いたことがあったのを思い出しました。そこで同じようにすればドライバーさんに通じるだろうと思ったのです。
　（どうぞ，お先にお通りください。）
　という気持ちで。
　後ろから徐行してきたその車は私の真横までくると，静かに停車しました。そしてずっと動かずにいます。私は心の中で「あれ？」とつぶやきました。私の合図が見えなかったのかな，と考えたのです。
　そこでもう1度試してみることにしました。体の向きを替え，車の窓のほうに顔を向けます。今度は「どうぞ」と声に出しながら大きくゆっくりと手を左

右に振ってみたのです。今の位置から見て車の進行方向が右なので，右への振りを強くして。そうすれば，「行ってください」という意思を明確に示すことができるだろうと考えて。

ところが，まだ車は動きません。私は途方にくれてしまいました。しかたなくそのままの姿勢でしばらく立ちすくんでいました。ひどく気まずい思いをしながら。

突然車のエンジン音が高まり，サーッと走り去りました。私は少し驚きました。なぜいきなり走り出したのかわけが判らなかったのです。

気をとりなおして，進行方向に向き直ってふたたび歩き出しました。そして今何が起きたのかを考えてみました。

ドライバーさんは「どうぞ」という私のジェスチャーを見て車を発進させたのではありません。どうしてよいか判らず立っていたら急に走り出したことから，そう結論付けました。

（行き先を訊こうと思って呼び止めたのかな？　どうしてじっとしているんだろう，おかしいな。……行ってしまおう。）

立ったまま動かない私を見て，おそらくドライバーさんはそのように判断したのでしょう。

よく考えてみると，しばらく車が停まっていた理由が判るような気がします。車が近づくのを察知したとき目の見えない人がどう動くのか予測がつかなかったのでしょう。そのため，運転席から窓を開けて声をかけてよいか判らずに戸惑っていたのでしょう。そのとき，視覚障碍者である私自身もどのように合図したらよいのか判らず，同じように戸惑っていました。つまりドライバーさんも私も途方に暮れていたのですね。

このようなできごととは別に，こんな経験もしました。

歩道と車道の区別のない狭い道路を歩いていると，突然クラクションを鳴らしながら通り過ぎていく車に出会います。短くビッと鳴らすのです。真横で聞こえるので，私に対してなにか合図をしたのだと判ります。

その音を聞くとたいてい「危ないからもっと道の端によりなさい」という意味に解釈します。それで，道端ぎりぎりまで移動して車の通過を待ちます。

音響信号機のある交差点に立っているときに鳴らされたこともありました。

第7章　見える文化と見えない文化 / 163

音響信号機が鳴り出したので青になったと判断。渡りはじめようとしたとき。私が横断する道路と並行して走っている車がいきなりビッ。横断している道のほうへ曲がってくるのかと思って，急いで渡り終えます。でもその車はそのまま直進して走り去りました。

　やっと私はこのクラクションの意味を理解しました。

　（そうか，今のはOKの合図，「青信号だから渡ってよいですよ」と教えてくださったんだ。）

　これらの体験を通して，私はつくづくこう思いました。

　（交通ルールがある程度統一されていると危険が少なくなるかもしれない。ジェスチャーをするときもクラクションを鳴らすときも，なにかの決まりがあるとよいなあ。）

　手で合図をするときもクラクションを鳴らすときも共通した決まり事があったらよいと考えたのです。たとえば，歩行者が車を通過させたいときはかならず道端に寄って立ち止まる。危険を意味するクラクションは1回のみ，「どうぞお通りください」の意味では鳴らさないなど。

　もちろん，ドライバーや歩行者によって合図の仕方はまちまちでしょう。上記は私が考えた1つの例にすぎません。交通ルールを定式化することは難しいでしょう。さまざまな場面でその時々に歩行者もドライバーも気をつけていくより他にはないのかもしれません。

　これは晴眼者と視覚障碍者の間に限ったことではありません。社会全体に共通に受け入れられるようなルールがあると安全だと考えます。

バスを乗り間違えそうになり頭を下げたら……

　1人でバスを待っていたときのこと。小さなバス停で，周囲には誰もいません。

　1台のバスがやってきます。私の目の前で停まりました。シューッと音がしてドアが開きます。ドア近くに取り付けられたスピーカーから

　「はい，○○行きです。」

　の声。私の乗る方面には向かわないようです。乗らない意思を示そうと，アナウンスが聞こえた瞬間頭を下げました。

　（バスを間違えました，ごめんなさい。このバスには乗りません。）

ドアが開いたまま，バスは発車しようとしません。乗っている運転手さんもお客さんも声をかけてくれません。ディーゼルエンジンのガラガラという音だけがあたりに響いています。
　10秒ほどして，シューッとドアが閉まりました。バスはゆっくり動き出し，私の前を通り過ぎてから急にスピードを速めて走り去りました。
　次にくるバスを待ちながら，今のできごとの意味を考えました。私が頭を下げたのはバスを間違えたことを知らせるためです。そうすれば私を乗せずに発車してくれる。そう思ってのことです。
　でもそれが伝わっていなかったようです。おそらく運転手さんは私が乗り込むのを待っていたのかもしれないと気づきました。
　では，私はどのようなジェスチャーをすればよかったのでしょうか。「このバスには乗りません」という意思をそのまま伝えるには何がよいか……。考えているうちに，
　（このしぐさなら伝わるかもしれない。）
　1つのジェスチャーを思いつきました。それは数歩後退すること。「乗りません」とはっきり伝えるにはバスから離れればよい，と考えついたのです。
　数ヵ月後，同じような状況になりました。「〇〇行きです」の声が聞こえたとき，すかさず3歩後退しました。するとバスはすぐにドアを閉めて走っていきました。今回はちゃんと意思が伝わったようです。
　以来，停留所に行き先と違うバスがきたときには数歩退くことにしています。

話を聞きながら口をギュッと結んでいたら……
　一対一で会話をするとき私は相手の声のするほうへじっと顔を向けます。もしかしたら癖なのかもしれません。
　知人とのこんな体験を思い出します。室内で2人で会話していたときのこと。その方はなにか熱心に話ていました。私はじっと聞き入りながらときどきうなずいていました。
　しばらくして，突然相手が話を打ち切りました。そして
　「ん？　どうしたの？」
と唐突に尋ねたのです。私のほうが驚いてきょとんとしてしまいました。首を傾げて黙っていると，気を取り直したのか話しを続けました。

一段落したところで，私は知人に尋ねてみました。なぜ急に「どうしたの？」と言ったのかと。すると，こんなこたえが返ってきました。私の表情に違和感を感じたというのです。
「こちらをじっと見ながら口をギュッと結んでいたんだよ。」
　ときどきそんな表情で話を聞き続けていたとか。自分ではまったく意識していなかったのですが……。
「僕の話が長いから，それに飽きてイライラしたんだと思ったよ。」
「そんなつもりではなかったんです，ごめんなさい。一生懸命お聞きしていたんです。今までのお話が長いとか不愉快などと思っていたわけではないんです。真剣になるとこんな表情になるんです。」
　誤解を与えてしまったと感じた私は，慌ててそう説明しました。すると判ってくださったようです。

なぜジェスチャー認識がズレるのか
　上記の例は私が数年前に経験したことです。当時，目の見える方が使うジェスチャーに関心をもっていました。それは友人とのこんな会話がきっかけでした。
「道を譲るとき，歩行者も手で合図をしたほうがいいんだよ。」
「へえ，そうなんだ。」
「うん。手を振ると，ドライバーに気づいてもらえる。」
　自動車免許をとったその友人は，車や歩行者のマナーを私に説明しているところでした。
「じゃあ，こう振ると伝わるの？」
　私は右手を顔の前で左右に振ってみました。手のひらを私から見て正面に向けて。
「今のだと『さようなら』になっちゃう。手を縦にして……。こうやって……。」
　友人は私の手をとり，手のひらを左に向けます。
「それでさっきみたいに手を振ると，『どうぞ』になるんだよ。」
　ここでカルチャーショックを体験するとは思ってもいませんでした。手の振り方に2種類あることを，このとき初めて知ったのです。

それまで手を振るとは私にとって「さようなら」の動作をすることでした。他の振り方があったとは！
　「もしかして,『待って！』と人の動きを止めるときも手を縦にして振るの？」
　「うん,そうだね。」
　手のひらを横に向けて振るジェスチャーを憶えた私は,それを必要場面で使ってみることにしました。そして失敗したのが,冒頭に挙げた,ドライバーさんに道を譲ろうとして伝わらなかったエピソードだったのです。
　そもそもジェスチャーはどのようにして身につけたのでしょう。今思い返すと,家族や友人との会話から学びました。また本から得た知識もあります。
　「じっと目を見つめて話しに聞き入っていた」
　「口をかたく結び,その顔には真剣さが表れていた」
　このような表現は小説を読むとたくさん出てきますね。
　でも,身につけたつもりがそうではなかったんですね。真剣な表情をしている,それを「ムッとしている」と受け取られたのは上記のとおりです。
　なぜ私のジェスチャーが伝わらなかったのか納得できます。人から言葉で伝えられるしぐさ,本から文字で伝えられる動作は私の想像力で解釈したものです。つまり,目の見える人たちが実際使っている「生きた」ジェスチャーとはどこか異なっていたのですね。
　20代のはじめに手の振り方が数種類あることを初めて知りました。その理由も簡単です。それまでジェスチャーについて人に尋ねたことはほとんどなかったからです。
　「動きを止めるときの手の振り方は『さようなら』と同じなの？」
　などと質問することはなかったのです。
　「人の目をじっと見るってどうすることなの？」
　「真剣な表情はどんな顔かたち？」
　などと訊くこともなかったのです。友人,知人に頼んでムッとした表情や真剣な顔を作ってもらい触ることもしませんでした。
　そんなわけで,私の使ったジェスチャーはなかなか理解してもらえなかったんですね。そして……。冒頭の失敗でこりたのか,以来こうしたジェスチャーは使っていません。うなずいたり首を振ったり,「さようなら」と手を振る動

作はしますが。

　目の見える方も似たような体験をおもちではないでしょうか。

2. 色のディスコミュニケーション――色のいろはで解消？

　もうだいぶ前になります。あるとき，知人と何気なく話をしていました。
「今日は天気がいいねえ。」
「うん。雲ひとつない綺麗な青空だなあ。」
「ところであお色にもいろいろあるんだよね。空の青さはなんとなく判るけれど，他のあおにはどんなものがあるの？」
「蒼白い顔って判る？」
「具合の悪いときの顔？」
「そうそう。黄色に近くなるんだよ。」
「ふうん。顔色が悪くなると，バナナみたいな色になるの？」
「うーん，やっぱり蒼と白が混ざった色といえばいいかなあ。」
「青は空の色で，白は雪の色だよね。それが合わさったんだから……。」
「蒼は空の色とは少し違うんだよ。」
「え？　混乱してきた……。」
「そういえば，色のイメージってどんなもの？　黒や赤をどうして知っているの？」
　あお色の違いの説明をいったん中断して，知人が私に尋ねました。
「人に教えてもらったり，そこから自分なりに想像したり。」
　そう答えてから，私は色との関わりについて話し始めました。
　私は生まれてから今まで色を見た経験がありません。そのため色に大きな関心をもっています。これまでさまざまな方に色に関する質問をしたものです。

　黒……光のない，真っ暗な闇。
　（「黒は暗い」というイメージのため。光のないところは暗くて黒い，という知識をもっているためです。しかし，私にとって黒はむしろ格好よい色です。男性は正装するとき黒色のスーツや背広を身につけることが多いとか。黒い服を着ると格好よく見えると幼少期から聞いていたので，そのように認識してい

るのでしょう。そのため黒い靴や背広，黒塗りの車も格好よいと思っています。）

　白……一面の光。

　（雪を見ると，足元の周り一面が一様に光っているのが判ります。それが白い色と私は認識しています。降ったばかりの雪はとても綺麗とのこと。「純白」という言葉から洗いたての洋服，ホワイトクリスマスを想像します。

　「頭が真っ白」は，頭の中が太陽の光で満たされて，まぶしく光っている様子が思い浮かびます。光覚があるので，晴れた日に真っ白い太陽を見ているからかもしれません。）

　金，銀……一点だけまぶしい色。

　（鏡や金紙，銀紙を太陽や電灯の光にかざすと，手にもっている鏡や紙自身が光を発しているように感じます。金銀の違いはよく判りません。

　「銀世界」は綺麗な言葉だと感じます。雪が降り積もっている様子。雪に覆われた夜の野原，軟らかい色という認識です。）

　赤……リンゴ。

　（赤い花や，郷愁を誘う夕暮れは浮かびません。）

　青……青空と海を想像します。

　（「顔面蒼白」と聞いても，空の青とどう違うのか判りません。）

　上記は1つの色名を聞いたときに浮かぶイメージの例です。このように幼いときから色を身近なものと結びつけて覚えてきました。黒は暗く，白はまぶしい雪の色。赤はリンゴの色で，青は空と海の色。バナナは黄色，ミカンは橙色，焚き火やタバコの灰は灰色。家族や友人から言葉を通して教わってきました。

　日常生活の中で私は色を自然に受け入れてきました。直接見た経験はないけれど，得た知識を駆使して生活しています。

　小学校時代，家で画用紙にいたずら描きをしたことがあります。クレヨンを手にとります。色を尋ねると灰色とのこと。それで画用紙の上のほうに波線を描きました。雲の絵のつもり。その下に雨を描いたように記憶しています。

　数年前，デパートで買い物をしたときのこと。洋服売り場の店員さんがこうおっしゃいました。

　「このジャケットは緑の縞模様が入っていて，春にぴったりですよ。」

（緑は木や草の色。なるほど，草木が芽吹く春に合っているかもしれない。これを１着買おうかな。）

　店員さんの説明を聞きながら自然に緑色を意識していました。

　しかし困難なこともあります。誰かが私に色を伝えようとするとき，その人はとても苦心します。私も関心を示しながら一生懸命聞いています。でも，どうもピンときません。色について会話するとき，上記のようにこんな風にお互いの認識がずれてしまうことがよくあります。似たような色合いの話になるときは特にそうです。

　20歳前後になって，それまで認識していた色について違和感を感じ始めました。声の情報で伝えられる色をそのまま受け入れられなくなったのです。そして初めて気づきました。色に関して，私と周囲の晴眼者とで感覚にズレのあることを。「あお色」に関する会話がきっかけだったと思います。

　さて，知人との会話はこんな風に続きました。

「あお色って，もしかして１つだけじゃないんだ。青空のあおだけだと思っていたけど……。」

「蒼白，というときの蒼は青空の青よりも暗い感じなんだよ。青空のあおと蒼白のあおは違う字を使うんだよ。紅色と朱色知ってる？」

「名前だけはね。」

「両方とも赤系統の色で，微妙に色合いが違うんだよ。」

　またまたショックを受けた私。蒼白，朱色など色名は知っていました。しかし，色に系統があって細かく別れていることまでは知りませんでした。「あお色」について話がかみ合わなかったのも無理はありません。私は色というものを極単純で浅く理解していたようです。そう考えて，だんだん不安になってきました。

「ひとつ訊いていいかなあ。赤色と青空の青色を混ぜると紫色になるんだよねえ。」

　勘違いや勝手な解釈をしていたのではないかと思い，そう質問してみました。

「うん。それは合ってるよ。」

「ああよかった。色の世界は本当に深いんだねえ。」

　ここで色に関する会話は終わったように思います。頭がかなり混乱していた

のを今でもよく覚えています。そして，こう考えました。

（色について一から訊き直そう……。）

でもそんなに深刻に考えなくてもよかったことが，後になって判りました。数ヶ月を経て，同じ知人と色の話題になりました。そのとき私は，色認識の違いについてじっくり話し合うことができたのです。

私と周囲の人との認識の差。「色談義」をするうちに，その原因がだんだん判ってきました。次の３つにまとめられます。

（1）色には濃淡があること——青空の青にも明るい，暗いの別がある（濃淡）。

（2）色にはさまざまな系統があること——たとえば赤系統には紅色と朱色，青系統には紺色がある。

（3）単色も違って見えること——同じ緑でも，草木の緑と洋服に使われる緑とはまったく違って見える。

晴眼者が日常的に目にしている色は，（1）から（3）が複雑に関連しているそうです。デザイン技術が発達した現代では，ビルや洋服の色は多種多様なのかもしれません。たとえば緑色のジャケットが２枚並んでいるとします。たとえ似たようなデザインのものでも，それぞれのジャケットの色合いに微妙な差異があるのでしょう。「これが緑」とはっきりいえるのは，クレヨンや絵の具で使われる緑ぐらい……。

「そうか，色は無限なんだ。やっぱり色ってよく判らないけど，なんだか楽しいんだね。」

私にとっての「色のいろは」。それを教えてくれたその知人にお礼を言ったあと，私はそんな感想を口にしていました。

「色のいろは」を聞いてから大きく変わったことがあります。冒頭で紹介したような会話を交わすことがなくなったのです。色について尋ねるとき，先の（1）から（3）を意識するようになったからかもしれません。

今では私の色に対する感覚は非常に曖昧です。個々の色名を聞くと，それを代表する１つの事物がイメージされます。でも「リンゴは赤のすべて」「土の色は茶色のすべて」ではなくなりつつあります。茶色の代表は土色だと理解しています。でも土とチョコレートでは色合いが違うことを，今では知ってい

す。
　「この服の茶色はどんな色合いなの？」
　「この絵の赤は朱色に近い？　それとも紅色に近い？」
など。そう尋ねると，隣にいる目の見える方が濃淡や明るさを言葉にして伝えてくれます。おかげで，私の色に対するイメージは，より定まりのないものになりつつあります。そして，より豊かなものに変わりつつあるのです。
　目の見える方の色の世界は私には理解できないでしょう。見える文化と見えない文化の差があるから。でも，ともに色を感じ楽しんでいきたいです。

3．事物と概念がつながる瞬間

　人間は物心ついたときから社会のさまざまな規範を身につけていきます。言葉，立ち居振る舞い，習慣など。自分自身で納得し理解しながら習得していくものです。
　前2節に記したとおり，これまでジェスチャーや色について私なりに学んできました。生まれてから今日まで1度もしぐさや色を見たことはありません。それなのに，どうやってそれらを認識しているのでしょうか。ここでは，私のイメージを手がかりに考察してみます。

　私のイメージする車は多様です。
　1度目……車内にいて運転席に座っています。両手でハンドルを握っています。
　2度目……助手席に座り，フロントガラスから入る日光を浴びています。
　3度目……(1) 車外に立っています。ナンバープレートに触れています。(2) 片手をドアに，もう一方の手をタイヤにかけています。(3) ドアノブを握ってドアを少し開け，乗り込もうとしています。
　これらはそれぞれ別々の日に車を想像し言葉にしたものです。3度目は3つのイメージが順に浮かんできました。
　このように思い浮かぶイメージはいつも同じではありません。「車」と聞くたびに変化するのです。それぞれのイメージには共通点があります。どの車も動いていないのです。ちなみに，ナンバープレートには適当なひらがなと数字

が刻まれています。
「目の見える人は車をどうイメージするんですか？」
以前，数人の知人（晴眼者）に訊いてみました。
「車がサッと走り去るところが浮かぶよ。」
「車全体をイメージしますねえ。」
だいたいこのような答えが返ってきました。
　知人たちは目で見た車をイメージしている。私は触覚で捉えた車を思い浮かべる（運転席に座ったりバンパーに触れた体験があるため）。知人たちは事物をどう思い浮かべているのか。今まで疑問に思わなかったし，それについて語り合ったことはありません。私と知人とでイメージにこれほど違いがあったのか。大変驚きました。

　車以外で身近にあるものを私はどのようにイメージしているのでしょう。
　たとえばピアノ。かならず鍵盤のふたが開いています。ペダルも，裏面（正面から見て真裏）も頭に浮かんできます。つまりピアノの表面，手で触れられる部分すべてがイメージされるのです（だから内部にあるピアノの弦は浮かびません）。そしてピアノ用椅子も置いてあります。主にアップライトピアノですが，グランドピアノが浮かぶこともあります。イメージをするたびに，ピアノの表面を上から下，左から右，真裏まで手を入れて，順になぞっている感じです。
　目の見える人はピアノの輪郭と鍵盤が見えることが多いとか。ピアノを弾いた経験のある人とない人で違いはあるかもしれませんが。

　空は私にとって光の広がりとしてイメージされます。陽光を含め光を感じることができるからです。戸外で顔を上に向けます。晴れているときは明るく，曇っているときは薄暗い。目で見たことはないから，イメージの中に雲は浮かびません。入道雲や彩雲など，いろいろな雲があることは知っているけれど。
　晴眼者に空はどう映るのでしょうか。晴天の空は青一色。雲が出てくると白い綿が浮かんでいるように見える。雲が完全に空を覆うと灰色一色になる。

　ところで私のイメージは２種類に分かれるようです。１つは聴覚，触覚をは

じめ感覚器官で取り入れたイメージ。もう1つは，感覚では捉えられないため言葉を通して得たもの。ここでは便宜上「固定型イメージ」と「流動的イメージ」に大別します。

　前者に分類されるのは車やピアノなど事物，ジェスチャー（手の動き）。また後者には色や雲，星座や宇宙が含まれます。

　「固定型イメージ」は強烈で，1度固まると修正は困難です。ジェスチャーを覚えるとその動作をはっきりイメージできます。すると「これが正しい」と思い込む。そのため，1度身につけた動きはなかなか変えられません。晴眼者は場面によって手の振り方や表情を変えているのでしょう。しかし私はその使い分けが難しいのです。そのため第1節で記したように，「どうぞ」というしぐさがドライバーさんに伝わらなかったのです。

　一方色に代表される「流動的イメージ」は曖昧です。第2節で述べたように，幼少時1つの色を1つの事物に関連付けていました。たとえば「赤はリンゴ」というように。私はそれを視覚で捉えられません。機械的に暗記している感じでした。そのためでしょうか。色彩のもつ濃淡の区別，系統の違い，そして淡色の色合いの差異は私が思っているより複雑で微妙で曖昧なものです。成人してからそのことを知人に教わったとき，私は色の世界の深さを自然に理解できたのでした。

おわりに

　生まれたときから全盲の視覚障碍者として生きてきました。

　私の住む世界と晴眼者の住む世界は違うのではないか。幼少期からずっと違和感をもち続けてきたように思います。晴眼者と何気なく話していると，ふっと「見える人とは違うな」と感じます。

　でも，「どうしてこれほど違うのか納得できない」という気持ちにはなりません。なぜ違いがあるのか知りたくなり，会話している相手に尋ねてみます。そして積極的に「目に見える世界」について関心をもち続けてきました。

　人によって世界をどのように認識しどう捉えているか，それは千差万別です。「緑」という色に対して人それぞれまったく違う印象をもっていることからも判るでしょう。

まったく異なる認識をもつ人が出会い会話を交わす。そのなかで，普段は気づかないズレが現れるのは当然のことです。このズレ，ディスコミュニケーションが意見の衝突や文化間対立を生むこともあるでしょう。私も友人と会話していて意見の相異を感じた経験，外国の方との意思疎通に苦労した体験をもっています。
　そのようなとき，私はこのように考えます。
　(今目の前にいる相手はこの話題をどう捉えているのだろう。)と考えます。考えても判らなければ直接相手に尋ねます。
　私と目の見える人とのズレ……。ジェスチャーの仕方，色の見え方，イメージの世界の違い……。見える世界と見えない世界の差異……。「ああ，私とは違うな」と感じ戸惑ったとき，そのつど質問しました。「僕はこう見えている」「私はこんな感じで捉えている」。答えは一人ひとり違います。私の目では捉えられないけれど「見える世界」がぼんやり見えてくる——。ときどきそんな気がするのです。
　そういう体験があるから，ディスコミュニケーション場面に遭遇したとき私は違和感を感じて拒絶する気持ちが少ないのかもしれません。相手の生きる世界に興味をもつことで私の住む世界を豊かに広げることができる。そう考えるからです。もちろん，ときには捉え方のギャップに驚くこともありますが。
　最近よく考えることがあります。「見える世界」を取り入れようとしている私は，それに同化しようとしているのではないか……。自分では捉えがたい世界，文化を無理に吸収しようとしているのではないか……。
　たとえば私にとってはテレビは聞くものです。でも日常的に「テレビを観る」と言います。小さいころから「みる」という表現に慣れているせいもあるでしょうが。
　視覚情報が圧倒的に多い世の中に生きていると，「周りが使う表現だから取り入れて使わざるを得ないのだろうか」などと思い悩んだこともありました。
　しかし熟考してみると，晴眼者に「見えない世界」の話をするとき，実は相手も私と同じように感じていたのです。「なるほどねえ，そういう捉え方もあるんだね」「今まで考えてみたこともなかった」と納得したり驚いたり。お互いに似たような「ずれ」を感じているであろうことに気づきました。
　「見える世界と見えない世界のどちらかが優位で，もう一方がそれを『仕方

なく』取り入れ同化する……」。そうではなく,「異なる世界同士の対等な交流」が大切なのだと思い至ったのです。そして,互いにずれを意識しながらもそこから得られる発見や気づきが意味をもつ。その奥深さ,すばらしさをより理解できるようになってきました。なぜなら「ずれ」は対立を生むだけでなく,それぞれの世界に新たな視点を与えるきっかけにもなりうると考えるからです。

　最後に,今回ディスコミュニケーション研究会に参加させていただけたことに感謝しています。議論を深めながらあらためてこう感じました。
　「人間一人ひとりはそれぞれ違って当たり前。でも,違っているから楽しい。」
　無限の色を楽しむように,毎日人とのコミュニケーションを楽しんでいます。そして同時に,目の前で話している方と私との「世界の交流」を味わっているのです。
　それでもまだ「見える世界」になじんでいません。1ヶ月前にここに着いたばかりで,文化の差に戸惑いを感じる異星人のよう。生まれたときから20年以上この世界で暮らしているのですが……。

参考文献
河野泰弘（2007），視界良好——先天性全盲の私が生活している世界　北大路書房

第8章

座談会　ズレながら共にあること

高木光太郎・山本登志哉・河野泰弘・呉宣児・奥田雄一郎・
川野健治・松嶋秀明（発言順）

1. フロントガラスを通した光を「見る」

　高木　座談会ということなんですけれども，みんなで，改めて河野さんの原稿読まれて気付かれたことだとかポイントだとか思い浮かべながら，フリーに話をしましょう。山本さんいかがですか？

　山本　僕がこの企画の始まる前にすごく面白かったのが，河野さんとのメールのやり取りで「見る」っていう言葉をホントに自然に使われる。それを何の違和感もなく僕も読めてしまうことでした。で，読んだ後でふと考えてみると，「あれ？河野さんって目が見えない人だよな」って不思議に思う。潜在的には絶対ズレがあるはずなのに，コミュニケーションとしてはすごくスムーズに成り立っちゃってる。これ一体何なんだろうなって興味を持ったんですね。ディスコミュニケーションの問題として。今回改めて書いた物を読ませていただいて，そういう目で見るとやっぱり「これ何だろ？」っていう表現があって。例えば車のイメージ。触って色々と確かめてみられたそのイメージが3つほど並んで書かれていましたよね。

　河野　はい。

　山本　その中に「フロントガラスから入る日光を浴びています」っていう表現があったんです。それで，日光ってまずどんな風に感じ取られるのかなということと，それがそのフロントガラスから入るっていうのは，どうしてそう思われたのかなと思ったんです。

　河野　はい。私は光はちゃんと感じることは出来るので，明るい暗いはわかるんですね。で，それは助手席に座ってるところだと思うんですが，感覚としては真正面からの，眩しい日光の光を受けているところです。真正面から日の光がさんさんと車の中に入ってるイメージですから，そういう風に書かせていただいたんですが。

　山本　そっか。光の方向はわかる。

　河野　はい。光は，方向は，ちゃんとわかるんです。強さもわかるんです。

　山本　で，その場合フロントガラスから光が入るって，どういう意味なんですか？

河野　なんていうんでしょう，例えば助手席でしたら左にドアがあって，窓がありますよね。その窓からは入ってないからですよね。ホントに正面から受けてるので。正面はあの，フロントガラスで広いですよね。ですからそこから眩しい日の光を受けてるということで，そのような表現を使いました。

　山本　それはフロントガラス自体から光が来るっていう，そんなようなことですか？

　河野　もちろん光は太陽から来てますけど，感覚としてはホントにガラスを通してなんですよね。

　山本　ガラスを通した光かそうじゃない光かっていう，その区別みたいなのはあるんですか？　感覚として。

　河野　そうですね，例えば車から降りて，上を，空を向いて見た日光と違うんですね。フロントガラスを通してみた日光の方が若干弱いと思います。

　山本　それって，そのときに比較してわかるのか，それとも全然比較なしで，ガラスを通った光かっていうのはわかるの？

　河野　はい，やはり違うので，もうその，見た瞬間にわかりますね。それは光の強さですね。

　山本　例えば，今感じられている光っていうのは？　どう思うんですか？

　河野　やっぱり外よりは暗いので，もちろん部屋の中ってわかりますね。

　山本　で，これはガラスを通した光ではないという感じがするわけですね？

　河野　そうですね。うーん，何と言えばいいでしょう。やはり外で感じる光とは違うので，もし日光が窓から入ってきても，外に居るときに感じる光ではないっていうのがわかります。

　山本　そのガラスを通した光ってどんなイメージなんでしょう？　まず1つは強さが違うみたいなことで感じる。

　河野　そうですね，はい。感覚，もっと感覚的にお伝えするとしたら，暑い夏の真っ昼間に感じたとしたら，外に居るときに感じる光は，もう痛いんですよ。目に痛いと言いますよね？

　山本　ああ。

　河野　もし車の中に入ってだと，やっぱりその，柔らかい感じなんですよね。

　山本　何かその，僕が「ガラスを通した光」っていう言葉を理解するときに，1つ前提としてガラスは透明で，透明な物は光を通すっていう，そういう理解があるんですけど，その辺の感覚っていうのは，あります？

　河野　もちろんありますね。

　山本　ほおー。

河野　ガラスは透明というのはもちろん知ってます。それは小さい頃実際に，例えば太陽の光とか蛍光灯の光に，薄いガラスのお皿をかざしたことがありまして，そのときに「ああ，暗いな」って感じたんです。ガラスは透明ですから，光は通すのはその通りなんですが，何も通さずに見たときの光よりは暗いんですよね。
　山本　そっか。光と自分の間にそのガラスを置いたときに，目に感じる光の状態が変わったわけですね。
　河野　そうなんです。はい。
　山本　ああ，なるほどなるほど。このときもその光というのは，何かそういう風に間に物が挟まった状態。
　河野　はい，入っているなあという感じでした。はい。

2. 携帯の待ち受け画面を「見る」ことと「共有」

　呉　座談の前に松嶋さんに子どもが生まれた話をしていて，松嶋さんが携帯の写真も見せてくれたんですよね。そのときに私が見て「あーなんかしっかりしてますねー」とか話したら，河野さんがその次に「私にも見せて下さいよ」って言いましたね。その瞬間「ん？」とちょっと思っちゃったんです。で，松嶋さんが一応見せようとはしたりするけれども，そのときは私「あ，これどうしよう？」って一瞬，すごく戸惑いました。違和感なんですね。画面に触っても面しかないし，見えないんですよね。一瞬「どうしよう？」ってちょっと思ってたけど，「これ携帯だからねー」とか「今寝てる姿だよー」とか「目は閉じてるよー」という話をちょっとしたんですけど。
　河野　教えて下さいましたね。はい。
　呉　「私にも見せて下さいよ」と言われた瞬間，一瞬にしてホントに「あれ？どうしよう」と。そんなところに何回出会ってもその度に違和感を感じたりしたんです。その「見える」とか「見る」って表現って，やっぱりもう一度質問したいんですけど，他の目の見えない方も使うんですか？　日常的に「見る」とか「見てみたい」とか，「行って見ました」とかっていう表現は普通に使っているんですか？
　河野　えー，私がお会いしたり接したことのある方，一般的な話ですが，かなり多いと私は思いますね。私もそうですね。本文にも書きましたけども，例えば，「昨日の夜，このテレビ見たよ」って，私，友人にそう話しますし。例えば先程の携帯電話の写真の話でも，小さいときから僕も持っていました。「僕も見せて」って言ったときはたとえそれが写真でも本でも何でも，手に取らせてもらってたんですね。で，当然見えないし触れないんですけど，見える人がするようにこう目に近

付けてましたから，そういうのは自然に身に付いたんではないかなと思うんですね。「見る」という表現についても，例えば「テレビを昨日聞いたよ」と言いませんね。自然に「見る」っていう表現を使ってますね。

　山本　見せてって言ったときに，相手の人がちょっと携帯を差し出してくれたとして，自分でその携帯を持つじゃないですか。それで一応満足なのか，それとも，さっき呉さんが言ったみたいに，「寝てる」とかそういう説明も加えて初めて「見せてもらう」ってことになるのか，どっちなんですか？

　河野　両方でしょうかね。今のそのお話だとやはり最初はもう，携帯電話を手に取らせていただいて目に近付ける。手に持ったまま目に近付けるんですよね。その後でもし，松嶋さんのお子さん，どんな顔をしてて今どんな状態っていう風に教えていただくのも，とてもありがたいですね。私から「この写真，そんなの映ってるの？」って訊くときもありますし，写真の他にも例えばそうですね，「このお皿はどんな焼き方をしてるんですか？」って，私から伺うときもあるし，周りの方から教えていただくときもあります。ですから，そのものをとにかくまず触って目に近付けることと，それから，その様子を教えていただくことと，その両方で満足するんですね。

　山本　うんうん。例えばその携帯を渡してくれた人が全く不親切な人で，渡してそのままどっか行っちゃったとするでしょ？　で，後で帰ってきて携帯を返したとすれば，誰も言葉でそれを説明しないときの経験は携帯の写真を「見た」っていう風に表現するかどうか。

　河野　もしその携帯電話を持ってる間，どなたも説明して下さらなかったとしたら，やはり少し残念ですね。ですから私は，もしそうだとしたら携帯電話を私に渡してどっかへ行った方が取りに帰って来たときに，「どんな顔してるんですか？」ってパッと訊いてしまうのが，良いと思います。

　山本　もしその人が意地悪な人で何も教えてくれなくて（笑），「携帯を持った」経験だけだとしたら，その経験を「見た」っていう風に表現します？

　河野　すると思います。たぶんその日の夕方でも，誰かにこう言うと思うんですよね。「今日，ある人の携帯電話で，たぶん写真が待ち受け画像であったんだろうけど，それを見たと思うんだけれど，ちょっとその方，何かたぶん忙しかったのかなあ？　すぐその携帯を持って，どっかまた行っちゃいましたからね。でもたぶん見たと思うんですけど，キレイな写真だったら良いんですけど」っていう風に，想像でお話しすると思います。

　山本　あーそうなんだ。見たと「思う」っていう感じなんですね。

　河野　はい，はい。

山本　へえー。だけどそれが例えば、「眠ってるんですよ」みたいな形でいくつか説明されると、「見たと思う」ではなくて「見た」っていう風にやっぱり、
　河野　なりますね。
　山本　はあー。なるほどね。何か前に電車で関西に行ったときに、琵琶湖を見たっていう話をされたでしょ？
　河野　はい。
　山本　それも確か一緒に居た人が、こんな、こっちの方に琵琶湖があってって、ちょっと説明してくれたわけですよね。だから、何となく僕が思ったのが、河野さんにとって「見た」っていう経験っていうのは、あるものにまずは注意を向けるということと、その注意を向けた物について、他の人の説明がそこに加わって、その説明がセットになって、イメージが作られる。そんなことなのかなって思ったりもしたんですけれど。
　河野　はい。私はそのように思いますね。
　呉　それは「あ、琵琶湖を見に行ったことあるんですよ」と言ったりとか、「テレビを見ましたよ」というのもやっぱり風や音声等で雰囲気がわかるので、自分なりに何か了解できる部分があるという意味では、「見た」ということとして今は了解してるんですよね？
　河野　はい。そうですね。
　呉　で、ホントに実物をその場で見ないといけない。さっきの携帯、河野さんが「見せて下さい」と言ったときには、ホントは視覚じゃないとわからないなあと思っちゃうところがあったんですよね。でも今の話を聞いてみると、それでもやっぱりさっき、説明だけではなく携帯を渡した方がよかったなあと思います。私が「あのね、赤ちゃんは今目は閉じていて寝てるよ」とかそういう説明を入れたんですけれども、そのときに相手が携帯を渡して説明をしてくれるというのは、河野さんにとっての当たり前なんですね。ある意味ね。相手がやってくれるはずの。でも、こっちは多分見えないんだろうから渡してもしょうがないなって思いながら、慌てていっぱい説明をするのは私から見る当たり前だったんですね。そこにちょっとね、揺らいでズレがあるのかなあって思って。でも今河野さんの話を聞いてて、「あっ、そうか。そっちの方（携帯を直接渡すこと）が、河野さんには親切なやり方なんだな」と思いました。やっぱり手に取って目に近付けてみることって、私最初はすごく違和感を感じるんですよね。やっぱり見えないのに、何でそんなに目に近付けるのかと思ってしまうところがあるんですよね。でも少しでも自分の感覚で探ってそれに注意を向けるということを、ずっと一生懸命にやっているのかなあと感じて。ちょっとしたズレと、あーなるほどっていう理解が、ちょっと今の場合に私にはあ

りましたね。

奥田　私もやっぱり呉さんと同じで，携帯を実際に手に取って目に近づけるっていうのがどうして必要なのかな？　っていうことを思っていたんです。今河野さんのお話を伺って，すべてその後誰かに伝えるとか，誰かに話すっていうことが予定されてるのかなって思って。その場合はやはり，実際に持ってどうしたとか，そういうことが必ず必要になってくるのかなっていう風に思ったんです。河野さんとしては，実際に手に持って目に近付けるっていうのは，どういう風に意味を持っているのか。どんな風に感じてらっしゃるんですか？

河野　それはやはり，小さいときから目が見える方と，家族や友人含めて一緒に生活してきたんですが，そのときに身につけたんでしょう。自然に。何をするにも手に持って目に近づけるということを当たり前に皆さんしてるんですよ。私は小さいときからそれを身につけてきたんだと思うんです。それは何故かというと，目が見える人と同じようなしぐさを私もすることで，やっぱり何か共有したいんだと思うんですよ。はい。

3. 見える文化と見えない文化の間に揺らぐ自分

呉　それで思ったんですけど，私がお小遣いの考え方とか，日韓でズレを感じたりするときには，具体的な体験としては私個人と相手個人なんですけども，その違和感を感じるときには単なる個人差じゃなくて，私の感覚を理解できるはずの私の背景に居る人々と，その相手の人々の背景にいるある人達との間の差なんだというのが結構あるんです。けれども，この河野さんが書いた原稿では，個人的なことはたくさん書いてありますけれども，自分と違うことを表現するときには「目が見える人」って表現して，相手側の人々はそういう複数形で書いているように見えるけど，河野さんの側の「私の体験」というその後ろが私には見えないんですよね。河野さんが感じる，「私個人」じゃなくてこのような体験を共有する「我々」と言うか，「我々」じゃなくても同じ体験を共有し得る背後の人々は河野さんの原稿ではあまり感じられなかったです。で，それは元々あるのに原稿に書かなかっただけのものなのか，（河野さんが）最初から普通の学校に行って，盲学校に行ってるわけじゃないので，目の見えない方との生活の共有があんまりないからなのか聞きたかったです。そうしたら，目の見えない人達が共有出来ることと，河野さんの関係は何だろうということが。そこがあの原稿ではわからなくて，私，一番聞きたかったところなんですよね。

河野　はい。

呉　特に異星人という風に表現してるので，やっぱり目の見えない人同士での共有っていうのはあまりないということなのか，でもやっぱり見える人達との対比で，そんな表現をしてるのか。そこがね，一番，これ読んで知りたいなと。

　河野　今回は私はその背景については書くのは難しいなと思いつつ書いていたんですね。確かに今呉さんが仰ったこともあるんですが，やはりその目が見える方との接点と，目が見えない方との接点と比べたら，見える方との接点の方が私の場合は多いのかなと思ったんですね。その目が見える方達の中に私一人いるという感覚でいたこともある。そういう感覚になったことも事実なんですね。で，そこで見える方達の文化に同化しようとしていたんじゃないかなという風に思ったこともあったんですが，でもそれは違うなって思って。それは本文の一番最後にも書いたことなんですが，感覚としてはホントに，視覚障碍者の中の私という風には括れない気がしたんですよね，正直。お伝えするとそうなんですね。

　目が見える人達のことを，例えばテレビを見るっていうことを表現しても，目が見える人達の文化についても，それなりにわかってるつもりではいるんですね。かといって，視覚障碍者としての私という理解も曖昧なのかもしれないですね。常にその間に居て，私ってそのどっちなんだろうって，その見える文化・見えない文化の，自分はどちらに生きているんだろうと，いつもいつも不安になっていることは確かですね。障碍としては目が見えないんですけどね。常にそういう，揺らぎみたいなものは感じています。今もそうです。

　山本　見える文化と見えない文化って言ったら，僕は河野さんは当然見えない文化だろうという風に思ってしまうんですけど，そこが揺らぐってことの意味を，もうちょっと教えていただけますか？

　河野　はい。その何か手に取って目に近付けるというしぐさ一つ取ってもそうですけど，よく言われるのは，「ホントに見えないの？」って言われるんです。なぜかというと目が見える方達からすると，動作は見える人達とあんまり変わりがないそうなんですね。すごく自然だから，「ああ，あなた目が見えるの？」って言われることは時々あるんですね。でも，私は生まれつき目は見えないんですね。そういう体験を，今ふと思い出して，それを通して考えてみると，やはり，片足は目が見える人達の文化の中に居て，かといって私は杖なしで道をおもいっきり走ることは出来ないですから，やはり見えない文化の中にもう片方の足があるっていう感じ。感覚としてはそうなんですね。そういった意味で，揺らぎがあるということです。

　山本　うーん，身振りとか自然だと言われるっていうことだけど，でもやっぱりわかるのはわかるんですよね。表情の作られ方とか，身体の動かし方とかね。

　河野　はい，はい。

山本　やっぱり色々違うなという風には感じられて。ただそういう違いがありながらも、「あれ？　もしかしてここんとこ見えちゃってるのかな？」っていう風に思える部分もある、そんな印象を僕は持ちます。だから僕から見ると、見えないことが前提で、部分的に見える人との間で何かが共有されている部分もあるみたいな印象なんですよね。今のお話っていうのはむしろ見えない方に足場があるのではなくて、何か中間のところに自分の足場があるみたいな曖昧なところで揺れてるっていうイメージなんですよね。

4. 社会的行為として構成された「見る」

　河野　はい。一つ忘れられない体験がありまして、以前川野さんがパロ（介護の現場で使われたロボット。4章参照）を研究会に持って来て下さったことがありました。で、私は初めてだったんですがそのパロに触れて、こう、私が顔を下に向けたときに、パロがこう、首をちょっと動かしたんですね。その瞬間、私は「ああ、目が合った」って思いました。

　呉　ああ。

　河野　一瞬ですけれど、パロ生きてるのかなって思ったんですね。でも私にしたらパロの目は全く見えなかったですけど、私の顔とパロの顔がちょうどぴったり向かい合ってたんで「ああ、目が合ったな」って自然に思ったんですね。ですからそういう意味でも、ああ、見える文化にもいるし、見えない文化にもいるし、そこでまた揺らいだことも事実なんです。

　川野　そのパロのことに関しては僕もすごく印象深かったのでよく覚えてるんですけど、そのとき僕が想像したことは、河野さんが見るっていうことは、単になんか網膜の話とかイメージの話とかじゃなくて、見るっていう行為なんだってことなんです。

　河野　はい。

　川野　パロと目が合ったというシーンでは、河野さんがパロの正面にいて、パロが頭を下げた後続けて上を向いたときに、河野さんもちょうどそのタイミングで顔の向きが調整されて向かい合っている／合わせたっていう一連の行為を以て「見る」っていうことが構成されていました。その構成の仕方は僕らの社会とよく似ている。社会っていうと変かもしれないですけど、見える文化とすごく共有できる構成の仕方を、してるような気がするんですよね。

　河野　はい。

　松嶋　河野さんの原稿を読ませてもらって、「（河野さんのような体験が）目が見

える人にもあるんじゃないでしょうか」という風に書かれてるんですけど，僕もわかるなと思う時があって。僕，顔が怖いのでよく「怒ってるの？」とか言われるんです。

一同 （笑）

松嶋 「なんでそんなムスッとしてるの？」とか言われて，「いや，そんなことないよ」と言うんですけども，自分ではそのつもりなくても，「怒ってるの？」と結構一貫して言われるので多分そうなんだろうなって，最近そういう自己認識なんです。だから自己紹介するとき「怖く見えますけど怒ってません」と言ったり。

一同 （笑）

松嶋 それから，さっきも山本さんが僕の赤ちゃんだったらボソボソ泣くんじゃないの？　って言われたんですが（笑），僕，中学校時代，劇で台詞貰って，すっごい情感こめて読んだのですが，僕が台詞言った瞬間にみんなに「すごい棒読みやん」と笑われたことがあってですね。そういう自分の感覚と人からどう見られるかがズレるっていうのは結構ある。自分の感覚だけでは何がどうおかしいかわからないという点では，河野さんのおっしゃる「見える」「見えない」っていうのは，視覚的な能力のあるなしだけに関わる差ではなくて，それがどのように現れてくるのかっていう差でもあるのかなと思ったんですよ。だから結果として現れてくるズレは僕にもあるのかなあって思ったり。

5. 意識的なジェスチャーと自然なジェスチャー

呉 まあ，みんなそんなのは持ってるけれども，やっぱり目が見えない状況なのでそれが大きく現れているのかなあとは思います。ジェスチャーと色ってすごく視覚に依存する。ジェスチャーは一応自分の身体が動くということなので，見るだけとはちょっと違うと思いますが。対談の前に生きたジェスチャーとかの話をしたんですね。河野さんが使うジェスチャーって，目が見える人はこうだから私もこうしなきゃというジェスチャーと，自分の身体の中から自然に自分も知らないうちにするジェスチャーと，その２つの種類があるのか知りたくなったんですけど。目が見える人はこれを使うから私も使おうというやり方じゃない，自然に自分でジェスチャーするときってありますか？

河野 ありますね。たぶんそれは笑うとか頷くとか首を振るとか。赤ちゃんの頃から私見えないですけど，周りの人の雰囲気を感じ取ってなんとなく身につけてきたような，ホントに基本的なジェスチャーは，自然に身体の中から出てきますね。

呉 じゃあ原稿のここに書いてあるように，「どうぞ，お先にお通りください」（本

書162頁）というときに，目の見える人はこういうやり方をするから自分もこうやろうというのは，例えば私の原稿（第2章）からすると，日本人はやっぱりいつも割り勘するから私もちゃんと日本に適応するにはとりあえず割り勘にしておこうという風に，自分からやりたくてやるんじゃなくて，でもその社会に適応するためにとか，その社会の了解だからやろうということと似てるのかなって思ったんですね。
　河野　はい。
　呉　で，その意味では，目の見える人達の行動様式をちゃんと知識としてわかって，それを行動でやってみるというところまではすごくたくさんやってるのかなあと思いました。私も最初日本で割り勘ばっかりするのにものすごい違和感を感じたり，ホントはおごりたいのにおごったら誤解されるかなと思っておごれなかったりというところがあるんだけれども，ある程度時間が経つと，日本人とか韓国人に関わらず，おごりたければおごるし，割り勘にしたければ割り勘にするという風にいくんですよね。日本人におごられるとものすごい負担感をときには感じてしまうけれども，それも過ぎると，相手によって普通になることもあるので，知識でわかってこうしないといけないかなあと思って同化しようというレベルと，知識とかじゃなくて自然にできちゃうレベルって河野さんの中ではどうなってるんだろうと思うんです。「見る」という表現とか，ジェスチャーをする行為のどこまでが，見える人達の様式はこうだから私もこうしようという部分なのか。そこまで合わせるべきなのかなど考えてしまいますね。よくわかんないんですよね。目の見える私の立場からすると，河野さんの見えることに関する表現とかジェスチャーとかは全部，認識のレベルでそれなりに意識して行動してるかなって思えちゃうんですけども，もしかして河野さん自身はそうじゃなくて違うものがあるのかなって思ったり。
　河野　そうですねえ……。いま，今までの色んな私の行動とか行為を思い出していたんですが，やはり「あ，見える人はこうするんだから，私もこうしなきゃ」っていう部分が結構多いのではないかと思いますね。ホントに身体の中から自然に出てくるものというのは，笑うとか頷くとか首振るとか，そのぐらいでしょうかねえ。うん。
　ですから特にジェスチャーについて言えるんですけど，いつも「あ，これでいいのかな？」って不安にはなってます。ちゃんと見える人に伝わるかな。あの，目を合わせるっていうときに，例えば人と話すときは視線を合わせると言いますよね。そのときでもなるべく私はその声のするほうにしっかり顔を向けてるんですけれども，相手の方の視線が見えないですから，ちゃんと視線が合ってるのかな？　という風に，常に気がかりですね。ですから認識から出発して「ああ，見える人はこうしてるんだからじゃあ私もこうしよう」っていうことの方が，まあ，ほとんどでは

ないかと思います。

6. ズレの調整過程に潜む権力的構造 VS「おたがいさま」の世界

山本 あの，まだ地球に来て何ヶ月かの異星人っていう言葉がすごく印象的なんだけど，どうしてそんな風になるのか考えると，今の話がポイントかなって思ったんです。つまり自分がやっている行為が適切かどうかの判断が自分で出来ない構造なわけじゃないですか。常に他者から確認してもらわないと，それが適切かどうか自分の基準でこれはOKと言えない。常に基準が外側に置かれてしまっている。

河野 いちいち「目線合ってるよ」なんて，相手の方は仰らないですから，私もいつもは「これで大丈夫」ではなくて，「出来るだけ」って気持ちでおります。できるだけ，視線を合わすようなつもりで，って言うと失礼で語弊がありますけども，なるべく視線を合わせるつもりでお話をしようっていう気持ちでいるのは事実です。

山本 僕の友達の奥さんが聴覚障碍を持ってる人なんです。で，子どもの頃お母さんがその奥さんに対して相手の唇の動きを読む口話を一生懸命教えたんです。手話は健聴の人との間では通じないので絶対使わせない。で，口話は上手になったんですけど，ただそれはすごく苦しいことでもあるんですって。何でかって言うととにかく唇の見づらい動きを一生懸命見て，ずーっとその唇に縛り付けられるような感じになるって言われてました。その後大学に入ってから手話サークルで初めて手話を覚えて，そしたら手話っていうのは自分の感覚でできるわけですよね。そのとき初めて自分の言葉を獲得したように思ったって言うんです。

河野 なるほど。はい。

山本 そのことをちょっと思い出しました。結局その口話も相手に基準があって，相手に自分が必死ですがらないと生きていかれないみたいな状態。だけど手話はごく自然に自分を表現できるということなのかな。

だからディスコミュニケーションがあって，そのズレをどちらに向けて調節するのかっていうときに，かなり一方的に晴眼者の方に向けて調整しなければいけない状況が今あるわけですよね。

河野 はい，はい。私もそうではないかと思ってました。ですから，あの，同化をしているんではないかという風に，考えたというのもそういうことなんだと思うんですよ。はい。

ですからかなり，実は大変な時期もありました。ちゃんと伝わってるんだろうかという不安が常に，今もですけど，ありますから。自分を表現できるとしたら，笑

うとか，頷くとか，手を振る。うーん，でも手の振り方も，もっとちゃんと手を上げて大きく振った方が見えるよっていわれたこともありましたから，それはまだ知識としての理解だと思います。手の振り方一つにしても私の中ではそうです。

山本　だから書かれたものを読んでいて，ディスコミュニケーションの問題って必ずそういうある種の権力性の問題が入ってきてしまうということを改めて感じたんですね。ズレが起こったときに一体そのズレをどう処理し，どう対処していくのかを考えたときに，ものすごくそこに多数派と少数派とかある種の権力性が現れてしまうんだなあって。

河野　そうですね。

山本　だから，一方では河野さんはズレをお互いに意識して，そこをプラスに持っていくっていうことを書かれてて，ほんとに僕それに大賛成で大事だと思うと同時に，だけど現実の展開の中ではそうならないものもすごくある。

河野　はい。そうですね……。ほんと私もあの，お互いさまだと思うんです。私が一人の視覚障碍者として話をする，例えば道を歩いていてたまたま道ばたにあるものにぶつかってしまったっていうことを話したりすると，やっぱり「ああ，そうなんだ」って納得したり，あるときには驚く方もいらっしゃるんです。「ああ，目が見えない人ってそういうこともあるんだ」って。ですから見える方も驚いたりショックを受けたりすることはあるんですけど，それは私も同じですから，お互いさまだとは思うんですね。でもやはり，一方では今回書かせていただいたことも含めて，ただマネをしているというレベルではない，もっと実は大変なこともありました。合わせよう，合わせようということですね。

山本　うんうん。

河野　もちろんふつうにテレビを見る，新聞を見るという風に使うんですけれど，それは私も違和感はないけれど，そこまでにはかなり見える文化にグーッと自分を近付けていかなければいけないということもあったと，今になって改めて思います。

山本　うん。さっき河野さんが，見える人のことはまだ私は本当にはなかなかわからない，みたいなことを言われたんですけど，立場を変えたら僕は河野さんがどういう世界に生きているのかってことについて，まだよくわからない部分が沢山ある。っていうか，わからない部分の方が多いのかも知れない。だからお互いにわかってないという意味では立場は一緒のはずなんですよね。だけど今までの議論も暗黙のうちにそういうところもあるような気もするんだけれど，私達は見えて，河野さんはそのうちの「見える」という部分をマイナスしたところに生きているみたいな形で議論が成立してしまうような傾向，あると思うんです。

河野　はい。

山本　だけどそれはマイナスするんじゃなくて，別の構造がそこにあるんだっていう風に議論が進んでいくべきだと思うけれど，ことのほかそれが難しい。そんなことわかっていても難しいというか，うーん……

　河野　ですから私ははじめに見える方と出会ったときに，私のお話もしますし，相手の方のお話も聞くときに一対一になったときには，お互いさまだなってつくづく思うんですよね。それはすごく大事にしたいと思うんです。大人数で集まって話しているときにもその感覚は大事にしたいんですが，やはりさっき呉さんが仰った見える人対見えない人っていう風になると「ああ，私はやっぱり見えない文化にいる」ってことで，見える人に合わせなければ，グーッと近付いていかなければ獲得できないんだと思ってしまうんですね。その２つのズレ，ギャップは，いつも感じてるんです。

　山本　あの，中国との比較とかね，そういう文化的なものの比較ということを考えるときにも，「違いがある」ことに気付くところまではそんなに難しくはない。ただそのときにやっぱりどうしても上下関係が入ってしまうんですよね。「あの人達，変な人達」とか。だから，そういう形でズレが構造化される場合と，そうじゃなくてお互いさまみたいな形で構造化される，そこから新しいものが創出する場合と，その違いってどこから出てくるんだろうと改めて考えたりするんです。

7.「同じものを見る」ことの３つのレベルと ディスコミュニケーション

　高木　ディスコミュニケーションの問題を考えるときに，河野さんが使う「見る」っていう言葉がすごく意味を持ってくる。要するに，同じものを「見る」という状態をどうやって作ることができるのかという話だと思います。ここで「見る」というのは，さっき川野さんが言ったように，行為として何かを「見る」ことだと考えます。このような意味で同じ物を「見る」という状態というのは，晴眼者にとっては比較的当たり前に実現されているように思えますが，実現されないこともよくありますよね。例えば星座は，星座に詳しい人には見えますが，詳しくない人が夜空を見ても，全く見えないわけですね。

　河野　そうですね。

　高木　「ほら，あの一番光ってる星あるじゃん？」とか言って，「その右隣に……」と説明する。でも右隣にも星がいっぱいあるので結局わからないみたいなことがある。視覚障碍者と晴眼者ということだけではなく，同じものが見られないという状態は確実にある。記憶のことを書いた私の章も，何かを体験し記憶している

人とその体験がない人では同じものが見られないという点が問題になっていると思っています。

　ところで河野さんの話を伺っていると，視知覚の有無という決定的な違いがあったとしても，他のやり方で「同じものを見る」という状態を作れるんだということになりますね。ということは，やはり「見る」というのは，視知覚だけの問題じゃないっていうことが当然言えるわけです。今日の今までのお話を伺っていると，「見る」ということには，一つは同じ対象に対してなんらかの注意が向けられている状態が絡んでいる。

　山本　そうそうそう……

　高木　それからその対象が何であるのかということについての理解・説明という質的なレベル，それからその同じ対象についての理解や説明を他者と調整する協調のレベル，こうした3つのレベルのことが関係していると思います。例えば，さきほどの河野さんのジェスチャーの話は，たぶん他者との協調というレベルに関係していると思います。どうも「見ること」をめぐっては，対象に注意を向けること，理解・説明すること，他者と合わせるということがあって，それぞれのレベルでズレが生じるということだと思うんですよね。

　だからディスコミュニケーションというのは，「症状」としては他者と同じものが見えてない状態ということになるわけだけど，そこでのズレが3つのレベルで整理できるのではないかということです。例えば僕の記憶の話では何を喋っているのか，嘘をついてるのか，架空の世界のことを話しているのか，本当にあったことを喋っているのか，それが決められない，つまりその人が向かっている対象が定まらないという形でズレが生まれています。呉さんのおごりの話では，おごる人がどういう理由でおごりをしているのか，その意味や解釈が見えないというかたちでズレている。こういう場合もあれば，例えば赤ちゃんの写真を見せられて，可愛い赤ちゃんだなってことを表現しているんだけれども，我々から見れば，すごく傲慢な態度で椅子にふんぞり返って「これは可愛いね」ってやるのと，写真にものすごく顔を近付けて「ああ，可愛いね」ってやるのはだいぶ違う。対象もその意味づけも同じなんだけれど，例えばこのように表現のスタイルが違ってくると「この人ホントはどうなんだろう？」と，わかんなくなって，色々問題が起こってきたりすることがある。これはたぶん協調レベルの問題ですね。ここまでの議論の中で出てきたズレの構図は，こういう3つのレベルに分かれてくる。我々がディスコミュニケーションって言うときに，何かがズレているということと，そのズレが隠蔽された微細な日常的なレベルのズレなのか，それとも文化的な軋轢にまで広がってくるようなズレなのか，さらにそれが介入的な働きかけで良い方向に持っていけるようなタイ

プのものなのか，といったことは考えていました。河野さんの使う「見る」をめぐるここでの議論は，そもそもズレている状態が何なのかということについて，もう一歩深く見ていくきっかけになったのかなという感じがします。

8. 視覚障碍者に「なる」ということと「見えない」ことの構成過程

川野　今の高木さんの話はとてもよくわかります。それにプラスして，河野さんの話を聞いてて，僕が「あれ？　呉さんの章の話と微妙になんか違うなあ」と思ったことを言わせてください。出だしの想定とそこからの展開のことなんだけど。呉さんの話（第2章）の中には，こういうときはおごるべきだ，おごるのがホントでしょ？　っていうところからスタートして，でもおごろうとすると違和感があって，「あ，この人達と私って違うじゃん。韓国だったらおごるのになあ」みたいにフィードバックしていく話がある。他方，河野さんの話は，同じように見えるはずだっていう前提は置かずにスタートして，「何を言いだすんだこの人は。我々見えない者の世界ではこう感じるのが当たり前じゃん」と言う風に話は展開していかない。それは，河野さんがすごく努力したりとか調整したりとかはしてるとは思うんですけれど，前提として違うことは受け入れているっていうか，スタート地点に置いているような感じがするんですよね。で，それを置かないときのもつれ具合っていうのが，呉さんや山本さんが扱っている事例のややこしさの端緒になってないかなあという気はしました。

山本　でもたぶん，河野さんが育っていくプロセスの中で最初別に自分は目が見えないということは問題じゃなかったんじゃないかと思うんですね，赤ちゃんの頃とかね。その後で自分が見えないということが，おそらく周りからだと思うんだけれど，段々問題として与えられてきて，そこでやっぱり自分は見えないのかっていうことで，色んなことを自分の中で整理して考えるようになるようなプロセスがあったんじゃないか。視覚障碍者としての自分というアイデンティティ形成みたいな，そういうものがあるような気がするんですね。で，そこの話も込みにして今の川野さんの話を考えるとどうなのかなって……

河野　はい。そうですねえ……。やはり小さいときからの成長過程を考えると最初，私も同じだと思ってたんですよ。で，山本さんが今仰ったように，途中から「あ，なんかおかしい」，例えば，ここはこうしなさいって言われることもあるし注意されることもあるし，何か周りの人と違うのかなって思い始めることもあったかなって思うんですよね。それが，段々段々大きくなるにつれてより鮮明になって，

そのなかで目が見えない自分というの，いつだったかは忘れましたが，強く意識したときがあったと思うんですね。ですからその辺りで，「ああ，最初から違う，スタート地点からもう違っているんだ」と思い始めたと思うんですね。ただ面白いのは，これ自分の，私の感覚なんですが，ふだんは目が見えないということを忘れてるんですよ。

山本　うんうんうんうん……。

河野　それはたぶん違いを意識すると，先程お話ししたみたいに「ああ，大変だ」って思うこともあったからだと思うんですよ。正直にそう思います。

山本　あるいは，「自分が見えないんだ」っていうことを意識する必要がない世界がある。日常の生活で一人で色々行動されているときには別に問題なく動けるわけですよね？

河野　はい。

山本　だから，そういう意味で視覚障碍者である自分っていうことを前提にしながら調節しなきゃいけないようなことはないわけですよね。ごく自然に振る舞ったら，自然に生活が出来る。

河野　はい，はい。

山本　視覚障碍者としての自分を意識して行動せざるを得ないというのは環境，具体的に言ったら「人」が中心になると思うけど，人とのやりとりにおいて自分が自然にやってるやり方を調整しなきゃいけなくなるときに，自分を視覚障碍者としてことさらに意識することが必要になるのかなと思ったんですけど。

河野　そうですね。で，話は戻りますが，川野さんの仰ったように最初スタート地点から違っているってことをはっきり意識したのは，やはり「色のいろは」で書いたエピソード（本書168頁）の頃だと私は思います。

山本　で，その面白いのがスタート地点から違っているっていう風に，「後で」思うわけですよね？

河野　はい，後でです。

山本　「後で」そういう風に思うことによって，今，何か変わるわけですよね。

河野　はい。

9. 違いの認識が関係を変えるということ

山本　すごい面白いなって思う。でもそういうプロセスって，松嶋さんも比較的最近経験したわけじゃないですか。私の怖い顔という（笑）。当たり前だと思ってたら他の人には通じてなかった。でもその，怖い顔だという風に自分を認識するこ

とで，他者との関係が変わってくるわけですよね。

松嶋　そうですね。やっぱり僕も，自分が生きてく中では別に，困ったことは何もないです。

高木　困らないけど，1回知ると，それを色々活用し始めるでしょ？

松嶋　はい。

呉　だから，「こう見えても私，怒ってません」ということ自体が，それを参照しつつ行動しているってことなんですよね。

松嶋　そういうことですね。

高木　それが人間関係を作るときのリソースとして使われるということかな。相手が自分を見ている見方と，自分が自分を見ている見方があって，相手にも自分との関係でちょうど反対方向になる関係があるって言うんですかね。これってなかなか面白い話ですよね。対象の共有やズレ，対象の認識の共有やズレという話だけじゃなくて，相手と自分のアイデンティティにかかわる話が入ってくる。こういうアイデンティティの調整が上手くいくと，同じものを見てなくても同じものを見た気になれるっていうようなことが逆にあるかもしれないですよね。例えば，日本人でも宴会でお酌をするってことを当たり前だと思っている人もいれば，不快だと思っている人もいるけど，同じ日本人だからこれがマナーだろうっていう形で大摑みに片付けられて，むしろ違和感のある人は，変わった人みたいに見られてしまう。

山本　はいはいはい。

高木　さっきは他者との共有ということを，ジェスチャーのようにすごくベタなレベルで考えたわけだけど，こういうアイデンティティワークのようなことも，ものすごく効いている。さっきから山本さんがずっと問題にしていることが，ディスコミュニケーションの基本的なレベルの問題とだいぶ絡んできているのかな。ディスコミュニケーション的なズレを乗り越えて，何かを成立させてしまうのではないか，という問題ですよね。

山本　主体の成り立ち方の問題がすごくそこにかかってくる。

高木　同じものを見るということが，山本さんとしては，主体の立ち現れの問題とすごく密接に関わっているということですよね。同じものを「見る」ということが何の調整も無く自然に出来てしまえば，相手を「仲間」みたいに感じられる。こういうことが他のプロセスを超えて，すごく強力に作用する場合には，文化とか民族イデオロギーのようなことが関わってくるんだろうなと思います。例えば証言の問題でも「私達日本人が共有すべき真実の歴史はこれです」といったことです。こういった圧力の中で，本来はそれぞれの人が体験し理解して生まれる対象に対する向かい方，それは例えば「南京大虐殺が存在しなかった」といった不在を含めてで

すが，そういう対象への向かい方の多様性のようなものが，さきほどのアイデンティティワークのレベルで隠蔽されるということがあるんだろうと思います。

山本 うんうんうん。座談会の前に松嶋さんともお話ししたんだけど，松嶋さんが書かれたこの文章の事例の中でもすごく面白いなと思ったのが，X 中学のA 先生が変化してくプロセスです（本書 76 頁以降）。その中で何が先生の実践行動の変化に現れてくるかっていったら，子どもの見え方が変わったっていうことですよね。だから対象がどのようなものとして自分に現れていくのかということと自分がどのような存在としてそこにいるかということ，主体のあり方と対象のあり方がセットになっている。しかも例えば連絡会というシステムとの関係でいうと，そのシステムが上手く機能するかどうかは，その対象を共有できるか，共有された関係がそこでお互いの中に成立するかどうかにすごく関係する。そこのとこで子どもに何を見るかとかがズレてしまうと，やっぱりシステムが動かない。それはそれぞれの人の主体のあり方がもうバラバラで一致しない状態。そういう状況の中で，ものすごくディスコミュニケーション事態が浮き上がってくる。

10. アイデンティティワークと隠蔽されるズレ

山本 前提としてまず全てのコミュニケーションはディスコミュニケーション的なものを含むというようなことを考えたとします。そのなかでもそれがすごく顕在化する場合と，それほど顕在化せずに展開する場合とがあるという風に考えたとして，割合にそのズレの部分っていうのを意識せずにどんどん出来る状態っていうのは，言ってみればその主体と対象が上手いこと噛み合って共有されてるような状態ということかな。

高木 基本的にコミュニケーションにはディスコミュニケーションが含まれるという話は，もう少しきちんと考えなければいけないなと，今ずっと話をしていて思っています。あるレベルでディスコミュニケーションが存在していても，結構うまく同じ対象を作りだすことは出来るということがあるわけですよね。今日も，河野さんの話を聞いていると，普通優位に使われている回路が使えない場合でも，他の形で同じものを「見る」という状態をつくることができるということがわかります。ただそれには非常に微妙なバランスが必要で，なかなか上手くいかない部分は当然ある。そういう不安定でフラフラしたプロセスとしてうまく行っているコミュニケーションもとらえてみようっていう見方になるわけですよね。それで，そういうフラフラしているコミュニケーションにも色々な種類があって，実は致命的に対象を共有していない状態でも，例えばさきほどのアイデンティティワークのレベルで，

強力に何か同じものを見ているという幻想みたいなものが生まれて，それが顕在化しないこともある．でも何かの拍子で，同じ対象へ注意が向けられてない，あるいは対象に対する理解が致命的に違うといったことがわかってしまうと，そこで世界が破綻する．対象に注意を向けること，対象の理解・説明，ジェスチャーのような相互作用レベルでの相手との協調，それにアイデンティティワークとして同じ世界に生きているという前提を立てること，こういったいくつかのレベルのすごくややこしい組み合わせで，ディスコミュニケーションの問題が起こっているんだなという気がしています．

川野 僕はアイデンティティワークについては，河野さんの原稿の締めの表現「目の前で話している方と私との「世界の交流」を味わっている」（本書176頁），これをとても意識します．実は，僕が草稿を出した段階で，編集者から，あなたの原稿では誰と誰のディスコミュニケーションのことを扱っているのか．それからそのことは特別養護老人ホーム（特養）っていうこの原稿の舞台でどんな意味があるのかをもうちょっと具体的に書いてほしい，とリクエストを貰いました．で，このことを考えているうちに改めて思ったのは，特養ではディスコミュニケーションをあらわにしないっていう力動も結構あるぞ，ということなんです．例えば，認知症の方については，「しばらくするとこの人忘れちゃうから」って判断することがあるんですね．そもそも生活の場である特養は，ディスコミュニケーションに満ちている．私の原稿の中では，ある2人のおばあちゃんが「このパロ（というロボット）は生き物か」ってことで揉めた末に，生き物であるって合意に辿りつく場面をとりあげました．これが通常の，例えば子ども同士の会話だったら，大人は介入したい場合もあるでしょう．いわゆる教育的な配慮で，これを生き物だっていうふうに信じさせておくことは後々この子にとって良くないと．でも，その特養の中のリハビリテーションの一環としては，2人のおばあちゃんをもう1回「生き物ではない」と説得するかというと，たぶん寮母は，そこへは持っていかないかなと思うんですね．つまり，「まあすぐ忘れるだろうし」とか，「ここがまさに生活の場だから，ここの快適さをまず求めるべきだろうし」っていうような判断もあって，「このパロは生き物じゃない．ロボットだ」っていう，科学的に正しい対立解消のゴールに向けて，わざわざ修正しようとは思わないわけですよね．

山本 うんうんうん．

川野 で，問題は，この思わないのは誰にだってある話のような気がするんです．僕もおそらく寮母達も，これからもう1回混ぜ返して気付かせなくてもいいやって，たぶん判断することが多いと思う．しかしよく考えてみると，僕が原稿で書いてたことっていうのは，認知症でその場限りのように見えながらも，実はロボットと触

れ合いながら，あるいは相手に怒ったり共感したりしながら，毎回のセッションの中でちょっとずつロボットととの関わりを決めていったプロセスとコミュニケーションのレベルがあるという気づきと，それをどのように理解しようかって話です。そうするとその最後の最後になって「でもばあちゃん達はすぐ忘れるからまあいいですよ」と僕が納得していいのかっていう，妙な不安というか，変な気持ちが原稿の中で残っちゃったんですよね。

　つまり，そのアイデンティティワークを，本人ではなく，最後の最後になって周囲の者が取り止めてしまったというか，「忘れる者」として定義してしまったというか。もしかしたらパロに接触すること，それにその場で他者と一緒に時間を過ごすことを大切にしていれば，おばあちゃんたちには別様の経験になっていったかもしれないものを，「まあ，特養の交流だからね」って終わらせてしまったかもしれないということなんです。こうして，僕がこの本で扱ったディスコミュニケーションは，本人達は異議申し立てをしないんだけど，周りの者が勝手に心配をし，勝手にこれは解決せずとも良しと思って，引き下がってしまった事態のように見えてきてしまった。ここで先の河野さんの「私は交流を楽しんでいます」っていう言葉は魅力的でもあるし鋭くも迫ってきて，ディスコミュニケーションを解決する背景に未来への希望が込められているっていうか……。その場だけでごまかすというのなら，それはそれでやりようはいくらかある。けど，それで済まない何かがある，あるいは，その場の人々のあり様が息づいている関係，っていうのがあるんだなってあらためて思い直したということです。

　松嶋　それは，将来トラブルは起きないっていう見通しがあるとか。
　川野　そういうことですね。その見通しを僕が立ててしまうっていうことなんだけども。まあもちろん誰かが立てるわけなので，それも良いっちゃ良いんですけど。

11.　誰にとってのディスコミュニケーションか

　山本　それはある状態がディスコミュニケーションなのかどうかを考えるとき，それを客観的に一義的に決定することが可能なのかという問題でもある。ある人から見たらこれはディスコミュニケーションじゃないし，別の人から見たらディスコミュニケーションに見えちゃうという問題はどう考えたら良いんでしょう。
　高木　たいていのコミュニケーションにはどこかのレベルでズレがあって，その中にはズレがだいぶ顕在化してしまっている場合があり得るんだけれども，今の川野さんのお話を伺うと，あるレベルでズレがリセットされてしまうようなことがあったとしても，別のレベルではじっくりとズレ続けていくということがあるようで

すね。例えば川野さんの事例で，パロを生き物だということで収束させずに，周りの人が介入してもう一揉めして，もうこんなモノは私の前に持って来てくれるなということになったら，その感覚はもしかしたら次の機会には全然根拠のない，パロへの憎悪として残って（笑），ディスコミュニケーションが続いていくかもしれないわけです。あるレベルで対象に対する一致しない考え方や捉え方が，綿々と残っていく。そういうディスコミュニケーションの多層性が川野さんの事例には結構見えています。この場合でも「で，そのズレっていうのは，誰にとってのズレなのか」っていうことにもう1回戻ってくるんですけどね。

山本　うんうんうん。解決すべき問題として現れるかみたいなこと，そこに絡んでくるようなことになりますけども。ある状態をディスコミュニケーションとして解決すべきだって考えることって，当事者にとってはめちゃくちゃ余計なお世話かもしれないわけだし（笑）。私達はそんなこと気にしないで幸せに生きてるのに，何でそんなズレを暴き立てなきゃいけないの，みたいな。

高木　民族対立とかってそんな感じですよね。

松嶋　放っとけないっていうのかな。あるんですよね。僕の章（第3章）のなかでも。A先生なんていうのは，ふつうにそこでしっかり勉強してる子ども達と幸せに過ごせたものを，まあ言ったらその別室にいる子達をかわいそうだっていう風に，あるとき思っちゃったわけですよね。そこからディスコミュニケーションというか，ズレを感じざるを得なくなってしまうっていうことですから，そのときに感じた感情っていうのはもう，この子の前から自分はもう逃げられないというか，何とかしてあげなければいけないっていう，責任というか呼びかけられたみたいなことを感じておられるのかなと思いますよ。

高木　山本さんは，そういうディスコミュニケーションの渦中にどんどん首を突っ込んでいったわけじゃないですか。それはどういうことなんですか？（笑）

一同　（笑）

12. 未来への見通しとディスコミュニケーションへの態度

山本　いや，何なんでしょうねえ（笑）。やっぱり自分自身が体験をしてしんどかったのは絶対あって。例えば中国人の友達との間でも「そこのところでどうしても納得できない」みたいな思いが続いていたりとか。でもそれを自分の観点で変に断罪していいんだろうかみたいに悩んでね。それはだから中国の友達とこれからどう関係を作っていくかに対するこだわりと繋がってる感じがしますね。

高木　やっぱりそういう未来性のようなものが結構，関わってくる感じですね。

奥田　僕の章（第5章）の話で言うと，例えば大人と若者とのあいだのズレを例にすると，おそらく若者には自分自身の未来というものは見えていないんですよね。でも大人から見ると「いやいやこういう場合はこうしなよ」みたいなかたちで未来についてのことを言われる。若者にとって問題ではないことが，周りの大人たちには問題とされる。こうした場面にまさに誰にとって問題なのか，誰にとってズレてるのかっていう問題がすごく現れてくるんだろうと思います。教育場面でも同様に，松嶋さんが仰っていたように教師はすごく引き取ってるものがあって，でもそこにいる当事者である子ども達にとっては何でそんなに言われるんだろうって思ったりということもあるんでしょうね。

　山本　川野さんのその施設のおばあちゃん同士だって，「別にそれはそれでうまくやっちゃってるからねえ」「まあじゃあ置いときましょう」っていう風に周りの人が思うっていうことは，それも1つの未来への見通しの中での判断ですよね。

　川野　そうですね。だから編集者のコメントを貰ってここに書き足したことは，時空間の流れみたいなことをどこまで想像していくかっていうか，「このおばあちゃん達はおそらくこの特養所から出ていかないし，主な生活場所はここだし，将来どうなるかってことより今楽しく生きていただくことがすごく大切で」っていう風に，今この世界をいかに充実させるかっていう風に考えたときには，コイツが生き物かどうかを解決することの意味があんまり見出せないということです。むしろ専門家がいる施設だからこそ認知症であるっていうことも許容できる。家族だとこれ，なかなか許容できないんですよね。「何バカなこと言ってるの。ロボットに決まってるでしょ」って言いたくなる。北海道にある「べてるの家」（精神障碍者が共同生活をしている施設）なんかは妄想そのものを認めることで，充実した生活を営んでいくというように考えるそうですけど，ここでも介護の専門家だからこそ，認知症ではあるけれども2人が合意したこの幸せ感をもって，2人の生活を充実させていくっていう発想ができる。でも，その人達が将来ホームの外に出ていったときに，ロボットのこと生き物だって言ったら恥ずかしいだろうから直してあげようだとかって，それは思わないって言うと思うんですよね。

　奥田　でも若者の文脈で言えば，若者達自身は「先のことよりも今を一生懸命やるしかないじゃん」と思ってるけど，周りの大人たちからは「未来を考えることが大事なんだ」とか言われるわけで，川野先生の例の介護施設であるとか特殊な場所においてはそこにいる人々がやってる今という時間の扱い方が認められ，他の文脈だと「それはまずいよ」って言われたりとか，そのディスコミュニケーションがここではOKだったりとか，ある場所では「それはまずいよ」って言われてしまうことがあるってこと自体が，面白いですね。構造としては同じことをやってるのか

もしれないのに，場所によって，当事者によって，現在や未来という時間が全く違う扱われ方をする。

高木 今までの話からすると，どういうズレに我々がフォーカスするのかということに，未来に対する投射のようなものが，結構影響しているっていうのが共通見解ですね。

松嶋 でも，何かちょっと計算してね，未来にこうあるはずだから，それまでに，これをやらなきゃいけないというような損得勘定みたいなものとはちょっと違うような気はします。不登校の子でも専門家達は，関わりを増やしてあげた方が絶対に良いと思っているし，（生徒たちも）それなりに充実したっていう感想を持って出ていってくれるんですが，でも高校行ったらすぐ辞めちゃう子もいるし，全然出て来れなかった子でもね，急に高校行けたりする子もいますし。何十年後になったら幸せだって感じる子もいる。結局，僕たちが何かを与えたらこうなってくれるから，未来にこうあらねばならないから今，それを与えているというよりは，なんかもうちょっと違う気がする。自己満足って言ったらあれですが，自分が（生徒にとって）どう在りたいかみたいな。贈与に近いのかなと思ったりもします。

高木 それには色々なパターンがあるんじゃないかと思うんですよね。例えば教育現場で熱心な先生がズレを見るときに，それと対応させる未来に対する「これだと大変だ」といった見方には，自分自身のかかわりの問題が入ってくるかもしれない。また刑事裁判の場合だと，ここでズレを顕在化させたら社会秩序が乱れるということで，それを強力に押さえ込んだりするわけじゃないですか。この場合，明確なあるべき姿があって，それを維持しようとするときに，あるズレを見るべきか見るべきじゃないかということがものすごくはっきり決まってくる。こういう未来がらみの問題に関しては，奥田くんにすべてを解明してもらいたいんだけどね，この本での未来時間担当の係ですから（笑）。

一同 （笑）

13. 複数の未来

奥田 自分の研究の関心ということもあるんですが，ディスコミュニケーションの問題が，実は未来の問題なんだっていう視点はすごく面白いなと思います。例えば進路選択っていう場面だと，進路選択の当事者である若者がいて，その周りに親とかカウンセラーとか教師といったように若者を取り巻く大人たちがいて，現在や未来という時間に対してそれぞれが全然バラバラの見え方をしてるわけですよね。そこには裁判と同じように，ある一定の制約がかかっていて，若者にとっては「な

んとなーく見えていけばいいなー」くらいのリアリティしかない未来が，周りの大人たちから見ると「いや，それじゃまずい」「これじゃまずい」と感じながら，でもその大人たちも「じゃあこれを見ろ」とはなかなか言えないような，ちょっと特殊な環境の中で発達していくんだと思います。

　山本　これを見ろとは言えないってどういう意味？

　奥田　要するに，大人たちにとっても若者に対して，こうすれば絶対に未来は成功するんだよというのが言えない世の中なので，若者に「じゃあどうすんの？」って言われると，みんながプイッとしてしまう。でも「未来を見ろ」とは言う。そういう意味では高齢者と違って，さっきの川野先生の話だと専門家の判断，こういう場合はこっちの方が良いよねっていうのが，たぶんかなり難しいんだと思うんですよね。若者の進路選択だと。

　高木　やっぱりさあ，進路選択であんまりストレスがなかった時代ってあるわけじゃない。例えば高度成長期だとか。そういうときっていうのは，ある意味で将来像がはっきりしていたわけだから，ズレということが，あまり問題とされなかった……。

　山本　あるいは，そのズレ，つまり若者が認識が足りないっていうような形で，その若者と大人の認識の差を序列化できそうなんですよね。

　高木　一つの構造の中に収められちゃう。

　山本　だから，ある種の権力関係構造の中に，すっと収めることが出来た。

　高木　あるいはアイデンティティワークのレベルの問題。

　山本　今はその，大人の方がちょっと自信がなくなっちゃってね。

　高木　自分がこれからどうなるのかわからないですからね。

　奥田　だとすると，例えば時代や文化的状況とかによっては，ある時期までは，ディスコミュニケーションのこういうズレが起きた時には，その対処としてこうすべきだろうって思われてたものが，ある時期になると変わってしまったりとか，あるいは逆に山本さんとか呉さんの研究のように，単に時代的変化ではなく，研究者が介入することによってそのズレのありかたを変えることも可能だってことですよね。あるディスコミュニケーションの受け取られ方とか，そのズレの見え方とかっていうことにも繋がってくるのかなあって，思いました。

　高木　実際，山本さんのアプローチではズレに対してあからさまに介入するわけですけども，そういうときにやはり未来的なものへの関係づけというのは契機として入ってるんじゃないかっていう気はしますよね。

　呉　何ていうかな。例えば日本の家庭の子どもだったらやっぱり親に絶対的な日本の価値ってあるので，だからこそしつけをしてると思うんですけど。未来とかこ

うなってほしい，これは問題になるぞというのがありますよね。それがあって。でも私の場合は「絶対これ」という権力構造に，実は入りづらい。私にとってももう，それが普通の日常であって未来でもあるんですけど。だから「認知症だからいいや，別に結論出さなくても」っていうような，そういう感覚が少し私にはあって，まあ日本だからいいやっていうところがあるんですよね（笑）。子どもに教えるときにも，まあ日本だからこれでいいかなって思うときもあるし，あの子のお母さんフィリピン人だから大丈夫というような。絶対的な価値観とか権力関係が1つメインにあるところが私は逆に2, 3個になっちゃって。でも「どれでもいいよ」じゃないんですね。やっぱり未来に向けて，子どもがどんな人間になるべきかなと考えるので，「日本ではそれをやったら誤解されるから一応知っておいてね」と言うし，「それ韓国で言ったらおかしく思われるから，それも一応知っておいてね」と，言わざるをえないんですよね（笑）。子どもは自分の友達関係の中で自分の感覚で一応やるんだけど，それは割と日本的な感覚が一番多くて。でも子どもでも「日本ではね」というのは結構知ってるんですよね。「日本ではまあこうだから」とか，お家でやりながら「でも，これ日本人だったら何か言うんだよね？　でもおうちだからまあ良いや」とか（笑）。そこのその人達の共有されるべき未来とか，なんかごちゃごちゃにある中で，でも全てがごちゃごちゃじゃなくて，ある程度相対的なごちゃごちゃと，相対的な未来というのが結構高度に関わっているところにあるなあと思います。で，川野さん的な部分が私にはちょっとあるかなあという感じですよね。やっぱりふつうのおうちでは「そんなの生き物じゃないでしょ」って言うところを。その両面がこのお小遣い研究の中にはあって。でもそれは，やっぱり，異文化を移動してる人達にとっては，現実の問題で未来の問題でもあるかなあって思うんですよね。

14. 複数の倫理を「とりあえず」生きることの倫理性

山本　ある意味ではそれは節操がない，つまり場に合わせて適当にごまかしてやるみたいな見方も一面では成り立ちうるとは思うんだけど，それはやっぱりちょっと違うなって思う。

呉　それとはちょっと違うんですよね。ただ場に合わせてそれをやるとそれは自分の論理が崩れてしまうことなので，単純にそれじゃないんですよね。単純に他人に任せてるわけじゃなくて，「この自分のやり方がこの人にならある程度合うかなあ」というせめぎ合いの中での決定で，単純に場に合わせるということではない。

山本　その相手の人達との関係で，自分がどういう風にある種の責任主体として

そこで生きるのといった問題が立ち上がってくる。だからその場その場で責任を持って生きていると言った関係が成立するという意味で，単にそれはどうでもよくって，適当にごまかしてる話にはならないという気がして。

呉　ちょっと違う。むしろその反対というか。

山本　うんうんうん。逆に相手との関係でその都度調整するということに，ある種の倫理性が生まれてくるような。

呉　そうですね。うん。

高木　そうすると逆に，その時々の相手とのディスコミュニケーションを，上手く顕在化しないようにしていくことによって，逆にいわゆる節操のない，あまり先を考えないで動くという，独特の時間の感覚のようなものが生まれるという面もあるんでしょうかね。異文化の中で生きていると，あまり嚙み合わない相手との関係を続けなくてはいけないわけで，こういうときに自分の原理と自分の時間を相手に押し付けてばかりいると大変なことになっちゃう。だからその場その場に応じて，でも，自分の大事なところは殺さないようにして関係性を作って，ディスコミュニケーションの顕在化を先送りにする，繰り延べていくみたいなことをやるわけですよね。さっきは未来に対する投射とディスコミュニケーションのどの側面にフォーカスするのかという問題だったわけだけど，今生活するこの場での他者との関係性の中で生まれるズレを抑えるというときには，それが例えば異文化に生きる人が持つ独特の時間感覚や将来に対する見方に結びついているという面があるのではないかと思ったんです。

山本　結局先に未来というものを想定してそこから考えるとすると，未来が絶対化されるわけだから，そこでもうすでに序列，ある種の権力性が成立するんだけども，今の具体的な個別の関係の中でその都度調整していくようなやり方っていうのは，対等な関係になりますよね。

高木　奥田くんの章には，そのあたりに触れている部分もあるんじゃないかな？先の見えない社会になっているから「今はとにかく，とりあえず」といった感覚で，短いスパンの進路選択をするということを若者達はやろうとしているんだけれども，そういう選択の中で見えてくる独特の時間というものも奥田くんの論点に結びついているんじゃないかな。

奥田　今の話聞いていて面白いなって思うのが，進路選択という文脈を，学生にとっては大人っていう異文化に入っていくことだって考えたときに，学生自身は未来を全然問題としないし未来は見えないけど，でも他の人達にとってはすごく見えているらしいし「じゃあこの場はちょっととりあえずそっちに合わせておく」みたいなことで異文化である大人とのコミュニケーションが継続していく。そうした中

で，こうした学生に独特の時間のパターンがまさに未来が生まれてくるというかたちで出てくるとも考えられますね。いずれにせよ，このディスコミュニケーションという問題には，相当深く時間，特に未来性みたいなものが関わってくるんだなと感じました。

　山本　しかもその，未来というものがある種実体化された近代的な単一の未来ではない。個別のすごくローカルな関係の中で満たされていく未来がそこかしこに大量にうごめいていて，全体が作られてくような。そういう構造ですよね。

　高木　刑事裁判も，こういう点でやっぱりすごく面白い。要するに裁判所が予定している未来っていうのは，刑務所に入るかどうか（笑），刑務所に何年いるかという話なわけですよ。それを決めるには色々な要因があって，有罪であれば情状酌量とか，更生の可能性といったいくつかのかっちりした項目で未来つまり刑を決めていくわけですね。しかし，そういう装置が一方でありながらも，そこに組み込まれずに刑事裁判に関わる人達もいる。例えば被害者家族の人達とかね。こういう人達は，被害者参加制度が始まったのでこれからは少し変わってきますが，刑を決めるシステムには全然関わることがなかったわけで，例えば自分なりの納得のために裁判を傍聴する。これと判決を出す機械としての裁判所では全然違う仕組みで時間が動いていて，そこで色々なズレが生み出されるんだと思うんですよね。

　奥田　裁判で面白いなって思うのは，裁判という場が一方で過去を扱ってるはずが，他方で実はそこで行われるコミュニケーションは未来に向いている。冤罪事件の虚偽自白とかで興味深いのが，例えば被告が，通常未来を考えたらありえない発言をしちゃったりとかするじゃないですか。この文脈でこういうことを言ったらまずいことになってしまうみたいなことを周りのみんなが思ってるのに，本人だけがポカンと言ってしまうみたいな。若者も「そこでそれ言っちゃ」みたいなことをポカンと言ってしまうので，周りの大人たちから見たらものすごいディスコミュニケーションに見えるんだけれど，その当人にとっては「え？　なんで？」「これじゃあ何かまずいんですか？」みたいなリアリティの中に生きている。河野さんが言うような異星人という感覚というか，そういうのを経験してるのかなあというような気はしますね。

15．ズレをあきらめることとズレを楽しむこと

　高木　こういう時間についての議論は河野さんの話にどういう風に絡むんだろう。

　河野　そうですね。お話ずっと聞きながら，私が目が見える人達と毎日毎日交流していく中で，ジェスチャーが通じない，伝わらなかったということも含めて，色

んな経験してきたのを考えますと，やっぱりその場限りでいいやという気持ちではないんですね。何故かというと……，これは正直な気持ちを言ってしまうと，やはりもっと見える人達に合わせなければと言う気持ちが，常にあるんです。どういうことかというと今よりも，次に同じことをやったときに，もっと見える人から見て自然に振る舞えるように，恥ずかしくないようにと。言ってしまえばそういうことなんですが。そのために常に調整をしているという気分になることも事実あるんです。ああ失敗しちゃったからいいや，通じなかったからいいやではないんですよね，たぶん。もっと自然に伝えられるようにするにはどうすればいいだろうって，これは無意識かもしれないんですが，自分の中で常に考えながら行動してるような気もします。

　山本　その場合の自然にっていうのは相手にとってということですか。

　河野　相手にとってです，そうです。はい。

　呉　相手にとっては自然だけど，自分はかなり努力しているってことになるんですね？

　河野　ただその中で頷いたり首振ったりするみたいなことは，私にとっても自然なんですよね。ですがそれは先程お話があったように，自分の身体から出たものに関してはそうなんですけど，知識としてこうしなければいけないからするというものに関しては，全部そうだと私は思いますね。だからそれがあるために，見える文化と見えない文化の間で，それぞれに片足を突っ込みながら，宙ぶらりんの状態にいるのかも知れないですね。

　山本　どうなんだろな。河野さんはどこかで「まあ自分は視覚に関してはいわゆる晴眼の人とは違うんだから，まあそれはそれでいいじゃん」みたいな気持ちにはならないんですか？

　河野　今のところはこれでもう満足，これでもう十分という風には思わないですね。

　山本　なんかね，さっき文化の違いのとこで，何でそこまでしつこく考えるのかと言われましたけど，僕自身も何でかなあと思うんですよね。1つ思うのは，違うことを納得したいっていうこと。もうどうしようもなく違うんだということを。これはどうも僕自身の傾向で人と一致したいという思いがかなり強くあって。でもそれは場合によってすごく権力的なものになってしまいますよね。単一のものを他者と共有しないといけないみたいなことになれば。だけど本当にどうしようもなく違うんだよって，ある種の諦めを持ちたい。その諦めを持ったときに，関係がまた変わってくることがある気がするんです。

　で，今の日本の社会で少なからぬ人が中国に対して反発を抱く構造を見ていると，

相手も自分とやっぱり同じだろうと思ってて，だから相手も自分と同じになれるはずだと思っている気がする。「なのにそうしないアイツらは悪いヤツだ」っていう，そんな展開になっている気がして。「いやそうじゃなくて，本当に深いところから違うんだよ」って言いたいんです。その上でそこから今度は，それこそ河野さんも書いてたように違いをむしろ面白い展開に結びつけていく，その転換点にしたいって言うかな。そういうこだわり方がある気がしますね。

　河野　今お話を聞いていて，1つ自分の中で考えがまとまったのは，色に関しては見たことがないんですから，ある部分では諦めてるんです。それはもう目が見える方達から教えてもらうしかないですから。でも色は見えないなら見えないなりに，その中でもやっぱり私も絵や写真を目が見える人と一緒に観賞するのが好きなので，そこは見える人達と楽しみたいなという風に思ったんですね。それから今思いついたことは，やはり私は目が見えないから私なりの生き方とか振る舞い方でいいんだって思うことも大切なのかなと，改めて思いました。で，未来に関してなんですが，一人ひとりそれぞれみなさん個性持ってますよね。みなさんそれぞれこういう個性を持ってるっていうことをお互いが理解していて，違いがあるけれどもそれぞれの違いを楽しんでいこうという方向に，未来に向かっていくならば，1つの指針になるのではないかと思いました。

16. ズレが持つ潜在力

　高木　そろそろ時間なので，この辺りを最後の論点にしましょう。今日ここに来るときに自分の原稿を読み返していて思ったことなのですが，回想とか証言といった話では，体験者という特権的な人がいて，その人が見ているものをこちらは到底見られないという関係，要するに絶望的なディスコミュニケーションがあるわけです。だけど，そこで体験者とある種の関係性を作ると，過去というものが，映画「ショアー」が一番いい例だと思うんですけども（本書143頁），普通経験するレベルを超えて，とてつもない新しいリアリティとして現れてくることがあり得るということを最後に書いたわけです。この仕組みはよくわかんないんだけども。で，何を考えたかというと，山本さんがさっき「違う」ということを納得して諦めると言い，河野さんが違いを楽しむと言ったときに，そこで「世の中みんな違うよね」みたいな話になると，とてもつまらない国際多文化教育みたいな話になっちゃう（笑）。そうではなくて，ディスコミュニケーション的な関係性が面白く組み上がったときに，一体どういうことが起こるのかっていうことを，もう少し考えるべきかなと思うんですよね。どうですかね？

つまり，ズレたまま関わり続けるってことが持っている潜在力は，「違えばいい」という話で収めてしまうには，ちょっともったいないところあると思うんですけど。

山本　松嶋さんが最初の方にさ，なんだっけな……ディスコミュニケーションは……いいものだって書いてあったような（笑）。

一同　（爆笑）

松嶋　そんな，簡単に書いてませんよ（笑）。

山本　なんかどっか，ディスコミュニケーションは大事ですとかって書いてなかったかな（笑）。まあ少なくとも，社会が構造化されて活発に動きだすってどういうことかって言ったら，そこに参加している人間がみんな違う立場に立って，しかもその違う立場の人間が上手いこと嚙み合って役割構造を持って動いたときに，全体が活性化することはある。その意味で違うという風に認識されたとことが，お互いの長所が生かされ合って，短所を補い合ってみたいな形で構成されたときには素晴らしくなる。で，そこが上手く調整されないと，やっぱりもう，悲惨な対立のまんまで展開してしまう。

高木　今日の河野さんの話をふまえると，例えば視覚障碍の人と晴眼の人が色について語り合うことによって，もしかすると色に対する新しい体験っていうことにお互いが辿り着けるかもしれない，ジェスチャーに関して，我々の身振り，身体言語に関して，やはり新しい可能性に辿り着くのかもしれない，と思えるわけです。

呉　私も河野さんの原稿を読みながら，ちょっと似たこと考えてたんです。おごり・割り勘のときに，ずっとズレがあったり後悔したり色々やって，お互いの行動を認識するところまで来て，最後に「割り勘でおごり」という，新たな行動が生まれてくるんですよね。そのような感じで，色に関して色々目が見える人の認識をいっぱいやったりしてて，その間に色に関して生まれる新たな行動って，何なんだろうって思ったりしたんですけど。それは，私達にとっても河野さんにとってもそのような似たものって，何になるのかなあとずっと思いながら，まだわからないなあって思ってずっと聞いてたんですけども。

奥田　この研究会が始まった頃に僕が思ってたのは，さっき山本先生が言ってたことの別バージョンというか，ディスコミュニケーションって議論の最初の頃にはどっちかっていうと，解決すべき問題というか対立であるとみなされていたように思うんです。でも自分としては一見上手くいってないとかいがみ合ってるとか，対立し合ってることっていうのが，結果として良いことを産み出すっていう場合もあるんじゃないのかなということを考えていて。例えばジェネレーションギャップの問題で，世代間格差で必ず世代ってぶつかるんだけども，それによって社会であるとかそこに生きる人々がそれまでと違った様式を身につけて社会に出ていくことも

あると思うんです。そういう意味で表面的には一見まずいものとして映るものが，結果として良いものを産み出すみたいなパターンもあるんじゃないかなあというのを考えていたんです。

高木 それでね，その良いものっていうののあり方が結構興味深くて。例えば色の経験ていうのは新しい色の経験が産み出されても，やっぱり我々と河野さんでは共有できないわけですよ。だけどお互いの中では本質的な変化が起こって，しかもそれがみっちり絡み合うみたいなことになる。今まではやっぱり良いものっていうのは，ある人達が共有できてわかり合うっていう意味での，新しい私達の生産物，みたいな感じだったんだけども，そのズレてる状況自体を組み込んじゃってる新しいもの・ことのあり方っていうのは今まであんまり人類は考えて来なかったんじゃないかと。で，それは面白いのかなって感じはしますよね。

17. 違いを相手の言葉で知ることの力

川野 結構その面白さを具体的に表現するのは難しいなあって思うけど，ただこれまでの研究会でも話し合ったときに，たしか山本さんが言ってた「翻訳的一般化」って言葉があったと思うんですよね。つまり2つのものが違うっていうことは全体像がある，全体が出来たってことだと思うんです。同じかもしれないし違うかもしれないって言ってるときはただの混沌なんですけど，違うっていうことはたぶんそれら部分を含む全体っていうものがあって，しかもそこに通訳が成立するっていうことの可能性っていうのはあるだろうと思って。

で，今僕は自分が原稿で書いたこととは全然違うことを思い浮かべてるんです。障碍受容って言葉があってですね，それは簡単にいうと，自分が障碍を持っているってことを認めましょうってことなんですけど。これ随分身勝手な話で，認めましょうなんて人に言ってもらうことかな，なんて気がするわけですね。で，それに対抗する言葉として，リカバリーという言葉が出てきていて，それをついこの間，ある精神科医に教えてもらったんです。でもそれ聞かされたときに，なんだかムカついてですね。たぶん障碍受容と同じように僕には聞こえたんでしょう。リカバリーっていうのは，日本語にしてしまえば「回復」なんだけども，例えば「精神障碍持ってる子が就職できなくて，でもコンビニ行くと，目の前で働いてる奴がいると。俺は働けないのにこいつは働いてる。あるいは，ホントは俺大学行きたいんだけど統合失調症のせいで行けないとかっていう風に，常に他の人と比べながら劣ってしまう自分みたいな受け取り方ではなくって，今の自分らしい自分ていう中から実現できることを探していくってことを，リカバリーって言うんだ」って教えてもらっ

たわけなんです。絵画を通してアーティスティックな才能を広げる人もいれば，断酒会で同じように苦しんでる人達と共有しながら生活テーマを組み立てていくっていうような，色んなリカバリーがあるっていうことなんだけども，この話，どこかいらいらさせるんですね。もちろん，その医者が間違ったことを言っている，と指摘しているのではありません。

　つまり，それは徹底的に当事者の言葉じゃないかって思ったんです。リカバリーは。「リカバリーしなさい」って言ったら障碍受容と同じになっちゃうんで，そうじゃなくて，徹底的に当事者の言葉として，リカバリーって言葉がその人の支えになってその人の世界を変えていくんだとすれば，そのコンセプトはすごく魅力的だろうと思うんです。リカバリーってことを身につけたことによって，絵を通して，あるいは断酒会を通してリカバリーしていくっていう生き様そのものはとても魅力的だと思うんです。もしそのことが当事者自身に経験されて，そして本人の言葉によって表現され，当事者でない僕にも何らかの形で共有できるものになったときには，たぶん僕に見えてくるものは変わってくるんだろうな，「あなただから見える，ということが，まさに私だからわかる」と感じられるかも，なんて思いながら，ぜひ医者じゃない人からリカバリーの話を聞きたいと，今期待しているところなんです。だから僕も別にどんなに良いことがあるかって話ができるわけではないんだけれど，でも，違うっていうことを徹底的に相手の言葉で知るっていうことの可能性みたいなものは，どっかにあるんだろうなって期待は，やっぱり共有できます。

　山本　ああそうか。違うってことを相手の言葉で知るってことだよね。だから医者が言うとムカつくのは，相手の言葉じゃなくてこっち側の言葉だからだね。

　松嶋　たぶんそれも未来の問題で，本人にとってじゃなく，これが未来だみたいなことを他者が押し付けてくる未来って結構暴力的な気がしてて。で，自分の根本的な問題になっちゃうんですけど，どうすれば本人にとっての未来になっていくのかみたいなところが，今の話で面白いなと思ったんですけど。あ，それじゃない道もあるんだってことですよね。今のリカバリーって話は。こっちの道で疲れるとか。それを本人がどうやって，本人の言葉としていくかっていうか……

　高木　普通だとこれをリカバリーと呼ばないだろうということに関して，革命的な形でリカバリーという言葉が使われるといったことがあり得るわけでしょ？　きっと当事者がリカバリーという言葉をつかって自分の人生を選択したときに，「えー！？」みたいな感じになったと思うんだけど。つまり例えば画家になるとか。精神科医が普通には思いつかないような何か，それは全然想像もつかないわけですけども，そういう選択に対してリカバリーという言葉が使われる。

　松嶋　うん。

高木　だからね，今のリカバリーの話でも，これが私のリカバリーですって言ったときに，私達はあなたの自己決定に全て敬意を表します，みたいな感じでやっちゃったらダメなんですよね。「あり得ないだろ，そんなこと！」って言って，こっちもその言葉に対する違和感を返さないと，結局，障碍受容みたいな話になってしまう。やっぱりそこを巡ってせめぎ合いが起こることがあるような，あるいは理解不可能な状態に陥って，それこそ呉さんの話ではないですが，怒りが湧いてくるような，あるいは違和感みたいなものを強く感じるっていうところがあっての話だと思うんですよね。そうじゃないと，例えばヨーロッパのプリミティヴアート好きの人達やアウトサイダーアートが大好きな人達が，非芸術家が作る作品は全て素晴らしいという前提で全部受容して，結局，他の作品と同じ形で美術館に並べるのと同じような話になって終わってしまう。やはり我々が本の中でずっと捉えようとしてきた「ズレてることの気持ち悪さ」だとか，ズレてることによって生まれる，感情的なことまで含めた色々な違和感まで含めてのことなんだと思うんですよね。

山本　なんかさ，ズレることのポジティブな面っていうのは色んな形で語ることが出来ると思うんだけど，当然のことながら，それって破壊に至る可能性もあるし，大体そこを「耐える」って言葉が必要になるじゃないですか（笑）。その力ってどこから湧いてくるのかな。

高木　それがさっきの未来の話と絡むようなことになりますよね。

山本　うんうんうん。

高木　そうですよね。でも，ズレがどうしても気になっちゃうというのは（笑），何ですかね，これは。

山本　いや，何かやっぱりズレてて噛み合ってないって状態って，嫌なんですよ，きっと（笑）。

一同　（笑）

山本　その諦めない力っていうのはどうやって生まれてくんのかね（笑）。

高木　でも，一方で社会を見渡すと，やっぱなるべくズレは見ないようにしようって方向で動くことが圧倒的なわけですよね。

山本　いや，ズレを見なくって幸せに生きてるときには，それを別に問題にする必要もないとも思うんですけどね。だけど，見ないことによって圧倒的に深刻な問題が展開してしまってると理解できるときには，それではすまなくなってしまうと思うんです。

第 IV 部
ディスコミュニケーションを語る視座

理論的検討

研究という行為は，それ自体が
一つのコミュニケーション行為である。
それは研究主体間で対象を共有し，
対象についてあるべき扱い方を共有し，
対象の認識を深めつつそれを共有していく過程である。

その共同的な行為の深まりの中で，
我々はコミュニケーションを成り立たせるものとして，
規範的媒介項を自覚的に生成しようとする。
研究の方法論，そしてその足場としての理論的視座である。

方法論が問題を生成するわけではない。
主体が対象を生むのではないように。
問題を巡る主体間のコミュニケーションが方法論を生み，
そして方法論の自覚的共有が
次のコミュニケーションの新たな足場となる。
終わりのないその循環的展開の一歩を，
ここで踏み出してみたい。

第9章
ディスコミュニケーション分析の意味
――拡張された媒介構造（EMS）の視点から

山本登志哉

　本章ではこの本の中で展開された様々なディスコミュニケーションについて，それら全体にわたって存在する構造を見いだすための，理論的な視座のひとつを呈示する作業を行う。

　まずディスコミュニケーションについて改めて簡単に整理しておこう。第一にそれは一応コミュニケーションとして成り立っている相互作用である。未成立な，あるいは崩壊したコミュニケーションはそもそもディスコミュニケーションとは言えない。第二にそれは何らかの特定の視点から見たとき，ある理想状態からのズレを含むコミュニケーションであり，相互作用の不全として現れる現象である。したがって個々のディスコミュニケーションを分析する際，それはどのような意味でコミュニケーションとして成り立ちつつ，どのように理想状態からのズレとして現れているのか，そしてそのようにズレが現れるのは誰に対してなのか，ということに注目する必要がある。

　ここで強調しておくべきことは，あるコミュニケーションがディスコミュニケーションであるかどうか，という問題は，それを見る視点に依存して決定されるべきであり，そのような個別の視点を離れて一義的，一般的に決定することが出来ないということである。したがってたとえば当事者の一方から見ればディスコミュニケーションであるにもかかわらず，他方からは順調なコミュニケーションとして認識されていることもあり，さらには当事者はいずれもそれをディスコミュニケーションとして見なしていないが，第三者から見たら著しいディスコミュニケーションがそこに見いだされることもある。複数の第三者間で見方が分かれることも当然ありうる（尾見 2010）。

　だがそのいずれの視点が「正しい」のか，あるいはその優劣関係をここで予め決定すること自体に意味はない。それはある特定の主体に対してある具体的文脈の中で実践的な課題として立ち現れる個別具体的な「問題」なのであり，それを「ディスコミュニケーション」と認識するかどうかによって当人の実践

構造が変化する。すなわち「ディスコミュニケーション」という個々の理解は，ある状況に対する当該主体の見えの世界の文脈に依存して成立する実践的な認識なのであり，そのことにこそ意味がある。脱文脈的な一般性においてその正否・優劣を決定することに意味がないのである。ディスコミュニケーションという現象があくまで個別の文脈に依存した個々の主体の実践的認識の内に現れる，ということをまず確認しておきたい。

さて，ここまでコミュニケーションにズレが見いだされながら展開していくさまざまな現象について，のべ7人の論者がそれぞれの観点から自分の事例の分析を行ってきた。その上で，視覚障碍という，私たちにもわかりやすい形で世界の見えにズレがある筈の状況を生きてきた河野が，そのズレの世界をどのようにこれまで生きてきたのかについて行った説明をめぐり，それぞれの執筆者が自らの視点から議論を行い，ディスコミュニケーションという事態の性質について，さらにつっこんだ議論を交わした。

この議論の流れを見ながら，高木は座談会（第8章）においてディスコミュニケーション現象を成り立たせる4つの要素を取り出している。まず第一にコミュニケーションの素材となる対象への注意の共有可能性，第二に注意が共有された対象の意味解釈の共有可能性，第三に対象をめぐるやりとりの仕方の共有可能性，そして第四にそのようなやりとりを行う主体のアイデンティティの機能である。これらをめぐってさまざまなズレが見いだされ，あるいはそこからコミュニケーションやそれを構成する要素に変容が起こる。コミュニケーションはここに現れている「主体」と，主体が共有し，またはやりとりする「対象」，そしてその適切な意味理解ややりとりの仕方という「規範」的な要素が相互に不可分な一体をなしつつ成立している。

本章ではこのような「主体」「対象」「規範」という要素が相互に媒介的な関係構造を持つものとしてコミュニケーションを捉え，各種ディスコミュニケーションをその構造によって把握し直す。またディスコミュニケーションの変容過程をもその構造に生ずる変化として理解する視点から，議論の整理を試みる。その際，相互に媒介的な関係構造を表す概念として用いられるのが，山本らが社会文化的現象の心理学的分析のために生み出してきた「拡張された媒介構造」（expanded mediational structure：以後 EMS）の概念である（Yamamoto & Takahashi 2007 他）。

以下，社会文化的に相互作用する人間の実践的活動が持つ基本的な心理学的性格を簡単に整理し，その基本性格をベースに成り立つ人間の社会的行動の基本分析単位として EMS を説明する。次にこの概念を応用する形で，そもそもコミュニケーションにおけるズレを分析する，ということは何を意味しているのかについて整理する。さらに以上の整理を背景としながら，各章に扱われたディスコミュニケーションの特徴をメタ的に分析し，最後にディスコミュニケーション分析の対話実践的意味について考察を試みる。

1. 実践的活動の構成要素としての認識

　ここではディスコミュニケーションというコミュニケーション現象の性質を理解するために，そもそも社会的コミュニケーションを成り立たせている心理的なシステムとはどのようなものか，その基本的な性格や構造を明らかにするところから議論を始める。EMS はそのような議論をふまえ，人間に特有のコミュニケーションの基礎構造を一般的に表現する図式として作られている。

1-1. ピアジェ理論とズレ

　具体的な子ども達の姿を分析しながら，認識というものを人間の実践的活動のダイナミックな形式として，徹底して体系的かつ発生的に記述分析しえた心理学者としては，未だにピアジェを越える者は見あたらないだろう。彼の議論にはさまざまな批判が展開し，その限界性も明らかになってきているとはいえ，我々はなお彼に対する批判を通して自己の立場を明確化し，その有効性を主張することが可能である。我々はディスコミュニケーションという，主体間の認識のズレを伴う実践的な活動について理論的に検討するにあたり，やはりまずピアジェ理論の批判的検討から始めることとする。

　周知の通り，ピアジェは人間の認識を，単に主体の内部に閉じこめられた理解の能力や形式として固定的に見るのではなく，対象に対する能動的で実践的な活動の構造（シェマ）として把握する視点をとった（Piaget 1952/1967, 1970/2007 他）。そこでは主体が能動的に対象を自己の活動に取り込もうとし（同化），またその同化の仕方からはみ出してしまう対象の性格に出会って自己の活動を調節し直すことで対象をよりうまく取り込み直そうとする（調節）とい

う，主体と対象のダイナミックな関係が展開する。このダイナミズムを組み込むことで，主体の認識は外界から孤立した固定的システムとはなりえず，常に活動の中で自己を更新し続けるシステムとして分析されることになる（発生的認識論・構成主義，Piaget (1968/1970) 他）。

このきわめて魅力的で，革命的でもあったピアジェの議論の内に，すでに「ズレ」の問題は発達の本質をなすものとして組み込まれていることは明らかである。すなわち彼の理論構成においては，ある人間の活動を成立させているシェマが更新されるのは，まさにその同化の様式と対象のありかたにズレがあり，主体がそのズレを埋めようと調節し，主体の対象への活動に新たな均衡状態を達成しようとするからである。

ディスコミュニケーションのダイナミズムを考える立場から次に重要なことは，ピアジェ理論においてこの均衡状態はそれ自体が常に相対的なものとして把握されていたということである。主体と対象の絶対的な一致（均衡）といったことはそもそも問題にならない。あるレベルで達成された均衡は，活動のさらなる展開の中で対象との新たなズレを抱え込み，より高次なレベルでの再均衡化へと向かう。それによってこそ，発達が実現するのである。ここで均衡状態は常に次なる高次の不均衡を内包しつつ成立するものであり，主体の認識と対象の性格のズレの解消，すなわち一致（均衡）はその都度のシェマによる活動の文脈に於ける，相対的な一致（均衡）にすぎないことが明らかである。

したがってこのピアジェの議論の中にも，我々はディスコミュニケーションを論ずるに当たって重要な点を2つ，すなわちズレを内包した主体の実践的活動への注目と，一致の本質的な相対性の問題を見いだすことが出来る。この2つが，子どもの活動をダイナミックに展開させる基本的な要素として，ピアジェ理論には予め組み込まれているのである。

1-2. 主体としての他者と能動＝受動の二重性

では，我々がディスコミュニケーションの問題を取り扱うに当たって，ピアジェの議論が持つ限界はなんだろうか。

ワロンが指摘してきたように（Wallon, 1949/1965；ワロン 1983），ピアジェの議論に欠けているのは，もう1つの主体，すなわち他者との関係に依存して発達する子どもの姿である。また浜田（1983, 1984, 1988 他）や麻生（1984, 1988 他）ら

が指摘し続けてきたように，また鯨岡が両義性の概念で「見る」ということの能動＝受動性を問題としたように（鯨岡 1970, 1979, 1980 他），意図を持つ「他者」という能動的なもうひとつの主体と向き合う存在として，主体を「見え」の世界から捉える視点がピアジェには欠如している。シェマの概念に明らかなように，ピアジェは対象に対する能動的な主体の活動の構造を描き出した。だが多くの動物にとってきわめて重要な対象は，物体のようにただ主体の働きかけを受けるだけのものではなく，それ自体が自分に対して働きかけてくるもうひとつの主体，すなわち他個体である（山本 1990）。活動はここで対象に対する能動的な働きかけの構造を形成するだけではない。逆に他者からの働きかけを受ける，受動性においても構造化されるのである。

　さらにこの主体の能動性と受動性は，他者との関係においてそれぞれが独立して存在するのではない。「追う＝追われる」「食う＝食われる」「奪う＝奪われる」「与える＝もらう」「話す＝聞く」……というように，能動＝受動は主体間で対の関係で成立する。また見つめ合う，手を握り合う，といった関係においては「見る＝見られる」「握る＝握られる」といった能動＝受動構造が自他間で図地反転的にくるくる転換する相で成立する。自己の能動性と他者の受動性，他者の能動性と自己の受動性が本質的に分離不可能な形でそこに現れる，自己は他者の主体性を媒介し，また他者は自己の主体性を媒介する形で自他関係を成立させているのである。このように相互の主体性が分離不能な形で現れる自他の関係構造こそが，動物の主体間相互作用の場の持つ本質的な特性である。そして動物の相互作用の複雑化という現象は，この対の関係自体が連鎖し合い，多重に重なり合い，構造化する過程として析出することができ，さらに人間の相互作用に本質的な役割交代的活動は，このような能動＝受動関係の複雑化によって成立する主客の交代構造として初めて成立する。

　ピアジェにとって他者の理解は，そのような対の関係からの展開としては分析されない。そこでは主体の内部に，まず他者を予定せずに成立する対象に対する能動性の構造（＝シェマ）が，その後に他者に投影されて成立するかのような構えで他者理解が語られる（例えば象徴機能の形成に関する彼の議論。Piaget (1962)）。だがこの「感情移入」的な他者理解の議論は，我々の「内面世界」に関する素朴な体験的事実にも反し，そもそも「如何に他者を主体的存在として認識可能なのか」という根本問題には決して迫れない。

これに対して上記の能動＝受動の対の関係を見る視点から現象を分析すれば，他者理解は能動＝受動の対の関係の構造化として，主体自身の理解と対になってはじめて成立するものである。そこでは他者は推定の対象ではなく，自己の受動性において直截に覚知される主体としてある。他者理解はその原点において，現実の他者との具体的なやりとりの現場で自他が対になったやりとりの内にその都度生成し続けるものであり，それは他者から切り離された自己の他者への投影とは原理的に異なる現象なのである。「感情移入」的他者理解はこの基盤の上に一種の役割取得として成立するものであり，その逆ではない。

　このような対の関係の中で，主体は何かに向かう存在としての他者の志向性や意図性を直截に覚知する。そして相手の意図理解という認識を実践的に組み込んだ形で相互作用が成立するのである。この視点がピアジェ理論には決定的に欠けている。この議論をふまえるとき，ディスコミュニケーションにおける「ズレ」の基本性格と，それがピアジェ理論で扱えない理由が明らかになる。すなわち，ディスコミュニケーションで問題になるズレは，ピアジェが問題にする主体の対象理解と対象の性質のズレを越えた，主体間相互作用における相互の意図の読み取りのズレとしてまず現れるのである。

　意図の読み取りにズレが生じうるということは，人間のコミュニケーションにとって構造的な必然であろう。なぜならば，人間の主要なコミュニケーションは身振りや言語，贈与物などなんらかの物理的対象を後天的に形成された媒体として用い，そこに発信者がなんらかの意味あるいは意図をこめる。しかもそれは相互作用の中で常に生成的な性格を持ち，「発信」後も当人の当初の自覚的意図を越えて変容し続け，固定的な一義性を持たない。さらに受信者はそこに発信者の意味や意図をその都度読み解く，という作業を行うが，これもまた固定的ではない。ここで媒体とその意味の間には一義的な対応関係は存在せず，常に解釈の多義性，そして変容可能性がある。したがって発信者の意図と受信者の読み解きには予め一致する固定的関係はない。

　系統発生的に考えても，遺伝的規定性から解放されて自由度が劇的に増すこと（後天的要素の拡大）が人間のコミュニケーションの特徴であるが，それによって相互の意図が全くつかめなくなってしまえば当然相互作用は崩壊する。したがってなんらかの手段で相互作用可能なレベルにまでそのような多義性を減少させることが必要となるだろう。「一致」が出発点なのではなく，むしろ

「多義性」あるいは「ズレ」が出発点で，それに対する後天的な制約構造の形成が，人のコミュニケーションにとって特に重要なのである。

例えば言語的コミュニケーションにおける語義や文法，身体的コミュニケーションに於ける定型的身振りの意味や作法，贈与交換における価値や贈与のしきたりなど，媒体の読み取り方とその扱いへの何らかの制約システムを，社会的サンクションを伴う規範性を持ったものとして人は歴史的に発達させてきたと考えられる。そしてこのように行為を規定する規範性を持った相互作用の構造こそが，人間の社会的相互作用の特徴と考えられる。人間に於けるディスコミュニケーションは，まさにこのレベルで成立するのである。

そこで次に，ディスコミュニケーションを成立させる，媒体を用いた人間の社会的相互作用の基本構造に関する概念である，EMSについて概説する（なお以下の概説は，Yamamoto & Takahashi (2007) の説明を，山本の視点で敷衍したものである）。

2. 人間の社会的相互作用の最小分析単位としてのEMS

2-1. 能動＝受動の二重性を持つ媒介関係としての相互作用

上記の通り，人と人の相互作用が成り立つのは，自己と他者が共に主体としてそこに存在するからである。互いに能動と受動の二重性を持ち，主体としてありながらかつ対象でもある存在として自己と他者が存在し，かかわりあう。このような二重性を持った対の関係が，図地反転的に同時的に成立するのが見つめ合いといった関係であり，継時的に反転して展開するのが各種役割行動となる（ここでは社会学的な狭義の役割概念ではなく，乳児と大人のボールのやりとりのような関係構造をも含めた広義に役割概念を用いる。役割概念の拡張に関しては廣松（1996）を参照）。これが主体間の相互作用である。

他方，ヴィゴツキーや文化心理学の議論では，人間の精神活動の基本的な構造的特徴は，社会文化歴史的な生成物である道具を使う，記号を使うというように，対象との間に媒体を差し挟んで間接的な関係を持つこと，すなわちその媒介性を高度に展開させてきたことにある。そのような多要素間の媒介の関係構造は個人レベルにとどまらず，たとえば近代的所有権という，現代の経済活動を法的に基礎づける基本的な概念も，自他関係から国家権力までを含んだ多

重の媒介関係の内に成立するものであるように（川島 1949；山本 1991），およそ人間的な社会的相互作用の領域全般に普遍的に存在する。

　ここではそのような社会的構造をも可能にする，人間の相互作用構造の基本単位を，さらに能動＝受動の二重性の議論を組み込んだ媒介的関係構造として描出する。

2-2. 二重媒介的行動としてのコミュニケーション

　人と人のコミュニケーションの最もシンプルな展開は次のようなものである。まず主体Aが主体Bに対し言語や事物などの媒体となる対象aを介して働きかける。それを受けて主体Bが対象aに込められた意図や意味を読み解き，何らかの対象bを介して主体Aに働き返す，というものである（図1）。会話や交換といった基本的な社会的相互作用はいずれもこのような構造を持つ。

　この単純にも見える関係には，能動受動の関係を取り込んですでにかなり複雑な媒介構造が現出している（図2）。すなわち，主体Aは主体Bに対して，対象aを媒介に働きかけるという「（主体への）対象媒介的行動」が存在し（Aの能動），主体Bは主体Aに働きかけられて（Bの受動），それに媒介される（影響される）形で対象bに対して行為する（Bの能動）という，「主体媒介的行動」が成立している。また少し視点を変えれば，主体Aは対象aを媒介に主体Bに働きかけることにより，間接的に対象bと関係を持っているとも理解でき，この関係を「（対象への）対象媒介的行動」と名付けうる（例えば購買者の商人を介した購買行動における，お金と商品の関係など）。

　さらに主体Bが主体Aの働きかけに媒介されたのと同様，今度は主体Aが主体Bの対象媒介的な働きかけ返しに媒介されて，再び主体Bに対象媒介的に働きかけることでそのコミュニケーションは連鎖する。このようなコミュニケーションの連鎖は「他者の対象媒介的な行動に媒介（影響）されて（受動），他者に対して対象媒介的な行動で働きかけ返す（能動）」という，「主体媒介的行動」と「対象媒介的行動」が組み合わさった「二重媒介的行動」の連鎖として概念化される（山本 1997）。

2-3. 関係的に成立する，役割性を帯びた主体と代理主体としての対象

　このような関係構造が成立するとき，その構造を構成する各要素は，いずれ

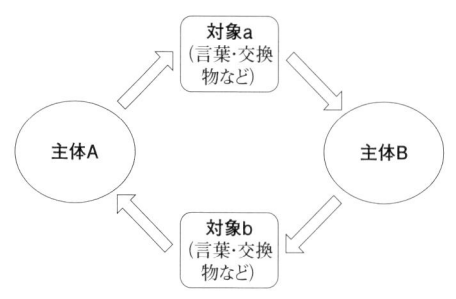

図1　コミュニケーションの基本展開

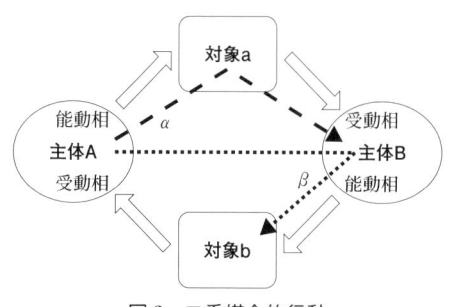

図2　二重媒介的行動

α：主体Aの主体Bに対する対象媒介的行動
β：主体Aに媒介された主体Bの主体媒介的行動
対象媒介的行動＋主体媒介的行動＝二重媒介的行動
（ここでは1巡目以降の「（主体A→）主体B→対象b→主体A」及び2巡目以降の「（主体B→）α」がそれに相当）

もその構造の中で要素間の関係に依存する形で意味づけられて成立するものである。その意味づけられ方はそこに成立する関係によって異なる以上，そのように意味づけられた各要素は関係に先立ってそこに存在するものでなく，個々の関係構造の成立と共にその都度成立する。

　まず主体について言えば，あるコミュニケーションにおいて主体Aが主体Bに対する対象媒介的行動を行う場合，それは主体Bがそれに媒介されて自らに対象媒介的行動を返してくれることを予定している。それに対する主体Bの行動は，あくまでも主体Aの行動に媒介され，あるいはバフチン的に表現すれば（バフチン 1979），主体Aの声を自らの声に響かせつつ行われることに

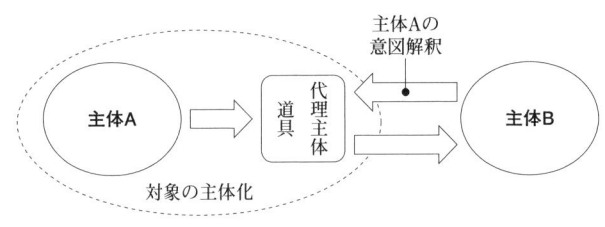

図3　対象の道具化＝代理主体化
（図2のαの書き換え）

なる。そしてまた主体Bの対象媒介的行動も，それに対する主体Aの反応を予定して行われるのである。すなわち，ここで主体Aや主体Bのあり方は，そのような関係構造の内でお互いの予期または期待によって規定され，役割性を帯びた存在としてその都度成立する。EMSはその意味で，常にお互いの予期に関係的に規定された未来を胚胎する，言いかえれば関係的に生成する時間的展望を含み込むような形でその都度成立する。

次に対象について言えば，主体Aによって示された対象aは，主体Bにとって単なる物理的対象（言語を構成する「音」・文字を構成する「インクの染み」・贈り物となる「物体」・貨幣となる「金属」など）ではない。それは主体Aによって道具として用いられ，主体Bに対して呈示された何ものかなのであり，それは主体Aの能動性があたかもその物体に乗り移ったかのように主体Bに対して現れ（例えばプレゼントには送り主の「思い」がこもって感じられる），そして主体Aの意図をそこに映し出すものとして自らに作用してくる。言葉を換えると，対象aはそれ自体が物理的に有する性格を越えたある意味性を持って主体Bに対して現れるのである。それ自体はなんら能動性を持たない物理的対象が道具として成立するのは，このような形でそれが主体Bに対して主体Aの能動性を体現する形で主体Aの代理主体として現れるという構造においてである。当然のことながら，そのような意味性を帯びて対象が現れ，機能するのはまさにこの関係構造の内部においてであって，その対象がその外部で予めそのような意味性を物理的に帯びているのではない（図3）。

2-4. 規範的に媒介される二重媒介的構造としての EMS 構造

ところで主体間の媒体を用いたこのようなコミュニケーションプロセスにお

いて，媒体の意味をどのように解釈するか（その媒体が指し示すものは何か），ということ，さらに媒体を用いて相手から示された行為に対して，受け手がどのような反応を返すか，ということについて，前述のように多様な可能性が存在する。主体Bによる意図解釈やそれに基づく行動形態にある制約が存在しなければ，主体Aはそれを予期する形でうまく働きかけることが出来ない。同様のことは当然主体Bにおいても言えるのであり，一連の安定したコミュニケーションはそのような予期の関係によって可能になる。したがってコミュニケーションに不全が顕在化し，そこに多義性によるズレが現れた場合，その多義性を何らかの形で制約する規範的な構造が要請されることになる。

個体発生的に見ると，このうち対象（媒体）の意味の共有については新生児期からの間主観的関係構造の展開（共同注意など：大藪（2004）のまとめを参照）の中で，視線や指さし，さらには言葉を媒体として他者の志向性に身を重ね，対象への注意を共有しながらその意味を理解していく（山本 1997），という制約構造の形成過程において早期から成立していく。他方対象媒介的な他者の行為にどう反応すべきかという，相互作用に関する規範的な制約は，子どものやりとりに対して大人が第三者的にそれを規定し，やがて子ども自身がその大人の働きを取り込んで相互作用を行うという形でその後に成立し始める（三極構造の形成：山本（2001））。相互の意図解釈やそれに基づく行為を調整するこのような規範的な媒介項は，たとえば仲介者や裁定者の意志，ルール，慣習，道徳，法など，人間のあらゆる社会的相互作用において多様な形で現れることになる。このように，二者間のコミュニケーション行為に対してそれを二主体から超越した地平から制約し，方向付け，それを媒介する作用を果たす第三の主体的な要素を，規範的媒介項（第三項）として概念化し，これを加えて図式化したものが，すなわちEMS（図4）なのであり，ここで我々は人間の社会的相互作用を分析するのに必要最小限の要素を持った基本単位を獲得することになる。

ではこの概念を応用するとき，ディスコミュニケーションとはどのように把握されるものであろうか？

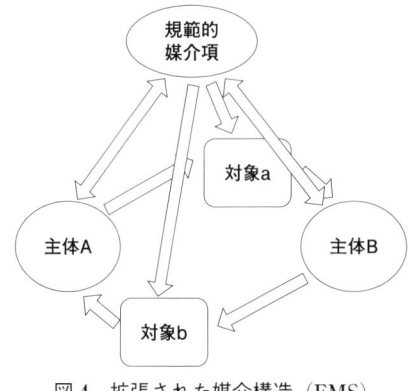

図4　拡張された媒介構造（EMS）

3. ディスコミュニケーションと EMS

3-1. 相互作用の不全と外部的視点の成立

　EMS の図式は，当事者間の安定したコミュニケーションが成立しているとき，一般的にはそこにどのような要素がどう構造化されているかを外部的視点から図式化したものである。したがって現在コミュニケーションの渦中にある内部者の視点からは，これらの要素，特に相互作用を規範的に媒介する規範的媒介項については通常意識されていない（図5左の部分）。それらは内部者がなんらかの理由でその実践行為を一旦とどめ，自分たちの相互作用を外部的視点から対象化して意識し直したときに明確に立ち現れてくるものである。

　そのような外部的視点への転換と事態の意識化が生ずるのは，コミュニケーションになんらかの不全を誰かが感じ取り，内部的視点での半ば無意識的で自動的な実践的活動の継続が困難になり，意識的な調整の必要性が感じられるようになった場合である。このとき当事者にとって事態は，自分の予期通りにことが進まない，あるいはそもそも予期そのものが困難になるような状態として現れる。ここでその当事者は実践行為に埋め込まれた内部的な視点を離れ，相互作用の全般を超越的な視点から見直す外部的な視点を持った存在へと自己を二重化する（図5右）。そして一体その事態の何が自分の予期（＝その当事者にとってのあるべき姿＝規範的形態）からズレているのか，その不全状態の原

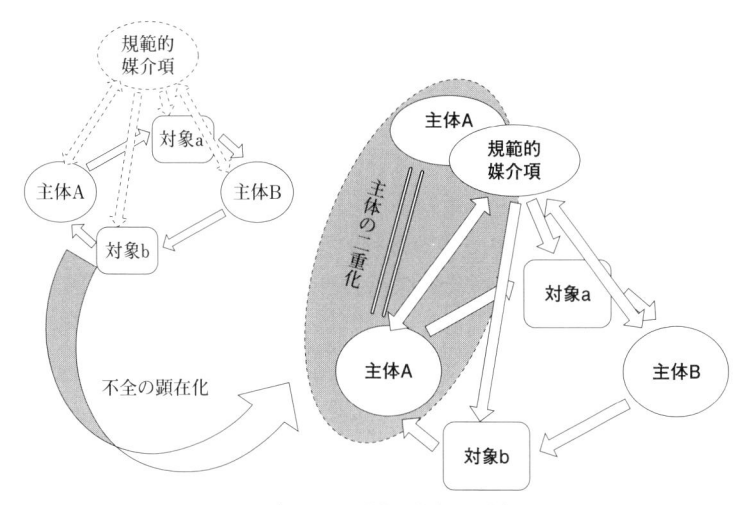

図5　主体の二重化と規範の対象化

因を何かに帰属しようとし始めるのである。

3-2. 2つの原因帰属と不全の調整

　コミュニケーションの不全が認識されたとき，大きく言うと2つの系列のズレを区別することが出来る。まず第一にそのコミュニケーションの場について，当事者間でその場をどのように理解し，何を為すべきであるのかという，両者の相互作用を方向付け，調整する基本的な枠組み，すなわち規範的媒介項は揺るがない場合である。この場合，その不全の原因は当事者の一方または双方が共有されたその規範から逸脱したからである，と理解されることになる。「誰それがすべきことをしないから（主体の負うべき役割からの逸脱＝ズレ）」とか「誰それが状況の理解を間違っているから（正しい対象理解からの逸脱＝ズレ）」不全が起こるという理解である。この場合EMSそれ自体は揺らぐことなく，その場に実践的に関わろうとする人はその内部で不全を解消すべく，逸脱者を矯正または排除する努力を始める。

　第二の場合は，規範的媒介項それ自体のズレとして，コミュニケーションの不全が認識される場合である。当事者はお互いに自分にとって当然と思われている規範的構造にしたがって，正当に行為を行っており，第一の場合のように相手がそれから逸脱したのだとまずは見えてくる。しかしながら相手もまた全

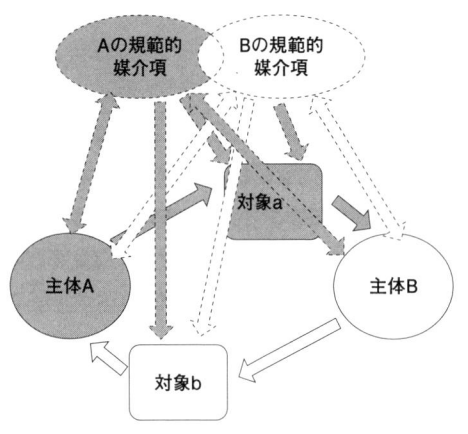

図6 規範的媒介項のズレとしてのディスコミュニケーション

く逆の立場で自分を逸脱者として認識していることがわかる場合もある。この場合，不全の事態はコミュニケーションを規定する規範的認識それ自体に当事者間でズレが存在する，という理解が成立するのである（図6）。この場合，そのズレを克服しようとすればさらに2つの可能性があり，両者の内どちらの規範的認識がよりすぐれているか，という形で時に暴力的関係を含みつつ優劣関係の内に両者を再構造化しようとするか，あるいは異なる規範的認識の両者を統合するようなメタ的な規範的媒介項を生成しようとする努力を始める。

　EMSという概念で人間の社会的相互作用を見る立場からは，ディスコミュニケーションが相互作用の不全感から意識的に立ち現れて問題化され，その問題の構造が理解され（原因が帰属され）て事態の再構造化（不全状態の解消）へ向かうという一連のプロセスをこのように記述することが可能になる。人間は各個人が生きるそれぞれの局所的な場において，常にそのような形でその都度他者との関係調整をお互いに行いあい，さらにそれが周囲とゆるやかに，または時に強くネットワーキングしながら，その関係調整の論理の中に個人的主体を越えた上位の主体（家族・友人集団・地域集団・職業集団・国家・国家連合・政治集団・宗教集団・世界など）をその都度状況に合わせて生成しつつ社会的に生きている。世界はそのように常に揺らぎつつ展開する局所的な関係を，役割構造を生成しながらさらにローカルに調整しつつすすむ運動の，膨大な集

積体として現れることとなる。

3-3. 当事者とメタ的な当事者としての第三者

次にEMSの構造の内部に生きる主体の実践に対し，外部から「客観的」にそれを分析し，また記述する「第三者」の意味について述べておきたい。

参与的な研究を除き，通常の研究ではその研究対象に対し，研究者が直接の当事者として関わらない第三者的な立場を保ち，そのことによって研究者個人の主観に依存しない研究の客観性や公共性を獲得しようとする。図5で言えば，研究者Aは当事者としての主体Aが二重化したものではなく，研究者自身が持つ異質な視点により規範的媒介項を外部から対象化する主体である。そしてそこで対象化される構造は同様に直接の当事者ではない他の研究者と共有されうるものとしての公共性を確保することが求められる。

すなわち，この研究者という，対象に対する非当事者は，対象の記述・分析作業の中で，他の研究者とコミュニケートする当事者であり，その意味でその研究行為もまた異なる平面でのEMS構造を為すものとして把握可能となる。研究の方法論とはそのような平面における規範的媒介項に他ならない。

本書でもたとえば川野論文（第4章）の分析における川野の位置，また高木論文（第6章）の分析における高木の位置は，分析対象を構成する直接の当事者の実践に対しては外部の位置を保ち，その意味で当事者性がない。しかしながら彼らも同時に研究者としては当事者なのである。ではこのときの直接の実践に対する非当事者性と，研究者としての当事者性の関係はどのようなものであろうか。

参与的に当事者に関わる研究者と，非参与的に観察研究する研究者との違いは，当事者間のコミュニケーションそれ自体に自らが直接巻き込まれているかどうかにある。前者の場合，当事者の理解とは，すなわちその当事者と自分が有効なコミュニケーションを成立させることが出来る（すなわち共有された規範的媒介項を成立させうる），ということ，あるいは有効なコミュニケーションを成立させられない（すなわち規範的媒介項のズレに困惑する）という事態に直面する，ということに基づいて成立する。他者の視点の了解という要素がそこでは不可欠となる。これに対して研究者が直接のコミュニケーションの外部に立つ後者では，規範的媒介項を当事者と共有する，ということは直接の目

的とはなっていない。あくまで当事者の外部から，他の研究者と規範的媒介項を共有可能な地点を目指して対象を記述・分析するのである。

しかしながらこの外部的な第三者的な視点は，ある時間的なスパンをおいてみれば，直接的または間接的に，いくつかの形で再び当事者の実践的な世界に繰り込まれていくことが普通である。たとえばその研究者が見いだした規範的媒介項が，一種のツールとして当事者に利用可能となるとき，それは当事者の実践構造を変える，という実践的な意味を持つことになる。また当事者がその規範的媒介項を直接に利用可能なものではない場合，たとえば法廷における法理論や事実認定の方法など，あるいは認知症の老人に対するケアの方法論などは，それによって処遇される当事者自身が自らの実践を主体的に成立させるわけではなく，基本的な構造としてはただ「処遇される」という形で受動的にその影響を受けるのであり，その枠組みを与えられて自らの実践を間接的に方向付けられることになる（序章9ページの流されつつもがく主体の例等）。

さらにこの第三者が当事者間のコミュニケーションに直接介入する場合，第三者は当事者に対して自らの規範的媒介項を何らかの形で当事者のそれと調整し，共有することで事態を変化させようとすることになる。この場合はさらに明確な形で第三者である介入者は当事者との直接的なコミュニケーションの当事者として現れることになる。

すなわちこれら第三者的に当事者の実践に関わる者は，ひとつには同様の立場で第三者的に関わる人々とのコミュニケーションにおいては直接の当事者であると同時に，対象となる当事者に対してはメタ的に影響する間接的な当事者性を発揮することになる。さらには当事者に対する直接的な介入事態では，介入者はそこで第三者性を保ちながらも明らかに直接の当事者の一員となる。いずれにせよ研究者などの第三者もそういう意味で当事者性を離れることは出来ず，大きな文脈の中で直接の当事者の実践的な世界にまきこまれており，その当事者性の構造が分析の対象となりうるのである。この問題は当然，社会の中で階層的にEMSが生成していくその運動を考える際に，ひとつのポイントとして押さえておくべきものであろう。

3-4. EMSの存在論的位置

EMSは，対象を媒介した規範性を持つ主体間の相互作用構造を，一般化す

る形で図式的に概念化したものである。ではこのEMSの概念あるいはそれを表現するEMSの図それ自体は一体何なのであろうか？

　これまでの議論の中で繰り返し強調したように，EMSの各要素たる主体・対象・規範的媒介項のいずれもが，EMSの構造に先立って，そのような性格を持つものとして予め存在するのではない。それは構造の現れと共に，関係的にあるいはゲシュタルト的にそのようなものとしてその都度立ち現れる。

　ではEMSそれ自体はそのような関係性一般として，その要素に先立って予め存在する何ものかなのであろうか？　だが仮にそのようなものとしてEMSを措定するならば，本章の論理構造はその時点で一貫性を失ってしまうだろう。これまでの議論の必然的な結果となるが，その概念自体，まさに現在これを読んでいる読者とのコミュニケーション行為を媒介する対象として生成しているものに他ならないのである。そしてそれは他のコミュニケーション行為を対象とする分析ツールとして機能し，そこにおいてのみその都度実体性を獲得するのであって，それ以上の存在でもなければそれ以下でもない。

　我々人間という種に特徴的な，対象を媒介にした規範的コミュニケーションとしての社会的行為は，このような対象や主体，規範的要素の機能的実体化（この概念はさらに一般化して考えるとき，廣松渉の物象化論が重要な意味を持つと考えられる）を不可欠なものとして成立すると考えるが，EMSは研究という人間的なコミュニケーション行為をそのような機能的実体化（または物象化）のレベルで成立させるものとして，それ自身が再びEMSの論理の中に回収されることになる。

4. 各章におけるディスコミュニケーションの構造

　ディスコミュニケーションについて，前節のような整理を試みた上で，次にその視点からこの本全体の中で提起された様々なディスコミュニケーションがどのように整序されるかを論じてみたい。とりわけそれぞれの事例の内にはどのようなコミュニケーションが階層的に成立しているかを押さえた上で，そのどこにズレが発生し，誰がどのようにそれを扱い，そのコミュニケーションの組み替えをはかるのか，という点に注目したい。

4-1. 川野論文：生成するズレの調整が生み出す新たなズレ

　川野論文「ケア場面における高齢者のコミュニケーションとマテリアル」（4章）では，3つの層のコミュニケーションが問題になっている。まず第一に認知症の老人同士がアザラシ型ロボットのパロをめぐって展開するやりとりである。次に時として厳しい対立に至る可能性のあるその老人同士のやりとりを対象として，介護者が調整的にかかわるコミュニケーションである。そして潜在的な可能性として座談会で言及されたものだが，第三に介護者の調整法をめぐって展開する介護者と老人の家族との間のコミュニケーションである。そしてこれら3層のコミュニケーションの中に，ズレは第1層ではパロの正しい扱い方をめぐる態度（規範的媒介項）の対立，およびパロは生き物であるかどうかの認識（対象理解）の対立（「生き物論争」）として現れている。第2層ではパロの扱い方について老人間の規範的媒介項のズレを介護者がメタ的に調整する規範的媒介項の役割を果たすが，「生き物論争」については介入することなく，老人間で自ずと成立した理解の調整をそのまま受け入れている。第3層ではこの第2層における生物論争への介護者の介入法を対象として，その介入法（規範的媒介項）が介護者と家族とではズレる可能性が問題となる。

　本章の重要なポイントのひとつは，何が正しいパロの扱いかが問題になる以前に，まず認知症の老人達がパロをそれぞれの人に固有な形で扱うに至る過程がまず明らかにされていることである。コミュニケーションに必然的に伴うズレの発生は，そこに関わる主体がそれぞれに固有の経験世界の中で，他者からの影響を受けながらも個々人に固有な形での世界や対象への関わり方・理解を形成していくという事実に根ざしている。そしてそのように個性的に成立した対象への関わり合いが，他者との関係で対立状況を生み，そこに調整，すなわち共有された規範的媒介項の生成を必要とするようになるのである。

　ここでパロの生命の有無の理解については，パロのロボットとしての動きが，老人間でズレる対象の見えを克服して共通の理解を生み出すに至り，そのコミュニケーションは相対的に安定した。だがそれが生き物であるとして共通の理解が成立したとしても，それに対してどう扱うべきか，という関わり方の規範については，老人間で自ら共有された規範的媒介項を生成するには至らず，代わりに外部からの介入で両者を調整する役割を果たしたのが寮母であった。ちなみにこのように対立する相互作用を当事者間で安定的に調整する力が無く，

第三者（大人）の規範的な調整的介入を取り込んでその都度安定するという関係構造は，発生的には2歳前後に特徴的に現れ，その後に当事者（子ども）自身が安定した規範的媒介項を生成・維持して自律的に集団行動を成立させる前段階となるものであり（三極構造の形成：山本（2001）），この認知症の老人はその段階に逆戻りしているとも見える。

次に重要なポイントは，老人間では「生き物論争」に「生き物である」という認識への収束が見られたが，興味深いことにそこで「いや，本当は（科学的に見れば）それは生き物ではない」と考える寮母や川野との間で認識のズレが改めて顕在化してくることである。そして座談会（8章195ページ）で語られたように，老人達の認識と川野等の認識のそのズレを果たして再調整すべきかどうか，という実践的な問いがここで浮かび上がってくるのである。川野らの一応の結論は解消の必要はない，というものであり，しかしそのような結論を持てるのは自分たちが「専門家（という役割）」として対しているからであり，老人の家族はそのような結論にはたどり着きにくいことを合わせて指摘する。仮にこれら「専門家」と老人の家族が，ケアという実践においてこの問題に共同で取り組まなければならない事態があるとすれば，改めてそのような認識のズレを調整する過程が必要になってくる。

このようにある関係でのズレの解消は，異なる関係に対するズレを改めて顕在化させ，そしてそのようなズレに対する実践的な関係はその人が置かれた文脈（この場合は将来への見通しの持ち方や過去へのこだわり方，近所づきあいなどその他の文脈との関係の差違）によって異なったものとなる。それは常に関係状況の展開と共にダイナミックに変化を続ける過程であって，その都度の相対的な解は生まれつつも，固定的な絶対的解を予め措定できるようなものではない。ディスコミュニケーションがそれに向き合う当事者の生きる文脈に依存しており，その見えの世界の中に立ち現れる実践的な認識現象であること，したがってそのような個別具体的な文脈抜きに，解決すべきズレの有無を一般的に議論するのは不可能であることを表す，これは典型例であろう。

4-2. 松嶋論文：対象理解の変容と実践的関係構造の変化

松嶋論文「ズレを通じてお互いを知り合う実践」（3章）では不登校などの「問題」を抱えた子どもに関わる教師同士の互助的なシステム作りに，松嶋が

関わる中で見えてきたディスコミュニケーションとその意味が分析されている。まずここには3層からなるコミュニケーションが確認される。まず第一に「問題」を抱えた子どもと教師の個別のコミュニケーション，第二にそのような子どもを抱えた教師同士のコミュニケーション，そして第三にその教師と，彼らと相談を進める SC（スクールカウンセラー）としての松嶋の間のコミュニケーションである。

教師と子どもとの間には，登校や勉強，あるいは授業以外の活動をめぐってやりとりが展開する。そのような個別のコミュニケーションの中に，教師と子どもはお互いの位置を探り，お互いの関係やあるべき行為の形態を探っていく。そしてそのような子どもとのコミュニケーションを抱える教師同士が，そのあり方を対象としてメタレベルのコミュニケーションを展開する。その中でズレはたとえば子どもという対象の評価・理解や，またそのような子どもに教師はどう対処すべき存在なのかという規範的媒介項をめぐって顕在化する。松嶋と教師の間では，これら各層のコミュニケーションの他に，そこに関わる教師間の関係調整法（規範的媒介項）を対象にそれに関するメタレベルのコミュニケーションが展開し，そこに他教師の現状についての理解や，あるべき関係調整法についての理解のズレが現れ，調整が試みられていく。

松嶋はここで各レベルでのズレがどのように顕在化し，何がそのような事態を揺り動かして新たな展開を生んでいくか，ということについての分析をくり返し試みているが，大きく言うと「対象理解の変容」と「規範的媒介項の意識的調整」という2つのパターンが呈示されていると見ることが出来よう。

前者の例がX中学のA先生の子ども理解の変化である。他の教師との関係調整がうまくいかない中，A先生が子どもを見てある時「可哀想」と感じた。これはA先生と子どもの間のコミュニケーション構造に生じた大きな認識（対象の見え）の転換である。その転換は当然A先生の実践（子どもへの関わり方）を変化させ，そのようなA先生の関わり（実践構造）を呈示された周囲の先生達に対しても，新しい可能性を示した。場合によってそこから教師同士の間に，さらにメタレベルの安定したコミュニケーション構造（支援のシステム）が共有される可能性もあったが，残念ながらこのケースではそこに至らなかったようである。また他者から新たな見えが呈示されることによって，周囲の人々のコミュニケーション構造が変化する例は，Y中学の子どもサトル

にも見られる。これらの例は川野論文で重視された対象のマテリアル性（自己の見えを越えて新たな見えを呈示する対象のありよう）にもつながるポイントとしても興味深い。対象のマテリアル性は，ズレにおいて初めて見いだされ，そのことによって個々の主体の対象への関係・態度に揺らぎをもたらし，それへの実践的関係構造に変化をもたらすのである。

　後者の例は教師間の潜在的（X中学）または顕在的（XおよびY中学）なディスコミュニケーションに対して，松嶋が調整的に関わろうとする事例の中に現れている。たとえばY中学においてC先生と担任の間に生じたズレについて，松嶋はC先生に対して意識的に（松嶋が理解する）担任の見えの世界を呈示することでそのズレを対象化し，C先生の見えの世界を相対化して，両者に新たな構造化をもたらそうとしている。これは一見松嶋によって「正解（規範的媒介項）」がC先生に対して呈示された事例とも見える。しかし実際にはC先生の見えの世界とは異なる松嶋の見えの世界がそこに呈示されることにより，C先生と松嶋の間の見えのズレが対象化され，事態を動かして新たな規範的媒介項の創発が促されているのである。

4-3．奥田論文：ズレが生み出す未来

　奥田論文「未来という不在をめぐるディスコミュニケーション」（5章）では，次の3層のコミュニケーションが見いだされる。まず第1層に進路問題を対象に学生同士が行う会話と，学生と就職ガイダンスを行う大人との間で行われるカウンセリングである。この両者は一方が他方を階層的に包含する形ではなく，ただそこに参加する主体の役割が異なっている。そして第2層にこの論文執筆の動機にも関わる重要なコミュニケーションとして，第1層のコミュニケーションにおける現代の若者のあり方を対象とした，奥田と旧来の青年心理学者との視点の対立が呈示されている。そして新たな視点を持って改めて第1層に立ち戻り，学生と向き合う奥田のコミュニケーションがある。

　この第1層のコミュニケーションにおいては，進路選択を迫られる立場にあって友人同志あるいは大人と語り合う中にズレが生み出されている。大人は学生に未来を語らせようとする。そして学生はその要請に応えようと努力しながらも，その受け答えによって大人をいらだたせる。なぜなら「未来」のリアルな見えが両者で大きくズレるからである。大人にとって未来はかなり明確に固

定化したものとしてイメージされ，学生に対してはそのような明確な未来を描くことを求めたくなる。だが，学生にとって未来は不安定で多様な選択肢が揺らめいているようなものであって，そこで明確なイメージを確固として抱くことが困難なものとして現れている。そのことを前提として，学生はなお大人の要請に応え，なんとか彼らなりのリアリティーに根ざして未来を語ろうとする。それが結局大人とズレてしまい，大人のいらだちを生むのである。

　第2層のコミュニケーションにおいては，上記の大人の視線のもとに青年を描き出そうとした旧来の青年心理学者と，青年の視線のもとに青年を描き直そうとする奥田とのズレが浮かび上がる。奥田によれば，あらゆる未来は本来不確定なものであり，ただある相対的に安定した社会の中で共同幻想として確定的な形で現れるに過ぎない。その点ではむしろ現在の青年の方がよりリアルな未来像を持って現実に対処しようとしているのだとも言える。にもかかわらず，旧来の固定的未来像から青年を描き出し，その像のもとで青年に未来を描き出させようとするとき，そこでの青年はいわば実体のない過去の記憶を検察や裁判官に問い詰められてそれに答えざるを得ないという，不当な立場に置かれた冤罪事件の被疑者の立場に置かれたようなものである。

　このような状況理解を持つ奥田は，学生との間にそれとは異なるコミュニケーションを生み出そうともがいている。それは学生の気持ちをうまく理解し，それに寄り添って世界を"共有"することによって可能になるものではない。学生と奥田の間にはすでに世代のズレが厳然として生み出され，学生はそのようなズレを前提にしてしか奥田と関係を生み出さないからである。そのような状況の中で，奥田は不確定な未来にむかって揺れ続ける学生達を，ひとつの方向に収束させようとするのではない。むしろ奥田自身を含む異質なものとの出会いの中で，積極的に学生の揺れを増幅させる方略を採る。そうやって多くの揺れの中で，学生が自分固有の揺れ方を生み出していきながら，不確定な未来に向き合う力を養おうとするのである。

　ここには本来「不在」の未来をめぐるディスコミュニケーションの分析を通して，これまでの青年という対象に対する見えを転換し，その新しい見えの中でズレを前提にし，あるいはズレを利用した新たなコミュニケーション構造を実践的に生み出そうとする模索が見いだされる。

4-4. 高木論文：ズレの顕在化という法廷実践

　高木論文「回想とディスコミュニケーション」（6章）には4層のコミュニケーションが顕在または潜在している。まず第1層は記憶の想起者とそれを聴く者の間の会話である。両者は語られる言葉（対象）をその場で共有するものの、その言葉が指し示す過去はそれを聴く者には直接共有されることがない。そこに対象の共有をめぐる運命的なズレが存在する。第2層は供述分析において、聴取者と供述者の語りを対象として分析する分析者同士の議論である。ただし本章ではこのコミュニケーションのズレの問題は積極的には提起されていない、潜在的なものである。第3層は第2層で明らかになる記憶の構造（対象）について、その存在論的な性格やそれを研究するのに適切な方法（規範的媒介項）に関するメタ的な記憶研究上の論争である。そこでは記憶についての旧来の見えとは異なる見えを積極的に呈示し、両者のズレをあからさまにする試みの中で、記憶研究というコミュニケーションの構造を組み替える試みが展開していく。そして第4の層は鑑定人または意見陳述者となった分析者を含む法廷内のやりとりであり、ここでは第2層と第3層の議論が対象となって議論が行われる。この層の特徴はそれが絶対的な権力的上下関係の内にあるということである。裁判官は分析者と議論することはなく、ただそれを上位から一方的に裁断するのみである。裁判官はここで不可侵な規範的媒介項として裁定を下し、供述評価（対象）をめぐるズレの問題はしばしば権力的に隠蔽され、その上で人々の法的処遇を決定する。

　ここで高木はその記憶論の基盤として、そもそも記憶という対象はそれ自体が本質的にズレとして存在するのだと述べる。まず第一に記憶とは、現時点で経験される世界における過去と現在のズレ（二重性）として把握される。そして第二に、この視点をコミュニケーションの中で語られる回想的記憶のあり方にまで拡張し、体験者にとって立ち現れる過去がその回想の聞き手に対してリアリティーを持って立ち現れてくる構造を、やはり本質的にズレに基づくものとして分析する。体験者の語りが聞き手の想定を越え、すなわち主観とはズレた世界を突如として呈示するとき、そこに聞き手の主観に決して回収されない、リアルな「不在（他者の体験）」が立ち現れるのである。現状の法廷における証言の扱いは、本来まさに体験のリアリティーが現れるそのような構造をしばしば否定する。予定された「事実（結論）」に全てが従属させられ、そこに存

在するズレを顕在化させない力が，法的な秩序を保とうとする。

　川野論文でマテリアリティの概念で扱われたものと共通する問題が，ここで別の様相で扱われている。ある既存の主観の理解をはみ出した新たな見えこそが，対象そのものに根拠を持つものとしてその実在性を立ち現す。そして松嶋論文のように，子どもの見えの変化という形で現れたその見えの更新が，その対象を含むコミュニケーション構造に新たな揺らぎをもたらし，その更新の運動を駆動するのである。EMS の議論から言えば，ここでは対象の項にズレが現れる，という形でディスコミュニケーションを含んだ関係構造が成立していることになる。そして法廷における強力な権力性を帯びたコミュニケーション構造は，その揺らぎやズレを否定して，固定的な関係構造の内に事態を描く運動である。高木の供述分析実践は，そこに常に胚胎している対象の語られ方のズレを暴くことを通して関係構造を更新する運動となる。さらに一歩引いた地点から見れば，このような高木の方略は，供述（対象）評価に潜在するズレをあからさまに顕在化することを通して，「証言という対象はどのように扱われるべきか」（規範的媒介項）という問いに新たな見えを呈示する。そのように規範的媒介項のズレを明示化することによって，法廷の場で冤罪を生み出す土壌ともなっている，事実認識をめぐる現状の法的コミュニケーション構造を，意識的に組み替えようとする介入的行為なのである。

4-5. 呉論文：異質な規範の持ち込みによる構造変容

　呉論文「異文化理解における対の構造のなかでの多声性」（2章）にはそれぞれ 3 層および 2 層からなる 2 種類のコミュニケーション階層が呈示されている。まず 1 種類目では第 1 層にお小遣いをめぐる子どもたちの日常のやりとりがある。本論文では主題化されてはいないが，実際はその内部にも様々なズレが現れながら日常のお小遣い現象は展開する。次に第 2 層には第 1 層のやりとりを対象に，それについて尋ねる研究者と子どもの間に成立するインタビューがあり，ここでは研究者に対して異文化の子どもたちのお小遣い（対象）の理解や，その用い方についてのルール（規範的媒介項）が，まるで予期せぬ（ズレた）形で浮かび上がる。そのインタビューで見えてきたことを対象に，第 3 層では異質な文化的背景を持つ研究者間のディスカッションが成立し，そこに現象解釈をめぐる相互に異質な（ズレた）規範的媒介項が浮かび上がる。2 種

類目の第1層では，この1種類目で見えてきたことが教員から学生に素材（対象）として呈示され，その意味が問われる授業というコミュニケーションが存在する。ここで教員は学生に対し意識的にお小遣いについての異質な見えを呈示し，彼らとの間にズレを生成する方略を用いている。そして第2層には，そこで呈示された異質な見えを対象とした，学生達同志の話し合いがある。ここで学生達は他の人々に共有される異質な考え方（規範的媒介項）に出会い，かつ自らの考え方が自分たちの中では共有されていることを確認する。そこに両者のズレの安定性を見いだすことで呉の言う「対の構造」が生み出される。そのように対の構造を成立させることで，それまでに学生が持っていた異文化理解の構造が揺らぎ，一定の組み替えが生ずるのである。

　ここで現れるズレは，ある行為をどのように意味づけるか，という規範的な態度に表れるズレの問題である。呉はそのズレをどう対象化し，他者と共有し，また新たなコミュニケーション実践の中にその認識を持ち込んで，そのコミュニケーションを組み替える動力としていくかを論じる。EMSの図式を援用して説明するならば，2者間のコミュニケーション（たとえばおごりの理解をめぐる会話）において，相手をうまく理解できない相互作用の不全があからさまとなっていく過程がまずある。次にそのズレが自らが暗黙の内に持つ規範からの逸脱として否定的に相手に帰属される事態が生ずる。最後に自分とは異なる規範性によって成立している相手の共同的な世界が，自己のそれとの対比関係において浮かび上がるに至る。その結果それまで無自覚に絶対化していた相互の規範的媒介項を対象化しつつ，両者の関係を調整するメタ的な規範的媒介項の模索が始まる。

　ある1つの規範的媒介関係が無自覚に特権化される状態に対して，意識的に異質な媒介構造を持ち込むことによって，関係構造を変化させようとする点で，ここでも前述の高木と同じ方略が用いられている。両者の差異はそのズレを対象の「事実性」との関係で見いだすか，それとも対象の規範的「意味づけ」あるいは対象への規範的態度との関係で見るかにある。両者は密接に絡み合うものであるにせよ，前者が「唯一の客観的事実」を求める運動として展開するのに対し，後者は「状況ごとに正当性を持つ複数の規範」を相互承認しつつ関係調整を求める運動の内に展開するという，方向性の差が存在する。

4-6. 山本・姜論文：ズレ続ける対話が生み出す関係性

　山本・姜論文「ズレの展開としての文化間対話」（第1章）はこのうち後者の運動を意図的に引き起こす実践的な試みとその分析である。ここには4層からなるコミュニケーションが存在する。第一は映画の登場人物同士のコミュニケーションで，その他の層のコミュニケーションの基本的な素材となる。第二は日中の大学生・院生がそれぞれに行うコミュニケーションで，映画の中で展開されるコミュニケーションを対象に，自分たちの生活感覚によって読み解いていく。第三はそのように映画を読み解く学生同志の日中間コミュニケーションであり，相手の読み解き方を巡って，呉のいう「対の構造」が生成され，お互いの理解を相対化し合って，共通理解に到達しようとする運動がそこに生ずる。すなわち，自分の生成するEMSと異質な構造との出会い（ズレ）の中に，両者を調整するメタレベルの構造を生み出そうとする運動が生起するのである。そして第四はそのような対話的運動の過程を分析対象とする山本と姜のコミュニケーションである。

　本章の特徴は，そのように対象を分析する研究者の作業も，実は第三の学生間対話と基本的に同じ性質の運動だと見る点にある。後者は前者と同じことをただメタレベルで行うに過ぎないものと認識される。その意味で研究者としての「神の如き客観」の優越性を放棄したところで成り立つ，永遠の対話的運動の自覚的な起動と継続・展開としてその分析作業が位置づけられるのである。ここでコミュニケーションの対話的な深化は，唯一の正解への到達過程ではなく，あるズレから別のズレへの動的な展開過程として理解されることになる。研究者はその運動の外部で正解を確保している存在ではなく，自らその運動の内部にあって，そこに潜在するズレをことさらに取り出して呈示し，主体の見えに揺らぎをもたらすことによって固定化したコミュニケーションの組み替えを促す存在である。そしてそれを破壊的な対立にではなく，新たなコミュニケーション構造の生成へと促進する作業を自覚的に行い，その過程を分析し，さらにその分析を再び対話的運動の中に投げ込むという循環的実践を行う。

4-7. 河野報告：お互い様の世界が組み替える共同性

　河野報告「見える文化と見えない文化」（第7章）では河野が生きる「晴眼者」とのコミュニケーション世界とそこに現れるズレが描かれ，さらに座談会

（第8章）においてその河野の理解を素材に，他の執筆者と共に議論が行われるという2層のコミュニケーションが存在している。

　通常我々「晴眼者」は，「視覚障碍者」が出生の初めから自分たちとは運命的にズレた世界体験をしていると勝手に思っている。だが興味深いことに，そのような「晴眼者」の理解それ自体がある意味で一種の思いこみであり，そこにおけるズレの事態はそれほど簡単なものではないことが，特に座談会において明らかになっていく。河野にとって，実際にはズレはある過程で発見されていくものであって，予めその体験世界の中に存在するものではない。座談会でも触れられているように，河野にとって自分の体験世界は別にとりたてて「障碍」という言葉で括らなければならないようなものではなく，ごく自然に生きられる世界なのである。「視覚体験がない」という状況は，そのようにして生まれた河野には本来なんの不思議もない全く自然な世界のあり方である。それは晴眼者が紫外線を見られないことを不自然で「障碍」だと思わないのと同質であろう。「障碍者としての河野」はあくまでも後天的に，晴眼者との関係の中で共同生成されていく。

　ただし圧倒的に多数派である晴眼者の世界に生きる中で，このズレの認識は常に晴眼者から，河野の行為の「不自然さ（規範からのズレ）」の指摘といった形でもたらされる運命にある。そこでは晴眼者のコミュニケーションが基準であり，ズレはそこからの逸脱として見なされ，矯正すべき対象として河野の行為が意味づけられ続ける構造がある。だが，そのような優劣関係に基づく構造化が破れる瞬間がある。それは河野によれば個人と個人としてお互いが向き合ったときに感じられる「お互い様」という世界である。両者が個と個として対等な関係に立ったとき，お互いの世界はそれぞれに自然な世界であり，そのズレはお互いの世界の個性的なあり方の差として把握され直すことになる。自分には相手の世界は分からないが，相手も自分の世界が分からない。そういうお互い様の関係の中で共に生きるコミュニケーションがそこに生成し，座談会で高木が強調するように，両者の持つ異質な世界の接触を通しておのおのの生きる世界がそれぞれに更新されいくのである。しかもここで重要と思われることは，このときお互いのズレは個と個のズレという認識のレベルに収まらず，改めて「晴眼者の世界」と「視覚障碍者の世界」という，個の視点から個を越えた共同性を胚胎した対比として現れてくることである。このとき，既に両者

は優劣関係によって構造化されることが無くなっている。

5. まとめ：認識実践としての
　　ディスコミュニケーション分析と EMS

　前節では本書の各事例に関する分析を EMS 概念の視点から改めて整理してみた。その内容をにらみつつ，ここではまとめとして２つのことを論じたい。ひとつはコミュニケーションの階層構造と「社会」，そしてそれを分析する基本単位としての EMS の意味であり，もうひとつは不全状態に陥ったコミュニケーションの組み替えとディスコミュニケーション分析の関係についてである。

5-1. 階層構造を形成しつつ揺れ動く EMS の総体としての社会

　前節の分析で見えてきたように，いずれの章で取り上げられた事例も，その中には多様なコミュニケーションが存在し，そしてそれらがいくつかの階層を為す構造を持っていた。それぞれの階層のコミュニケーションは，それがある反復性を持って我々に認識されうる安定性を持っている限り，第２節で述べたようにいずれもそこに EMS を読み取ることが可能である。そして１つの階層における EMS は，メタレベルのコミュニケーションにとってその素材（対象）となってメタレベルの EMS を構成する要素化するという関係が見いだされる。個々人の見えという内部的な視点からこのことを記述すれば，他者との不安定なコミュニケーション関係は，お互いを規定する規範的媒介項が見いだされ，それが調整されることによって相対的に安定化するが，さらにそのようなお互いの関係を別の他者と語り合うとき，その媒介関係の全体がそれ自体対象化されて語り合われるという展開になる。

　山本はかつてある「事件」の目撃者集団に個別の聴取が繰り返され，聴取者によってその「事件」が解明されて報告書にまとめられるまでの社会的な過程を，そこに含まれるこのようなコミュニケーションの階層的構造を明らかにしつつ論じたことがあるが（山本 2008），多様な個人の個別のコミュニケーションの集積の内に現れる社会現象というものは，そのうちに何らかの形でこのような階層構造を生み出しつつ展開していると考えることが出来る。そのような構造が最も単純な形で成立するのは，全体が中央集権的な形で階層化される組

織であり，そのヒエラルヒーの各所にはそこでの役割を担った主体が存在し，周囲の主体との間にその都度EMS構造を生成しながらコミュニケーションを展開し，そのようなコミュニケーションがその組織を動かしていく。

　このときその組織全体の動きは決してそれを構成する各レベルの個別のEMSのいずれかに還元して説明することは出来ない。と同時に各EMSが組織全体に還元されて説明されることもない。そのことを最もわかりやすく示す例は，EMSが平面的なネットワーク構造を展開する場合であろう。ネットワークの結び目として現れる各EMSは，自らの周囲のEMSを参照し，その限りで部分的に階層性を生み出しつつ，しかし各EMS間が上下関係の内に構造化されることはない。中央集権型の階層構造の場合には，その構造のトップに立つ主体（リーダー・支配者）を取り出せば，それが全体の運動を代表し，それによって運動の全体が説明されるように「見える」こともある（実際は組織は決してそのトップの意のままに動かない）。これに対してネットワークの運動のどこをとりだしてみても，運動の全体にそれが代表するようなものを見いだすことは不可能である。全体の運動はどの要素にも還元できず，しかも緩やかに拡がるネットワークの本質的な性格として，そもそもネットワークの外部との間に明確な境界線を引いて「全体」を明示することさえ困難である。当然全体からその部分を説明することはもとから不可能である。ここでは個人と集団，部分と全体という二元論はそもそも最初から不可能な形で現象が存在していることがより明確である。

　本質的にそのような性格を持った社会というものを分析するときに，EMS概念が基盤とする視点に意味とリアリティーが生まれてくる。EMSは各主体が何かをめぐって他主体との間に関係的に自己を形成しつつ，その都度そこに両者を媒介する規範的媒介項を生み出しながら運動する場に現れる。それが同時に周囲のEMSと上位のEMSを生成しつつ運動する。組織の全体とそこにおける個のあり方は，このようなその都度の関係的なEMSの生成集積の結果として現れてくるものであり，原因ではない。この視点から見るとき，社会とはすなわち入れ子的な構造を形成しつつ揺れ動くEMSの総体なのである。

5-2. 関係的な個に足場を置く対話的実践とEMS

　ディスコミュニケーションの分析は，そのような個別のEMSの具体的なあ

り方を分析する作業としても見ることが出来る。前節の分析である程度見えてくるように，ディスコミュニケーションはそのコミュニケーション内部に参加する主体，またはそれに外部から関わる主体の目に，あるズレを含んだ不全状態として浮かび上がってくる。ここでディスコミュニケーションがいずれかの主体に見いだされたときに，そこからそのコミュニケーションの不全状態に対してどのような対応が取られるかについて考えてみたい。

　前節で検討したいずれの事例においても，コミュニケーションに含まれるズレがそこに関わるいずれかの主体に見え始めたとき，当事者の見えの世界に対し，それとは異なる別の（ズレた），新しい「見え」の世界が呈示される，という過程が見いだされる。そのとき当事者間で身動きの取れない不全状態になってしまったコミュニケーション構造に，当事者自身の見えの世界から揺らぎが生まれ始める。ここに当事者自身による新たな関係の組み替えの運動が駆動されるのである。したがってディスコミュニケーションの分析は，そのような新しい「見え」を意識的に探るという作業であり，その新たな見えを再びコミュニケーションの中に投げ込むことにより，そのような永遠の組み替えを自覚的に展開する認識実践の一つである，と位置づけることができる。

　このことを集団間の関係を含むディスコミュニケーションにおいて改めて考えてみよう。ディスコミュニケーション事態における相互作用の不全が，個人主体の規範からの逸脱や対象理解の失敗などに帰属されず，その個人を含む共同体が共有すると見なされている，規範そのもののズレに帰属されるとき，その相互作用の不全は「文化間（集団間）対立」として現れる。このとき主体は単なる個人としてではなく，ある集団の成員として現れ，そして個人間の対立はそのまま集団間の対立となる。

　EMSが社会のあり方とその変容を捉える際の基本的な視点がここに見いだされる。それはあくまで関係的な個に視点を置くのであり，個々の関係を超越した実体的社会が予め中空に存在している，という理解を採用しない。個と個が個別具体的な場で向き合い関係を結ぶ，そのあり方が社会的なものとしてその都度生成されていくのである。個に先立って社会が存在している，ということは，この視点から見れば，ある具体的な個と個の関係に先立って別の個と個の社会的な関係が個別具体的に存在している，ということにすぎない。

　したがって「視覚障碍者集団」と「晴眼者集団」，あるいは異なる文化集団

のように，すでに固定的な実体のようにみなされて膠着した集団間の関係を更新する際にも，原点は改めて社会の多様な場所で，多様な階層に存在している個と個の個別具体的な対話的関係に立ち戻り，そこにおける個の見えに揺らぎをもたらすことが志向されるのである（日中間の戦争責任問題をめぐる対立についてのこのような分析例は山本（2001）を参照されたい）。そしてこのような個の見えの世界の内側から，改めて個を越えたある共同性としての「晴眼者」や「視覚障碍者」のあり方，あるいは異なる文化のあり方が見つめ直される。そのようにお互いの関係を当事者自身が対話的に組み直していくことが展望される。それがこの領域でディスコミュニケーション分析の果たす対話的機能であり，そこに EMS 概念が基盤とする社会認識に基づく，関係的な個に足場を置いた対話的実践が生成する可能性が生まれるのである。

謝辞　本論考を作成するにあたり，本書の各執筆者の皆さんに加え，以下の方々に貴重なご示唆を頂きました。著者の力不足でそれらのご意見を十分反映しきれていないことに恐縮しつつ，記して心より感謝いたします。高橋登さん（大阪教育大学），サトウタツヤさん（立命館大学），片成男さん（中国政法大学），竹尾和子さん（東京理科大学），渡辺忠温さん（北京師範大学），余語琢磨さん（早稲田大学）。

麻生武（1984）．ある健常児における自他の基本構造の成立　発達，**20**(5)，103-108.
麻生武（1988）．模倣と自己と他者の身体　岡本夏木（編）認識とことばの発達心理学　ミネルヴァ書房　pp. 37-60.
Cole, M. (1998). *Cultural psychology : A once and future discipline,* Cambridge : Belknap Press of Harvard University Press.（コール，M. 天野清（監訳）（2002）．文化心理学――発達・認知・活動への文化-歴史的アプローチ　新曜社）
バフチン，M. M.（1979）．伊藤東一郎（訳）小説の言葉　ミハイル・バフチン著作集 5　新時代社．
浜田寿美男（1983）．解説　ワロン，浜田寿美男（編訳）身体・自我・社会　子どものうけとる世界と子どもの働きかける世界　ミネルヴァ書房　pp. 104-117.
浜田寿美男（1984）．"自己と他者"の基本構造の成立　発達，**20**(5)，103-113.
浜田寿美男（1988）．ことば・シンボル・自我――《私》という物語のはじまり　岡本夏木（編）認識とことばの発達心理学　ミネルヴァ書房　pp. 3-36.
廣松渉（1996）．役割理論の再構築のために――表情現相・対人応答・役割行動　廣松渉著作集　第 5 巻　岩波書店．

川島武宜（1949）．所有権法の理論　岩波書店（著作集版　第7巻　1981）．

鯨岡峻（1970）．見ること　島根大学教育学部紀要．人文・社会科学, **4**, 31-50.

鯨岡峻（1979）．おとなからみた子ども　島根大学教育学部紀要．人文・社会科学, **13**, 41-63.

鯨岡峻（1980）．おとなからみた子ども（II）　島根大学教育学部紀要．人文・社会科学, **15**, 107-113.

大藪泰（2004）．共同注意――新生児から2歳6か月までの発達過程　川島書店．

尾見康博（2010）．好意・善意のディスコミュニケーション――文脈依存的ソーシャル・サポート論の展開　アゴラブックス http://www.agora-books.com/detail/000000000002301.jsp．

Piaget, J. (1952). *La psychologie de l'intelligence,* Paris: Librarie Armand Colin.（ピアジェ，J．波田野完治・滝沢武久（訳）（1967）．知能の心理学　みすず書房）

Piaget, J. (1962). *Play, dreams and imitation in childhood*. New York: W. W. Norton & Company.

Piaget, J. (1968). *Le structuralisme*. Collection QUE SAIS-JE？N° 1311. Presses Universitaires de France.（ピアジェ，J．滝沢武久・佐々木明（訳）（1970）．構造主義　白水社）

Piaget, J. (1970). Piaget's theory. In Mussen, P. H. (Ed.), Carmichael's manual of child psychology (3rd ed.), Vol. 1. New York: John Wiley & Sons. pp. 703-732.（ピアジェ，J．中垣啓（訳）（2007）．ピアジェに学ぶ認知発達の科学　北大路書房）

Wallon, H. (1949). Les origines du caractère chez l'infant: Les préludes du sentiment de personnalité. Press Universitaire de France,（ワロン，H．久保田正人（訳）（1965）．児童における性格の起源　明治図書出版）

ワロン，H．浜田寿美男（訳編）（1983）．身体・自我・社会――子どものうけとる世界と子どもの働きかける世界　ミネルヴァ書房．

山本登志哉（1990）．幼児のやりとりの変化をどう読むか――〈意図〉を鍵として　発達　**43**, 19-27.

山本登志哉（1991）．所有の観念化と幼児の集団形成――法社会学と心理学の接点から　「研究年報」, **34**, 89-107．奈良女子大学文学部．

山本登志哉（1997）．嬰幼児"所有"行為与其認知結構的発展――日中跨文化比較研究　博士学位論文　北京師範大学．

山本登志哉（2001）．謝罪の文化論：対話の中のアイデンティティ形成をめざして　心理学ワールド, **15**, 25-28.

山本登志哉（2008）．供述における語りとその外部――体験の共同化と「事実」をめぐって．サトウタツヤ・南博文（編）質的心理学講座3　社会と場所の経験　東京

大学出版会.

Yamamoto, T. & Takahashi, N. (2007). Money as a cultural tool mediating personal relationships: Child development of exchange and possession. In Valsiner, Y. & Rosa, A. (Eds.), *Cambridge Handbook of Socio-Cultural Psychology*. New York: Cambridge University Press,. pp. 508-523.

第10章

ディスコミュニケーション事態の形式論
―― 言語的相互作用の微視分析に向けて

高木光太郎

1. はじめに

　本書の各章では様々な現場で生起するズレと規範的媒介項の絡み合いを，そこから生み出される困難あるいは新たな関係や認識の構築可能性なども含めて具体的に描き出すことが試みられていた。ディスコミュニケーションをめぐる今後の探求はこれらの成果から出発し，さらに多様な現場におけるズレと規範的媒介項の構図を，そこから生み出される軋轢や生成・変化の様態も含めてより精密に描き出す「ディスコミュニケーションのエスノグラフィ」という方向に展開していくと考えられる。この作業において前章で山本が定式化した「拡張された媒介構造（EMS）」はディスコミュニケーションという事態を記述するための基本的な分析枠組みとして機能するだろう。

　EMSをベースにした「ディスコミュニケーションのエスノグラフィ」研究に加えて，今後の重要な研究課題の一つとなるのが，ディスコミュニケーションの微視的な分析である。EMSを分析枠組みとして捉えることのできるコミュニケーションのズレと規範的媒介項の多様な絡み合いは，具体的にどのような言語的相互作用のダイナミズムによって生成され，維持，強化あるいは変化するのか。コミュニケーションのズレを意味づけるための参照項として機能する規範的媒介項が，外部から持ち込まれるのではなく，コミュニケーションのプロセスの内部から立ち上がるというのは具体的にはどのような言語的相互作用によるのか。ディスコミュニケーションをめぐる言語的相互作用のこうした微細なプロセスの分析は，EMSに基づく「ディスコミュニケーションのエスノグラフィ」と相互補完的な関係のなかで，この現象の理解をより深めていくものと考えられる。だが残念ながら本書で，こうした研究の方向性を十分に展開することはできなかった。川野論文（4章）における「マテリアリティ」を巡る論考や，高木論文（6章）における想起のコミュニケーション構造の分析

は，このような言語的相互作用の微視分析の展開にある程度結びつくものと思われるが，それらはあくまでも間接的，予備的なものにとどまっている。

　ディスコミュニケーションの微視分析を本格的に展開するためには，ディスコミュニケーションを生み出す言語的相互作用の基本構造を反映させた分析枠組みが必要となる。これには EMS と同様に十分な抽象度をもち，ディスコミュニケーションを生み出す言語的相互作用の複雑なバリエーションを一つの概念系で記述できる一貫性をもつことが求められる。また分析枠組みには「情報伝達」や「意味の共同生成・共有」のような一致や共有を前提とした過程としてではなく，ズレの発生と規範的媒介項の内在的な立ち上げを本質的な契機とする過程として言語的相互作用を捉える視点が求められる。一致や共有を前提とする言語的相互作用を基礎にしてしまうと，ズレの発生やそれに対応した規範的媒介項の立ち上げが，人間の言語的相互作用を構成する本質的な過程としてではなく，コミュニケーションの失敗への対応という消極的な位置づけに追いやられてしまうからである。

　もちろん，このような分析枠組みを構築することは簡単な作業ではない。本章ではその出発点として，各章の議論をふまえつつ，ディスコミュニケーションを生み出す言語的相互作用の一般的な構造を形式的に記述することを試みる。まず前章での山本の論考をベースにして，本書で得られたディスコミュニケーション概念の射程を EMS の枠組みに基づいて再確認する。次に，ディスコミュニケーションの概念を，人々のコミュニケーションに対立や分裂が生成するプロセスを形式化した古典的な研究であるベイトソンの「分裂生成（schismogenesis）」と「メタ・ランダム性（meta-randomness）」の概念（Bateson 1972）と対照しながら，ディスコミュニケーションを生成，維持，強化，変化させる言語的相互作用の形式的な特徴を洗い出す作業を行う。最後にディスコミュニケーションの理解においては重要な意味を持ちながら，ベイトソンによる「分裂生成」と「メタ・ランダム性」をめぐる議論の直接的な射程にはなっていない，「関係の持続」「新たなシステムの創発」「権力作用」「客観的観察者の位置取り」といった問題について，適宜関連する理論や論考を援用しながら検討を進めていく。

2. ディスコミュニケーションの概念

2-1. ディスコミュニケーション事態の最小単位

　それではまず前章の山本の論考をベースにしてディスコミュニケーションという概念が指し示している事態を改めて確認する作業から始めよう。ディスコミュニケーションは言語的相互作用の単なる失敗や食い違いではない。それは言語的相互作用において経験された「不全感」や「違和感」が，相手の「あるべき状態」から逸脱している反応によって生み出されていると，当事者（または当事者の相互作用を外部から観察している観察者：以下，観察者と略記）が理解している事態を指す。ここで「あるべき状態」とは，当事者（または観察者）が「正しい」あるいは「適切な」ものとして規範的に受容できる反応のあり方を意味する。EMSの理論的枠組みでは，これを「規範的媒介項」と呼ぶ。これは法律や規則など明示的でよく整備された規範だけを指すものではなく，権威者の意思，慣習，道徳，価値，センス，伝統など多様な形態をとる。このような規範的媒介項からの逸脱として相手の反応が理解されている事態がディスコミュニケーションであった。したがってディスコミュニケーションの最小単位は，2名の当事者の間でコミュニケーションのズレが生じ，少なくともそのうち1名の当事者（または観察者）が，規範的媒介項を参照してズレの状況を理解している状態だ，ということになる。以下，このように定義される状態を「ディスコミュニケーション事態」と呼ぶ。

　ディスコミュニケーション事態は多方向的に生じうる。このため，一方の当事者がズレの状況をある規範的媒介項を参照して理解しているとき，もう一方の当事者も相手の反応が別の規範的媒介項から逸脱していると理解することも考えられる。この場合，当事者双方が異なる参照枠を用いて現在の言語的相互作用に生じた問題を意味づけ，それに対処しようとすることになるので，言語的相互作用の混乱はより複雑な構造をもつことになる。また当事者たちは相互作用に生じたズレを規範的媒介項を参照せずに理解しているにもかかわらず，観察者のみが規範的媒介項を立ち上げ，その状況をディスコミュニケーション事態として理解する場合も考えられる。

　ディスコミュニケーション事態のこのような定義に従えば，たとえば街中の騒音のために電話で十分な会話ができない状態のように，反応に規範的媒介項

からの逸脱の要因が存在しないケースはディスコミュニケーション事態とは捉えられず，偶発的な要因によるコミュニケーションの不具合となる。一方，記憶違いが明らかになったにもかかわらず，それを訂正しようとせず，事実と異なった情報に基づいて会話を進める人がいた場合，（少なくとも日本における日常会話文脈では）多くの人が戸惑いや怒りを経験し，相手のこのような反応を「間違いがあれば訂正すべきである」という「常識」から外れたものと捉えるであろう。この場合，相手の反応が規範的媒介項からの逸脱として当事者に理解されているので，ディスコミュニケーション事態となる。本書の座談会において高木は言語的相互作用において生じるズレを（1）対象の知覚的共有のレベルで生じるもの，（2）対象の意味づけのレベルで生じるもの，（3）対象をめぐる相互行為のレベルで生じるものに分類している。これらのズレも，それだけで即座にディスコミュニケーション事態となるわけではないことに注意する必要がある。これらのズレによって生じた「不全感」や「違和感」がやはり規範的媒介項からの逸脱という契機と結びついて当事者（または観察者）に捉えられたとき，そこにディスコミュニケーション事態が生じることになる。

　このようにディスコミュニケーション事態においてはコミュニケーションのズレの構図のなかに規範的媒介項が存在していることがポイントになる。しかし，ここで規範的媒介項を当事者間のコミュニケーション（あるいは観察者による観察）に先立って存在する，なんらかの実体的影響要因のように捉えることは適切ではない。山本が前章で述べているように規範的媒介項は具体的なコミュニケーションにおいてズレの発生を契機として「関係調整の論理の中に個人的主体を越えた上位の主体（家族・友人集団・地域集団・職業集団・国家・国家連合・政治集団・宗教集団・世界など）をその都度状況に合わせて生成」するものであるからだ。ディスコミュニケーション事態はコミュニケーションのズレが規範的媒介項との関係のなかで当事者（または観察者）に捉えられたときに生じるものであるが，規範的媒介項そのものもコミュニケーションのなかで生成されるのである。

2-2. ディスコミュニケーション事態の重層化と介入

　ディスコミュニケーション事態を捉えるときもう一つ重要な視点となるのは，コミュニケーションの重層性である。ここまで整理してきたように，ディスコ

ミュニケーション事態の最小単位は2名の当事者の間でコミュニケーションのズレが生じ，少なくともそのうち1名の当事者（または観察者）が，規範的媒介項を参照してズレの状況を理解している状態である。しかし前章で山本が本書の各章を参照しながら整理しているように，実際のディスコミュニケーション事態では，当事者間で生じた直接的なディスコミュニケーション事態が重層的に連関している場合が多い。たとえば川野論文（4章）では，(1)認知症の老人たちがアザラシ型ロボットのパロをめぐって展開するコミュニケーション，(2)それを対象とした介護者の調整的なコミュニケーション，(3)介護者と老人の家族とコミュニケーションというかたちでコミュニケーションが重層化されていた。また松嶋論文（3章）では，(1)「問題」を抱えたとされる子どもと教師のコミュニケーション，(2)教師同士のコミュニケーション，(3)教師たちとスクールカウンセラーである松嶋とのコミュニケーションという重層性がみられた。さらに山本・姜論文（1章）では(1)映画の登場人物同士のコミュニケーション，(2)日中の学生がそれぞれ行うコミュニケーション，(3)日中間の学生によるコミュニケーション，(4)そうした一連のコミュニケーションを分析する山本と姜のコミュニケーションという複雑な重層化の構図がみられた。こうしたコミュニケーションの各層では，それぞれディスコミュニケーション事態が発生する可能性があり，それらが絡み合うことでディスコミュニケーション事態がさらに複雑に展開することになる。

　こうしたコミュニケーション間の重層的な関係が，他のレベルのコミュニケーションへのメタ的な言及というかたちをとった場合，ディスコミュニケーション事態への「介入」という関係が生まれる。ここで介入とは，あるレベルのコミュニケーション（ディスコミュニケーション事態を含む）について，直接の当事者とは異なる観察者の位置取りで，「こうなっている」あるいは「こうあるべきだ」というかたちで言及があり，それが結果的に言及されたコミュニケーションのプロセスに変化を生じさせる事態をさす。たとえば川野論文では，老人たちの間に生じているパロへの態度のズレに対して調整的に介入する介護者のコミュニケーションがみられた。松嶋論文では教師と生徒のコミュニケーションにメタ的に言及し，そこに変化を生み出そうとする教師間のコミュニケーションや，こうしたコミュニケーション全体に対してメタ言及的な働きかけをすることで変化を生み出そうとする，スクールカウンセラー（SC）の姿が

描かれていた。さらに山本・姜論文における研究者の分析も，学生らが生み出したディスコミュニケーション事態を対象とした研究的な介入として捉えることが可能である。このディスコミュニケーション事態では，学生たちの間では「規範や目的が共有されているはずなのにうまくコミュニケートできない感覚にいらだつ」という把握があり，一方，それを観察する「第三者」である山本らには，「実は規範や目的が共有されていないのだ」というディスコミュニケーション事態の認識があった。このような当事者と第三者のコミュニケーションに対する見え方の食い違いの構造を序章で山本は「構造的ディスコミュニケーション」と名付けている。この事態において第三者が自身の見えを当事者に示すことによって，コミュニケーションの行き詰まりに変化をもたらそうとする介入が「構造的ディスコミュニケーション分析」と呼ばれる実践である。この以下，川野，松嶋，山本・姜論文で示されたようなかたちで他のレベルのコミュニケーションに介入を行う観察者を「介入者」と呼ぶ。

　介入は通常のコミュニケーションのレベルを超える特別なコミュニケーションではない。介入者間あるいは介入者と対象となっているコミュニケーションの当事者との間には，常にディスコミュニケーション事態が発生する可能性がある。この意味でメタ的な言及を行う介入者も特権的に正解や真実を把握する「客観的な」位置取りに立つわけではない。前章で山本が指摘しているように，この点は，ディスコミュニケーション事態の当事者と直接的なコミュニケーションの機会を持たない「第三者」的な位置取りをとる研究者においても同様である。規範的媒介項の位置づけと同様に，本書におけるディスコミュニケーション事態の理解においては，具体的なコミュニケーションの関係から切り離された，あるいはそれを超越した位置取りや根拠を想定せず，それらが全て具体的なコミュニケーションから創発するものと捉えることになる。

3. ディスコミュニケーション事態と分裂生成

　ディスコミュニケーション事態の概念に関する以上の整理に基づいて，ディスコミュニケーション事態を生成する言語的相互作用の一般的な構造について検討を行う。その出発点として本章ではベイトソンの分裂生成の概念が指し示す事態とディスコミュニケーション事態の比較を試みる。分裂生成は人々の相

互作用に対立的な亀裂が生じ，それがエスカレートしていく相互作用過程を捉えた古典的な概念である。これと人々のコミュニケーションにズレが生じ，場合によってはそれが深刻な対立にまで発展する可能性をもったプロセスであるディスコミュニケーション事態の概念を対照することで，ディスコミュニケーション事態を生成する言語的相互作用の特徴をある程度浮き彫りにできるものと期待できる。

3-1. 分裂生成の概念

ベイトソンによれば，破局的な対立にまでエスカレートする可能性のある人間集団の分化過程は「対称型（symmetric）の分化」と「相補型（complementary）の分化」に分類することができる（Bateson 1972）。対称型の分化は「同じ願望と同じ行動パターンを持っている二つの集団AとBが，その同型の行動をお互い同士に向け合うことで分化しているケース」を指す。ベイトソンはこれを次のように形式化して説明している。

> 「Aの成員は，集団内部ではa・b・cという行動諸パターンを示し，Bに対したときにはx・y・zの行動諸パターンを示す。同様にBの成員は，集団内部ではa・b・cという行動諸パターンを示し，Bに対したときにはx・y・zの行動諸パターンを示す。こうして両者は，x・y・zに対してはx・y・zを返すということが標準的な反応になるような構えで接するようになる。」（邦訳書　p.125）

たとえば商業的な競争において店Aが値下げをした場合，店Bがさらなる値下げをし，それに反応して店Aがまた値下げをするといった過程がこれにあたる。同様の過程の例としてベイトソンは個人や集団がお互いに自慢をし合う過程，軍事競争，隣人同士の見栄張り，スポーツ競技，ボクシングマッチなどをあげている。

一方，相補型の分化は「集団の成員の願望と行動が根本的に異なる」二つの集団の間で生じる分化の過程を指す。このタイプの分化をベイトソンは次のように説明している。

> 「集団Aに属するものはお互い同士でパターンl・m・nの行動を取り，集団Bに対するときはパターンo・p・qで臨む。そのo・p・qに対して集団Bに属するもの

はu・v・wを示すが，彼らはお互い同士だとパターンr・s・tの行動を取る。つまりここでは，Aの示すo・p・qとBの示すu・v・wが互いに互いを呼び込み合うことになる。」(邦訳書　pp. 125-126)

　このような分化によって生まれる関係の例としてベイトソンは支配-服従,サディズム-マゾヒズム，養育-依存，見る-見せるなどをあげている。より具体的には，たとえば独裁者とそれにへつらう取り巻きや親子の関係などが，このような文化によって生成されることになる。
　対称型，相補型の分化は抑制要因が適切に作用している場合は安定的に展開するが，そうした要因を欠いている場合には分化が過剰に促進され，やがては関係の崩壊にまで至る。ベイトソンは，このような過剰な分化を分裂生成と呼んだ。対称型の分裂生成についてベイトソンは「自慢」を例にして次のように説明している。

「……自慢とは自慢に対する反応なのだとすると，このとき，互いが互いを駆り立てるようにして，ますます強い自慢的な行動をとっていくというプロセスが進行しがちである。そうした『分裂生成』が始まると，何らかの歯止めが働いていないかぎり，お互いへの敵意が一方的に高まってシステムが瓦解することは，いずれ避けられなくなる。」(邦訳書　p. 125)

また相補型の分裂生成については次のような例で説明をしている。

「たとえばo・p・qという行動連続がその文化において『強圧的』assertive と見なされるものを含み，u・v・wが『服従的』submissive と見なされるパターンを含むとすると，『服従』が『強圧』を促進し，それがまたはね返ってさらに『服従』を促進することになりやすい。この型の分裂生成も，抑制がはたらかなければ，双方の集団成員の性格をそれぞれの方向へ歪めていき，両者間の敵対性を強めて，ついには関係システムを崩壊に導くものである。」(邦訳書　p. 126)

3-2. ディスコミュニケーション事態との対照
　コミュニケーションを通して人々の関係に分化が生じ，それが破局的な分裂にまで発展する分裂生成は，一見すると本書で検討してきたディスコミュニケーション事態に類似している過程であるかのように思える。しかし分裂生成に

おいては，双方の集団の成員が相手の集団の成員の行動パターンを「熟知」している点に注意しなければならない。対称型の分裂生成の場合，2つの集団はたとえば「商業的な勝利を得る」といった目標を「共有」し，その目標に向かってそれぞれ同じ行動パターンで競争をすることになる。また相補型の分裂生成では，2つの集団は異なる行動パターンを持っているが，相手の集団がどのような行動パターンで対応してくるのかお互いに十分に把握しており，それに適合する行動パターンを反復する。つまり分裂生成は2つの集団の成員の相互理解が逆説的に作用することによって生じる関係の破綻である。これに対してディスコミュニケーション事態は人々が互いの行動パターンを理解できていないことから生じる現象である。この点で分裂生成とディスコミュニケーション事態には決定的な差異がある。

4．ディスコミュニケーション事態とメタ・ランダム性

　ベイトソンの思考が，ディスコミュニケーション事態に接近してくるのは，分裂生成とは異なる概念をめぐる論考を通してであった。論文「目的意識がヒトの適応に及ぼす影響」のなかで「不思議の国のアリス」（Carroll 1950）のエピソードを持ち出しつつ論じられた「メタ・ランダム性」である（Bateson 1972）。次に，この概念とディスコミュニケーション事態の概念を比較してみよう。

4-1．メタ・ランダム性の概念
　ベイトソンは次のように「メタ・ランダム性」の概念を説明している。

　　「……生きたシステム同士が不適当な形で連結すると，そこにどのような種類の（どのような階層レベルの）ランダム性が生じるかということを，かつてルイス・キャロルはユーモラスに描いてみせた。ここではシステム連結によって『コイン合わせ』のゲームの持つレベルでのランダム性とは違った，メタ・ランダム性が獲得されている。(中略)
　　アリスのクロッケー（ママ）は，複数の生物システムが，中途半端な形で連結したところに成立するメタ・ランダムなゲームである。プレイヤーはアリスとフラミンゴが連結したシステム。しかし球がまた，生きたハリネズミなのだ。」（邦訳書　p.590）

「コイン合わせ」のゲームはランダム性に支配されているが，その結果はコインの「裏」と「表」の有限な組み合わせのなかに限定されている。これに対して「生きたシステム同士」の「不適当な連結」では相互作用が独特の不安定な様相を帯びる。この不適当な連結の具体的な様態を知るために，ベイトソンは引用していないが，クロケー場でのアリスの様子をもう少し詳しくみてみよう（Carroll 1950/1865）。

> 「アリスはこんなおかしなクロケー競技場なんてはじめてだと思ったよ。なにしろでこぼこだらけでね。クロケーボールは生きたハリネズミだし，球をうつバットは生きたフラミンゴだし，アーチのかわりには兵士たちがからだを弓なりにして地面に手をついているんだもの。
> 　いちばんてこずったのは，フラミンゴの取扱いかただった。脚をだらんとさせて，胴体を小わきに抱えこむところまでは，難なくやってのけられたけれど，さて，鳥の首をまっすぐのばさせて，頭でハリネズミに一撃くれようとすると，きまってフラミンゴがくるりとふりむいて，こっちの顔をまじまじと見つめるんだ。それがまた，いかにもきょとんとした顔つきで，思わずぷっとふきださないわけにはいかない。それからまた，フラミンゴの頭を下げさせて，やりなおそうとすると，今度は小癪なことにハリネズミが，まるめていたからだをのばして，もそもそ逃げ出すところだ。おまけにどっちへ向けてハリネズミのボールを送るにしても，とちゅうにはきまってでこぼこがあるし，弓なりになった兵士たちはしょっちゅう起きあがってはほかの所へうごきだす。アリスもすぐに，これはやっかいきわまるゲームだと気がついた。」（邦訳書　pp. 116-117）

アリスは彼女の知っているクロケーのゲームを進めようとしている。しかしフラミンゴとハリネズミは（そしてベイトソンは直接言及していないが兵士とでこぼこの地面も），その定義やルールによって枠付けられた事態のバリエーションを逸脱した行動や状態を繰り返している。このように相互作用を構成する要素の挙動が，一方の参入者が設定した相互作用の枠付けの外部へと「はみ出す」ことによって生まれる相互作用の攪乱がメタ・ランダム性である。ベイトソンは言う。

> 「三つの異なった生物システムがそれぞれに持つ『目的』（と，あえて呼んでおく）が互いに大きくズレていることが原因となって，ゲームのランダム性が，プレイヤー

に知ることのできる有限選択肢集合の枠をはみ出してしまうのである。
　アリスにとっての困難は，フラミンゴを『理解できない』ところから来る。すなわち彼女は，自分が対面する『システム』に関してシステミックに情報を得ることができない。フラミンゴの方も，同様にアリスが理解できない。双方が『目的が行きちがう』かたちで結ばれている。」（邦訳書　p. 590）

　ベイトソンが「あえて」と留保しているように，ここでいう「目的」とは単に行為のゴールや対象ではない。ある行為が現在の相互作用において生じうる行為のレパートリーに含まれるのか，あるいはその外部にあるのかという配分，つまり行為とその文脈である相互作用との関係構造をベイトソンはここで目的と名付けていると考えられる。たとえばコインを投げる行為が「コイン合わせ」のゲームという相互作用と結びついている場合，そこで生じうる行為のレパートリーは，コインを表または裏の状態になるように投げる操作ということになる。これ以外のもの，たとえば「コインを立てる」「投げずにそっと置く」といった行為は「コイン合わせ」のゲームの外部に配分される。「コイン合わせ」のゲームを成立させるためには，このような「目的」がプレイヤーの間で相当程度一致して理解されていることが必要となる。ここに「行きちがい」がある場合，たとえば一方の参入者にとっては相互作用の外部にあるはずの行為が，もう一方の参入者によって平然と相互作用に持ち込まれることになり，アリスのクロケーと同様のメタ・ランダム性を帯びた混乱が生じることになる。
　ここまでの整理をふまえメタ・ランダム性を帯びた不安定な相互作用を形式的に記述すれば次のようになるだろう。

（1）相互作用への参入者 A は自分が参入している相互作用の文脈を x と理解し，それに適合する行為 o, p, q を遂行する。もう一方の参入者 B は自分が参入している相互作用を y と理解し，それに適合する行為 r, s, t を遂行する。

（2）行為 o, p, q の一部は文脈 y には適合せず，行為 r, s, t の一部は文脈 x には適合しない。

（3）また A は B も相互作用の文脈を x と理解していると信じ，B は A が相互作用の文脈を y と理解していると信じている。

（4）このような状態で A と B が相互作用すると，A, B ともに文脈に適合

しない相手の行為に直面することになり，相互作用が混乱，不安定化する。

4-2. ディスコミュニケーション事態との対照

この相互作用の構造は，本書で検討してきたディスコミュニケーション事態におけるそれとほぼ完全に一致すると考えられる。ただし両者を重ね合わせるためには，ベイトソンのいう「目的」と，ディスコミュニケーション事態における規範的媒介項の関係を整理しておく必要がある。

前述のとおりディスコミュニケーションは，言語的相互作用に生じたズレを当事者（または観察者）が規範的媒介項からの逸脱として理解することで生み出される。すでに指摘したように，これは言語的相互作用に対する実体的影響因ではなく，具体的なコミュニケーションにおいてズレの発生を契機として「その都度状況に合わせて」当事者（または観察者）が事後的に生成する状況理解の枠組みである。

一方，ベイトソンの「目的」は各参入者が相互作用へと参入する際に立ち上げる状況の解釈である。参入者は「この相互作用は○○である」ということを予断して相互作用に参入する。この予断による相互作用への参入は，参入者による冒険的な選択の結果ではない。ウィトゲンシュタイン学派が強調するように，あらゆる相互作用への参入が必然的に予断的な関係への飛び込み，すなわちクリプキのいう「暗闇のなかでの正当化されない飛躍」（Kripke 1982）となる。たとえばアリスはクロケーのゲームを始める前から，そこで繰り広げられる相互作用がクロケーであると信じていたが，その信念の適切さをゲームへの参入以前に保証する手だてはない。「クロケーはできるの？」という女王さまの質問は，これからクロケーが始まることを一切保証しない。またアリスが女王さまのところでクロケーのゲームが以前から行われていることを知っていたとしても，今回もまたクロケーが行われる絶対の保証にはならない。アリスは「ここではクロケーが行われている」と根拠なく予断し，相互作用に飛び込んでいくしかないのである。こうした「飛躍」が成功した場合（偶然にも他の参入者の予断と一致した場合），相互作用は目的の枠付けからはみ出すことなくスムーズに展開し，参入者はその結果から逆投影的に参入の根拠（法則，規則，システムなど）の存在を仮構することになるだろう（大澤 1994）。一方，予断が他の参入者のそれと一致しない場合，相互作用はメタ・ランダム性を帯びた

不安定さを示すことになる。

　このように相互作用の「目的」と規範的媒介項の間には相互作用参入以前の理解と，事後のそれという時間的位置取りの違いがある。だが，これらをそれぞれ独立したプロセスとして捉えるのは適切ではない。両者は外部に根拠を持たないまま参入者がその都度立ち上げる相互作用の理解として連続している。予断として立ち上げられた「目的」が他の参入者のそれと「行きちがい」，相互作用にメタ・ランダム性を帯びた不安定さが生じたとき，背後に退いていた予断的理解が規範性を帯びて参入者に意識され規範的媒介項として立ち現れるのである。

　この検討を先ほどの形式的記述に組み込めば次のようになるだろう。

　(1) 相互作用への参入者 A は自分が参入しつつある相互作用の文脈を x と予断し，それに適合する行為 o, p, q を遂行する。もう一方の参入者 B は自分が参入しつつある相互作用を y と予断し，それに適合する行為 r, s, t を遂行する。

　(2) 行為 o, p, q の一部は文脈 y には適合せず，行為 r, s, t の一部は文脈 x には適合しない。

　(3) A は B も相互作用の文脈を x と理解していると予断し，B は A が相互作用の文脈を y と理解していると予断している。

　(4) このような状態で A と B が相互作用すると，A, B ともに文脈に適合しない相手の行為に直面することになり，相互作用が混乱，不安定化する。

　なおこの定式化における参入者はディスコミュニケーション事態における当事者と直接対応するが，外部からの観察を相互作用への間接的な参入と定義することで観察者および介入者も参入者のバリエーションとして組み込むことが可能である。以下，この定式化の展開において参入者には，ディスコミュニケーション事態における当事者のほかに観察者，介入者が含まれるものとする。

4-3. メタ・ランダム性を帯びた相互作用の持続

　メタ・ランダム性を帯びた不安定な相互作用（＝ディスコミュニケーション事態）はどのように「エスカレート」していくのであろうか。対称型および相

補型の分化においては，2つのシステムの成員の行動パターンが適切な相互理解に基づいて安定的に結びつくことで，関係の固定的な反復が生じ，それが逆説的に分化を過激化させる分裂生成というプロセスがみられた。一方，メタ・ランダム性を帯びた相互作用では目的の「行きちがい」によってお互いの行為が理解できない状態に陥るため参入者間の関係は本質的に不安定である。こうした不安定な相互作用は一般的には長時間持続しないと考えられる。混乱に対処するため参入者たちが「行きちがい」の構造を検討し，相互作用の解消も含めて関係を再調整するメタ的な相互作用のモードに速やかに移行する場合が多いからである。だが本書の各章をみればわかるように，「行きちがい」によってメタ・ランダム性を帯びて不安定化した相互作用は，アリスのクロケーのような荒唐無稽な物語の中だけでなく，日常生活においても時として長期にわたって持続し，参入者間の硬直的関係を増幅させながらエスカレートしていくことがある。本来的に不安定で変化あるいは崩壊しやすい相互作用が「安定的に」持続し，そのなかで参入者間の関係を硬直的にエスカレートさせていくことの背後には，それを可能にするなんらかのメカニズムが作動していると考えられる。しかし残念ながらベイトソンはメタ・ランダム性を帯びた相互作用の持続とエスカレートのメカニズムについて直接的には論じていないようである。そこでメタ・ランダム性をめぐるここまでの整理をふまえ，いくつかの可能性を考えてみたい。

　まず持続のメカニズムについて検討する。一つの可能性は「行為の偶然的な重なり」である。これは目的に「行きちがい」のある参入者たちが，偶然に同じ行為を相互作用の内部に位置づけてしまうことを指す。たとえばアリスがフラミンゴを小脇に抱えること（＝フラミンゴがアリスの小脇に抱えられること）はアリスにとってはクロケーの行為のレパートリーの内部に位置づけられるものであり，フラミンゴにとっても（それが何であるか判然としないが）自身の設定した目的のなかに位置づく行為であったと考えられる。ただしここでいう「同じ」には注釈が必要である。アリスとフラミンゴは相互作用の目的を共有していない。このため物理的あるいは形式的に同形の行為であっても，そこに付与される行為の意味は異なる（たとえばアリスにとってフラミンゴを抱えることはクロケーのプレーであるが，フラミンゴにとってアリスに抱えられることは遊びかもしれない）。したがって，ここで「同じ」とはある一つの外

形的な所作が，2つの相互作用の目的において内部に異なる意味を付与されて位置づけられることを指す。それゆえここでは，このような事態を行為の「一致」ではなく，「偶然の重なり」と呼ぶことにした。

　参入者たちによるこのような行為の配分の偶然的な「重なり」が「不適当な連結」を破綻させない紐帯となりうることは間違いない。部分的であれ，このように予断が相手の行為と一致した（かのように見える）ことで，相互作用の文脈が安定的に相手と共有されているという状態が仮構されるからである。

　だがメタ・ランダム性を帯びた不安定な相互作用においては，こうした部分的な安定性と拮抗あるいはそれを凌駕する様々な外部の行為の投入が生じるはずである。たとえばアリスは「バット（フラミンゴ）が振り向く」「ボール（ハリネズミ）が逃げる」といったおよそクロケーの相互作用の内部に包摂しえない驚愕すべき事態に繰り返し遭遇している。このような事態に直面した場合，「フラミンゴを抱える」といった部分的な行為の重なりによる紐帯は簡単に切断され，メタ的な相互作用に移行する，あるいは相互作用を解消するといったことが生じても不思議ではない。だがアリスはこうした明確な相互作用の攪乱に直面してもクロケーを続けている。これほど荒唐無稽ではないにしても，同様の「強引な」持続は日常的なディスコミュニケーション事態においても生じている。このようなことが可能になるためには目的の「行きちがい」を隠蔽するより積極的なメカニズムが必要となるはずである。再びアリスのクロケーの場面をつかって考えてみよう。

　ゲームの途中，アリスはチェシャネコに不平をいう。

> 「『みんなちっともフェア・プレーじゃなくってね』アリスはどうしてくれるのとばかり口をきり，『みんなわあわあけんかばかりで，じぶんの声もきこえないくらい。ルールだってべつにきまってないみたいだし，あったとしたって，少なくともだれも守っちゃいないわ。それに，道具がみんな生きものだから，ややこしいったらありゃしないの。たとえば，つぎにくぐらせるはずのアーチが，グランドのあっち側をひょこひょこあるいていたり，せっかく女王さまのハリネズミにぶつけるつもりのところが，あたしのハリネズミを見て，とことこ逃げだしちゃったりね』」（邦訳書　p.118）

　アリスはこのクロケーに「ルール」がないと嘆きつつも，他のプレイヤーが「フェア・プレー」でないことや，道具が勝手に動き回るといったことに苛立

っている。彼女にとってクロケーは「フェア・プレー」でなければならず、また道具は勝手に動いてはならないのである。このようなクロケーの「あるべき姿」を規範的媒介項として立ち上げたうえで、アリスは自分の目の前で起こっている混乱を、自分と他者との間に生じた目的の「行きちがい」によるものではなく、規範的媒介項からの逸脱と解釈する。この「ずらし」によってアリスはどのような外部を相互作用に持ち込まれても、クロケーをプレーし続けることができるようになる。あらゆる攪乱を「クロケーには相応しくない」行為と解釈することで、展開している相互作用の目的がクロケーであるという予断を保持したまま、次々に投げ込まれるクロケーの外部の行為を意味づける／排除することが可能となるからである。こうしてアリスは「ここで起こっていることはクロケーではない」「ここでは他者との相互作用が成立していない」という可能性を隠蔽し、フラミンゴやハリネズミとの「不適当な連結」に持続的に参入することができるのである。

「不適当な連結」の「安定した」持続のためには、この相互作用への参入者全員が暗黙の結託のうちにこの「ずらし」を実行する必要がある。クロケーの主催者である女王さまも規範的媒介項を設定して、目的の「行きちがい」を逸脱へと変換している。

> 「女王さまのぎゃあぎゃあわめきたてる声が遠くからきこえるし、アリスはひとつ引き返して、あのゲームがどうなったかを見てこようと思った。もうプレイヤーが三人も、順番をまちがえたというので死刑の宣告をうけたのがきこえていたのだ。」(邦訳書 p.120)

女王さまにとってクロケーとは（具体的にどのようなものかはっきりしないが）プレーの順序を厳守すべきゲームである。多くのプレイヤーがこの規範的媒介項から逸脱したとして処罰されている。ここで注目すべきなのは女王さまが立ち上げた規範的媒介項が、アリスのそれと一致していないという点である。アリスは女王さまが重視しているプレーの順序を把握できていない。

> 「ぜんたいアリスとしてはちっともおもしろくなくってね。ゲームだってめちゃくちゃで、アリスももうじぶんの番かどうかさえわかりゃしない。そこでともかくじぶ

んのハリネズミをさがしにいった。」（邦訳書　p. 120）

　このように相互作用への参入者たちがそれぞれ予断をベースにして規範的媒介項を立ち上げ，そこからの逸脱として他の参入者が投げ込んでくる外部の行為を解釈しつづければ，「不適当な連結」は目的の「行きちがい」の調整や相互作用の解消へシフトせず，相互作用はメタ・ランダム性を帯びた不安定さを抱えたまま持続することが可能になるだろう。目的の「行きちがい」という相互作用のズレを，「あるべき姿」という規範的な眼差しによって隠蔽し，相互作用を不安定なまま持続させる。メタ・ランダム性を帯びた混乱を内包したまま相互作用が持続しうるのは，このような「行きちがい」の隠蔽メカニズムと，先ほど指摘した各参入者が相互作用の内部に位置づける行為の一部が偶然重なることで生まれる紐帯が組み合わさることによると考えられる。
　ここまでの検討をふまえ形式的記述に次の2項を付け加えることにする。

　(5) 相互作用の不安定化は (2) に示した物理的あるいは形式的に同形の行為によってある程度緩和される場合がある。
　(6) 参入者Aは文脈xに適合しない参入者Bの行為を，予断に基づいて事後的に設定した文脈の規範的要求に適合しない行為として理解し排除する。参入者Bも同様の理解と排除を参入者Aの行為に対して遂行する。この結果，相互作用の不安定化が参入者AとBにおける文脈の予断の食い違いに由来していることが，参入者AとBから隠蔽される。

4-4. 相互作用の消尽

　それではこのように相互作用がメタ・ランダム的な不安定性を帯びながらも「安定的に」持続していった場合，参入者の関係はどのように「エスカレート」していくのであろうか。クロケーでの女王さまの振る舞いにヒントがある。

　「ゲームのあいだ中，女王さまはほかのメンバーとけんかばかりしていて，『あの男の首を切れ！』『あの女の首を切れ！』とわめきつづけだ。宣告された人々は兵士にひっぱられてゆくけれど，それにはもちろん兵士がアーチ役をやめなくてはならないので，半時間もするとアーチはひとつものこらず，またプレイヤーの方だって王さま，

女王さまとアリスをのぞいては，全員つかまって処刑まち，ということになってしまった。
　女王さまはようやく，息切れがしてゲームをやめ，アリスにむかっていいだした。『ウミガメモドキと会ったことあるかえ？』」（邦訳書　p. 128）

　上述のとおりメタ・ランダム性を帯びた不安定な相互作用を「安定的に」持続させるためには，規範的媒介項を立ち上げ，他の参入者の行為を不適切なものとし，それを排除し続ける必要がある。ここで女王さまが行っているのは，まさにこのような排除の反復である。この作業の結果は明白である。規範的媒介項に基づいて排除を繰り返した結果，他の参入者が投入可能な行為が悉く排除され（女王さまはそれを参入者そのものの排除という極端なかたちで実行している），相互作用そのものが維持不可能になり消尽するのである。ここにメタ・ランダム性を帯びた不安定な相互作用の極めてパラドキシカルな性質が現れる。この相互作用を持続させるためには他の参入者の不適切な行為を排除し続けなければならない。しかし排除の繰り返しは，必然的に相互作用そのものの消尽に帰結する。他者と関係し続けるために他者を排除し，やがて関係そのものが不可能になる，という倒錯的な構図である。分裂生成の場合，相互作用への参入者たちの行為が同形的に反復されるか，相補的にかみ合うことを通して関係が緊密化し逆説的に破局的な分化が生じていた。これに対してここでは相互排除の反復によって関係を維持しながら消尽に至る「排除生成」とでも呼ぶことのできるプロセスが展開するわけである。
　圧倒的な権力者である女王さまの場合，排除の行使はほぼ一方向的であり極端に暴力的であった。このためメタ・ランダム性を帯びたクロケーの相互作用は短時間で完全に消尽してしまった。しかし日常場面における実際の相互作用の持続においては，この倒錯的な構図による参入者間の分化がマイルドなかたちで双方向的に（参加者がお互いに相手の行為を排除するかたちで）進行し，暴力的な破局，偶発的な原因による関係の解消，あるいは新しい相互作用の創発などが生じるまで，これが延々と続くことになる。
　女王さまの振る舞いをみればわかるとおり，このような相互作用の持続は多くの場合，苛立や怒りなどの感情的経験を伴うものになる。しかし，こうした感情によって他の参入者の排除が生じると考えるのは適切ではない。先ほど検

討したように，メタ・ランダム性を帯びた不安定な相互作用を持続させるためには，規範的媒介項からの逸脱として他の参入者の行為を排除する他はない。こうした他の参入者の排除と相互作用の消尽は，感情的な反応ではなく，メタ・ランダム性を帯びた相互作用の持続というプロセスがもつ必然的な帰結と理解すべきである。

以上の検討をふまえメタ・ランダム性を帯びた不安定な相互作用（＝ディスコミュニケーション事態）の形式的記述に次の1項を付け加えることにする。

（7）参入者AとBの相互作用は（6）のプロセスを反復することで持続する。この持続によって参入者AとBが互いに相手の行為を排除しあうことが繰り返される。このため相互作用は必然的に消尽に向かう。

4-5. 新たな連結の創発

このようにメタ・ランダム性を帯びた不安定な相互作用は排除生成という倒錯した関係のなかで「安定的に」持続する。この関係がひたすら反復された場合，相互作用は最終的には消尽することになる。だが本書の各章（特に山本・姜論文における映画を媒介とした文化間対話プロセスの分析，呉論文における「おごり現象」の異文化理解をめぐる分析，松嶋論文における中学校におけるサポートチーム導入過程の分析）が雄弁に示しているように，排除生成的な相互作用が他のかたちの相互作用へと変化していく場合もある。「不適当な連結」の持続からどのようにして新たな連結が創発するのであろうか。

このような問題を検討するときまず思い浮かぶのは，相互作用の不安定さに直面した参入者が，そこで生じた問題を解決するために相互作用そのものを捉え返すメタ的な相互作用へと移行するという説明である。このように相互作用のブレークダウンをきっかけとしてリフレクティブな思考のモードに移行し，システムの調整が生じるというアイデアは，認知科学的な思考研究（たとえばMiyake 1986）やエンゲストロームの拡張的学習論（Engeström 1987）など，様々なものが提案されている。

だがこのような「リフレクション・モデル」はメタ・ランダム性を帯びた不安定な相互作用の持続から新たな連結が創発するプロセスの直接的な説明にはならない。このプロセスにおいてもっとも大きな問題となるのは，自分たちの

相互作用がブレークダウンしていること（ズレていること）に参入者が気づかないばかりか，そうした関係の破綻を積極的に隠蔽している点にあるからだ。参入者たちが現在の相互作用が「不適当な連結」であり，目的に「行きちがい」があることに気づくことができれば，新たな連結が創発するための最も重要なプロセスは完了したことになる。それに続く「リフレクション」はいわば「第2段階」である。

　参入者たちは倒錯的で自己隠蔽的な排除生成のプロセスからどのように脱出するのであろうか。この問題を検討するときに重要なポイントとなるのは，参入者による相互作用の理解の変化の原因を，教師やファシリテーターなどによる教育的働きかけなど，相互作用の外部にある要因によって説明しないことである。こうした外的要因による変化の説明は，参入者そのものの認識の変化の「きっかけ」を説明したにすぎないからである。したがって必要なことは，メタ・ランダム性を帯びた不安定な相互作用のプロセスそのものの中に新たな連結の創発に結びつく必然的な契機を見いだすことである。

　このような視点で新たな連結の創発の可能性を考えようとするとき重要な視点を与えてくれるのが，「内部観測」（郡司・松野・レスラー 1997）という考え方である。内部観測は生物物理学者である松野孝一郎や理論生物学者である郡司ペギオ-幸夫らが展開しているシステム論の一種で，各行為者（人間や動物に限らず自ら選択を行うことのできる作用者全般を指す）は局所的な視野しか持てず，システム全体を見渡すことがないまま相互作用している，ということを前提にしてシステムの創発や変化を説明する。この立場は，メタ・ランダム性を帯びた不安定な相互作用（ディスコミュニケーション事態）を含むあらゆる相互作用への参入が必然的に予断的なもの，すなわち「暗闇のなかでの正当化されない飛躍」とならざるを得ないとする，本章におけるウィトゲンシュタイン-クリプキ的な相互作用の捉え方と正確に一致する。それゆえメタ・ランダム性を帯びた不安定な相互作用から新たな連結が創発するプロセスを理解しようとしたとき，内部観測におけるシステムの創発，変化の説明は極めて有用である。以下，この理論を手がかりにして新たな連結の創発について検討していく。

　内部観測の基本的な発想を理解するために，まずコミュニケーションにおける言葉の「不定さ」の構造に注目してみよう。たとえば誰かにプレゼントをも

らい「ありがとう」と言った場合を考えてみる。素直に受け止めればこの発言はプレゼントをもらったことに対して感謝していることを示す。だがそれが皮肉として言われたとすれば,「ありがとう」という発話は「ありがたくない」というなんらかの感情,つまり「ありがとう」の外部を指し示すことになる。聞き手は語り手の「ありがとう」が「ありがとう」の内部を指し示しているのか,外部を指し示しているのか確定しなければならない。しかし他者の発話の意図を完全に把握することは原理的に不可能である。それにもかかわらず聞き手はこの「ありがとう」が指し示すものを「勝手に」確定してしまう。これはアリスが現在の相互作用をクロケーであると根拠なく予断したのと同じ「暗闇のなかでの正当化されない飛躍」である。郡司のいう内部観測とは,このように対象(「ありがとう」の意味)を確定しようとしたとき,対象そのもの(「感謝」)である可能性と,その外部のもの(「皮肉」)である可能性が同時に成立してしまうにもかかわらず,行為者は根拠なくそれを確定してしまう(たとえば「感謝」と理解する),という様相を指す(郡司 1997)。すなわち内部観測とは,「対象を同定せんとする限り,選択領域に関して X と X 外部を同時に指し示すような矛盾が発生し,これに抗して選択が成立してしまう」(p. 146),あるいは「意味を指定しようとすると,一対多という形での意味の発散が現れ,同時に意味は選択領域の発散にもかかわらず必然的に決定される」(p. 146)という様相である。

　差異化(X と X 外部の出現)と同一化(意味の決定)の継起。このシンプルな装置によって観測者と対象の関係(相互作用)を捉え,新たな次元の創発を説明しようというのが内部観測論の基本戦略である。郡司は内部観測を通して観測者と対象の間に新たな次元が創発するプロセスを「珍味概念の生成」という「寓話」を用いて説明している。

　「目の前に多様な事物が並んでいる状況を想起せよ。あなたは,まさしく内部観測することで,事物のいくつかを食べ物とカテゴライズする。事物は,食べ物とそれ以外とに区別される。このとき,複数の事物が,食べ物の名の下に同一化される。食べ物は,いつしか必ず差異化される。それはいつ出現するかわからないものの,内部観測のもう一つの面として必ず現れる。こうして食べ物はおいしいものとそれ以外とに区別される。差異化によって嗜好が発生する。この嗜好の発生の後,再度同一化が出現する。いまや,内部観測を考慮することで,明らかにうまい・まずいは対象に固有

の属性ではない。それは，食べる者，食べられ方と分離できない。したがって，嗜好の発生は，いままで食べ物外部と考えられてきた物が，調理によってはむしろ非常に美味なる物とカテゴライズされる可能性を含意する。かくして，食べ物の一部であったおいしいものと，食べ物とさえ見なされなかった物とが，同一化され珍味概念を生成するに至る。」(p. 148)

　「暗黒のなかの正当化されていない飛躍」としての対象の選択が繰り返されているうちに，偶発的にそれまで選択の外部にあったものを内部に組み入れる選択をしてしまうことが生じる。郡司はこれを「内と外を穿つインタフェース」と呼ぶ。このような選択によって新たな次元が創発する。「新たな次元の生成とは，以前の区別に矛盾する区別でありながら，矛盾とは言われずに，ただ，"新たな次元が現れた"，と宣言されるときに出現する」(p. 150) のである。
　アリスは現在の相互作用がクロケーであると予断し，それに参入し，排除生成のプロセスを生み出していた。このときアリスはクロケーとクロケーの外部（相互作用がクロケーではない何かである可能性）に発散した選択領域から，「暗闇のなかでの正当化されない飛躍」としてクロケーを選択する内部観測者である。この選択は規範的媒介項を参照しつつフラミンゴやハリネズミの外部的な行為を排除することとして反復されていた。その結果，物語では（主に女王さまの働きによるが）相互作用は短時間で消尽した。だが内部観測論の視点で捉えれば，アリスによるこの内部観測は常に「内と外を穿つインタフェース」を生成する可能性をもっていた。たとえば気ままに動くフラミンゴ，ハリネズミ，兵士の行為はクロケーという選択においては外部として排除されるが，あるとき「内と外を穿つインタフェース」が生成されクロケーのカテゴリーの内部に取り込まれるかもしれない。このときクロケーのカテゴリーが，たとえば「道具が動かないクロケー」と「道具が気ままに動くクロケー」に差異化し，現在の相互作用を後者であると選択する内部観測がスタートする。この選択によってアリスと道具たちの相互作用が変化し，外部として排除される行為も変化する。たとえばこの新しいクロケーではゲームを面白くするために，道具が動くことが推奨され，じっとしていることが「あるべき姿」からの逸脱となるかもしれない。新しい連結の創発である。「内と外を穿つインタフェース」によるこうした新しいカテゴリーの創発によって，相互作用はそれまでの参入者

たちの予断の交差によって生成されていた排除生成のプロセスから脱することになる。もちろんこうした新たな次元の創発は，現在の相互作用から完全に離脱し，それを俯瞰的に眺めて分析，評価するようなものではなく，あくまでも従来の相互作用からの差異化として展開する。目的の「行きちがい」そのものの対象化は，神の啓示のように突然に生じるものではなく，内部観測者としての参入者が，他の参入者による「あるべき姿」から逸脱した行為を，「内と外を穿つインタフェース」によってカテゴリーの内部に取り込み，新しい差異化を生み出すことを積み重ねたとき，ある段階で可能になるのである。本書の山本・姜，呉，松嶋による各分析に示されたディスコミュニケーション事態の変化のプロセスは，このような方向に向かう差異化と新たなカテゴリーの展開過程としても捉えることが可能である。

　以上の検討をふまえメタ・ランダム性を帯びた不安定な相互作用（＝ディスコミュニケーション事態）の形式的記述に次の1項を追加する。

（8）参入者AとBの相互作用は（6）のプロセスを反復することで持続する。このプロセスにおいて文脈xに適合しない参入者Bの行為が，参入者Aによって文脈xに適合する行為として唐突に取り込まれること（または参入者Bが参入者Aの行為を同じように取り込むこと）が生じる場合がある。このような相互作用の内部への外部の取り込みが生じた場合，文脈xがx_1とx_2に差異化し（または文脈yがy_1とy_2に差異化し），それまでの参入者AとBの相互作用が新しいものへと変化する。

4-6. 規範と介入

　メタ・ランダム性を帯びた不安定な相互作用（＝ディスコミュニケーション事態）についてもう一つ検討すべき問題は，参入者による「予断の選択の偏り」である。ここまで検討してきたように，メタ・ランダム性を帯びた不安定な相互作用（＝ディスコミュニケーション事態）への参入者は，相互作用の文脈がどのようなものであるかについて，決定的な根拠がないまま予断し，そこに参入する。このように相互作用の文脈を決定するための根拠がないとするならば，参入者は逆にどのような予断でも選択しうるということになる。だが実際にはそのような自由な選択は生じない。多くの場合，参入者が選択する予断

は特定のものに集中する。EMS の用語で言えば，特定の規範的媒介項がまさに「当然選び取られるべき」規範的強制力を持っているかのように，参入者たちに選択されるのである。

これはアリスのクロケーでも同様である。

> 「『さ，ゲームのつづきよ』女王さまはアリスによびかけてね。アリスはおそろしさに口もきけず，そろそろと女王さまに従ってグラウンドにもどっていった。
> ほかのお客たちは，女王さまのるすをいいことに，日かげでやすんでいたけれど，でもお姿を見たとたんにあわててゲームに戻ってね。女王さまは女王さまで，ただ，ちょっとでも遅れたら命はないぞ，とのたもうただけだった。」(pp. 127-128)

ここでアリスと他のお客たちは，とりあえず女王さまのいう「クロケー」なるものを実行しようとしている。つまりこの相互作用の文脈に対する優勢な予断として女王さまの「クロケー」を他者がほぼ一致して受け入れようとしているのである。もちろん，先ほど検討したように女王さまと他のクロケーの参加者との間には，クロケーがどのようなものであるのかということについて予断のズレが存在しているので，この文脈の定義を選択しても，権威者としての女王さまとそれに従属する他のプレイヤーとの間で相補型の分裂生成が生じることはなく，メタ・ランダム性を帯びた不安定な相互作用が消尽に向けて展開していくことになる。だが，ここで問題にするのは，特定の予断へと人々の選択が実際に収斂していくか否かということではなく，特定の予断が「優先的に選びとられるべきもの」として規範的ないしは権威的な様相を帯びて浮かび上がるメカニズムである。

このメカニズムについて，ここまで展開してきたメタ・ランダム性を帯びた不安定な相互作用（＝ディスコミュニケーション事態）の形式的記述にもう 1 項を書き加えるほど十分な整理をすることは現段階では困難である。そこで以下では，今後の形式化に向けて，この問題に関するとりあえずの整理を示しておくことにする。

まず，このメカニズムは女王さまに付与された「王権」のようなもので説明できないことを確認しておく必要がある。予断の選択を相互作用の文脈の外部に設定した影響因によって説明することは不適切である。むしろ相互作用を通して「王権」の効果がどのように生成されるのかを解明することこそが必要と

なる。また相互作用から出発するにしても，いわゆる単純な「一致説」の立場に立って，より多くの人が女王さまと同じ（と彼らが信じている）予断を偶然選択した結果，女王さまの予断が規範的ないしは権威的な様相を帯びたという説明も適切ではない。一人の教師が多数の生徒を相手にする教育実践などでは，圧倒的な少数派である教師による予断がその相互作用の文脈の「正しい」理解として規範的，権威的な様相を帯びて現れることが頻繁に観察される。カリスマ的なリーダーが多数派の人々の予断と食い違う予断を示すことで，かえって権威を獲得するという事態も珍しくない。

　では相互作用のプロセスから特定の予断が規範的，権威的な様相を帯びて特権的に選択されるメカニズムをどのように捉えればよいだろうか。この問題の検討には少なくとも2段階の作業が必要である。まず人々の相互作用から規範や権威など強制力を帯びた超越的な階層が発生する一般的なメカニズムの検討が必要である。そして次に現実的な相互作用の状況において，数多くの予断のなかから特定の予断が規範的ないしは権威的な様相を帯びたものとして選び取られるメカニズムの検討が必要となる。前者については，たとえば本章と同様にウィトゲンシュタイン-クリプキ的な相互作用の理解をベースにしつつ「権威を帯びた他者」の発生の問題を検討している大澤真幸の議論，特に「遠隔化する他者」「第三者の審級」といった概念（大澤 1994）が重要なヒントを与えてくれる可能性がある。後者については有効な理論的切り口を現在のところ見つけることができていない。大澤もどの他者が権威を帯びたものとなるかについて（これは大澤の議論のなかでは「どの他者が第三者の審級を代理できるか」というかたちで示される）は，「個々の現場での社会関係に即して具体的に論じられなくてはならない」(p. 86) としているように，この問題はメタ・ランダム性を帯びた不安定な相互作用（＝ディスコミュニケーション事態）の形式的記述レベルの問題としてではなく，具体的な相互作用の文脈において特定の予断が選び取られるプロセスに関する「ディスコミュニケーションのエスノグラフィ」研究の課題と位置づけるべきかもしれない。

　最後にメタ・ランダム性を帯びた不安定な相互作用（＝ディスコミュニケーション事態）における規範，権威の問題と結びつくもう1つの重要な問題を指摘して，ここでの整理を終えることにしたい。「介入」の問題である。2-2で論じたように，本書で検討してきたディスコミュニケーション事態においては，

この事態がメタ的言及のかたちで重層化することによって生み出される介入というコミュニケーションの存在が指摘されていた。上述したように介入は，あるレベルのコミュニケーション（ディスコミュニケーション事態を含む）について，直接の当事者ではなく観察者（＝介入者）の位置取りで「こうなっている」あるいは「こうあるべきだ」というかたちの言及があり，それが結果的に言及されたコミュニケーションのプロセスに変化を生じさせる事態をさす。すなわち介入は，対象となる相互作用の文脈を理解する当事者の予断とは異なる予断を相互作用の介入者が明示することを通して，その相互作用を新しい連結へと変化させる試みを指す。介入者による新たな予断の提示が，当事者の予断に影響を与えるためには，直接の当事者として相互作用に参与していない介入者が示した予断が「より真実に近い」「より価値が高い」といった権威の様相を帯びて当事者に受け止められる必要がある。このように外部者の予断が当事者に規範的あるいは権威的な様相を帯びて現れ，介入的効果を発揮するのは，どのようなメカニズムによるのか。もちろん，4-5 で検討したように新しい連結の生成のためには，予断の変更だけでは不十分であり，それが「内と外を穿つインタフェース」に結びつかなければならない。メタ・ランダム性を帯びた不安定な相互作用（＝ディスコミュニケーション事態）への介入のプロセスを理解するには，介入者による新たな予断の持ち込みと，それに連動する「内と外を穿つインタフェース」の生成のメカニズムについて，規範的あるいは権威的な様相を帯びた予断の生成という視点も加味して更なる検討を重ねる必要がある。

5. ディスコミュニケーション事態の形式的記述

　ここまでの検討の結果として得られたメタ・ランダム性を帯びた不安定な相互作用（＝ディスコミュニケーション事態）の形式的記述をまとめて以下に示す。

　(1) 相互作用への参入者 A は自分が参入しつつある相互作用の文脈を x と予断し，それに適合する行為 o, p, q を遂行する。もう一方の参入者 B は自分が参入しつつある相互作用を y と予断し，それに適合する行為 r, s, t を遂

行する。

 (2) 行為 o, p, q の一部は文脈 y には適合せず，行為 r, s, t の一部は文脈 x には適合しない。

 (3) A は B も相互作用の文脈を x と理解していると予断し，B は A が相互作用の文脈を y と理解していると予断している。

 (4) このような状態で A と B が相互作用すると，A，B ともに文脈に適合しない相手の行為に直面することになり，相互作用が混乱，不安定化する。

 (5) 相互作用の不安定化は (2) に示した物理的あるいは形式的に同形の行為によってある程度緩和される場合がある。

 (6) 参入者 A は文脈 x に適合しない参入者 B の行為を，予断に基づいて事後的に設定した文脈の規範的要求に適合しない行為として理解し排除する。参入者 B も同様の理解と排除を参入者 A の行為に対して遂行する。この結果，相互作用の不安定化が参入者 A と B における文脈の予断の食い違いに由来していることが，参入者 A と B から隠蔽される。

 (7) 参入者 A と B の相互作用は (6) のプロセスを反復することで持続する。この持続によって参入者 A と B が互いに相手の行為を排除しあうことが繰り返される。このため相互作用は必然的に消尽に向かう。

 (8) 参入者 A と B の相互作用は (6) のプロセスを反復することで持続する。このプロセスにおいて文脈 x に適合しない参入者 B の行為が，参入者 A によって文脈 x に適合する行為として唐突に取り込まれること（または参入者 B が参入者 A の行為を同じように取り込むこと）が生じる場合がある。このような相互作用の内部への外部の取り込みが生じた場合，文脈 x が x_1 と x_2 に差異化し（または文脈 y が y_1 と y_2 に差異化し），それまでの参入者 A と B の相互作用が新しいものへと変化する。

 これらの記述に 4-6 で検討した予断選択における規範ないしは権威の問題（介入の問題を含む）を付け加えることで，ディスコミュニケーション事態の微視分析に必要な分析枠組みが反映すべき言語的相互作用の基本構造が得られるものと考えられる。

6. ディスコミュニケーション事態の微視分析に向けて

　本章ではベイトソンのメタ・ランダム性をめぐる論考を足場にして，ディスコミュニケーション事態における相互作用の構造と変化のプロセスを形式的に記述することを試みてきた。4-6で示した未整理の問題も含め，これにはまだ多くの不備があると思われるので，今後もより精緻な形式化を目指して作業を進める必要がある。

　これに並行して，このようなディスコミュニケーション事態の形式的把握をふまえた，相互作用の微視分析の実際的な方法を開発する必要もあるだろう。形式的記述の (1) から (7) にあるプロセス，つまり相互作用に生じている根源的なズレ（目的の「行きちがい」）が特定のカテゴリー（予断）の反復的な適用によって隠蔽され，相互作用に対する安定した社会的知覚が生成・維持されていくプロセスの分析については，こうした問題に極めて早い時期から取り組み，微視的な分析の方法を発展させてきたエスノメソドロジーの一連の研究成果（たとえば，Garfinkel 1967; 西阪 2008 など）から得られるものが多いと予想される。ただし，エスノメソドロジーは相互作用の知覚が，秩序やアイデンティティのような安定したカテゴリーとして成立するプロセスに注目して理論と方法を組み上げてきた経緯があるため，そのような安定化の背後で目的の「行きちがい」を抱えた人々が示す多様で不安定な動きを捉える方法は十分に展開していない。ディスコミュニケーション事態の微視的分析のためには，エスノメソドロジーにおいて研究の「図」となっている安定したカテゴリー知覚を「地」の位置に退かせ，メタ・ランダム性を帯びた相互作用の不安定な挙動を「図」として記述するような分析方法の開発が必要となるだろう。

　一方 (8) のプロセスについては，エスノメソドロジーが相互作用の創発的な側面に十分な関心を持ってこなかった経緯もあり，エスノメソドロジーを図地転換した方法の延長上で，新たな連結の創発を記述できる分析方法を開発していく必要があるだろう。たとえば本書で山本と姜が記述している日中の大学生の認識の変化や，松嶋が記述している教師の生徒に対する見方の転換を，差異化と同一化の継起において「あるべき姿」から逸脱した他者の行為を取り込む「内と外を穿つインタフェース」が生成し，これまでのカテゴリーにあらたな差異化が生まれるプロセスとして記述するためには，どのような分析の道具

立てが必要になるのかという問題に取り組まなければならない。

4-6で検討した規範ないし権威および介入の問題についても，これらのメカニズムに関する一定の形式的記述が得られたところで，より具体的な分析方法の検討に着手する必要があるだろう。

ディスコミュニケーション事態の微視分析に向けて，基本的な分析枠組みの構築に加え，こうした分析方法上の課題にも今後取り組んでいく必要がある。

Bateson, G. (1972). *Steps to an ecology of mind*. New York: Ballantine Books. (ベイトソン, G. 佐藤良明（訳）(1990). 精神の生態学　思索社)

Carroll, L. (1950/1865). *Alice's adventures in wonderland and through the looking-glass*. London: Puffin. (キャロル, L. 矢川澄子（訳）(1994). 不思議の国のアリス　新潮文庫)

Engeström, Y. (1987). *Learning by expanding: An activity-theoretical approach to developmental research*. Helsinki: Orienta-Konsultit Oy. (エンゲストローム, Y. 山住勝広他（訳）(1999). 拡張による学習——活動理論からのアプローチ　新曜社.)

Garfinkel, H. (1967). Passing and the managed achievement of sex status in an "intersexed" person, part 1. *Studies in Ethnomethodology*, 116-185.

郡司ペギオ-幸夫 (1997). 適応能と内部観測——含意という時間. 郡司ペギオ-幸夫・松野孝一郎・オットー・E・レスラー　内部観測　第3章, 青土社, pp. 98-200.

郡司ペギオ-幸夫・松野孝一郎・オットー・E・レスラー (1997). 内部観測　青土社.

Kripke, S. (1982). *Wittgenstein on rules and private language*. Oxford: Basil Blackwell. (クリプキ, S. 黒崎宏（訳）(1983). ウィトゲンシュタインのパラドックス——規則・私的言語・他人の心　産業図書)

Miyake, N. (1986). Constructive interaction and the iterative process of understanding. *Cognitive Science*, **10**, 151-177.

西阪仰 (2008). 分散する身体——エスノメソドロジー的相互行為分析の展開　勁草書房.

大澤真幸 (1994). 意味と他者性　勁草書房.

あとがき

　以上で「ディスコミュニケーション」という問題について，本研究の参加者のそれぞれの立場からの具体的な現象の分析，「視覚障碍者」と「晴眼者」という「ズレ」を生きるということについてのディスカッション，そしてそれら全体を整理する理論的視座を巡る議論といった我々のコミュニケーションが一旦終結することになる。

　「序章」にも述べられたように，このようなコミュニケーション自体，内容的には決して予め安定した理解をお互いに共有した「平和」な展開ではなかった。ディスコミュニケーションとは一体何なのか，あるいは何でないのか，という問題について，お互いが何をイメージしているのかを計りかねながら，誰もが「暗闇のなかでの正当化されない飛躍」を続けてきた。その繰り返される真剣な対話の中で，なんとか本書をまとめる程度に我々の「規範的媒介項」を立ち上げてきたのである。

　理論的な問題を扱った第IV部での高木と山本の議論は，そのような対話をベースに，そこで立ち上がってきた「規範的媒介項」を対象化する試みである。山本らが提案する拡張された媒介構造（EMS）という分析概念を受けて，高木はそれをさらにベイトソンやヴィトゲンシュタイン，クリプキ，郡司，大澤らの議論との対比において，研究上の概念としてさらに精緻化しつつ，この次の研究実践が必要とする方向性を模索する議論を展開している。その展開は両者のほぼ10年に及ぶ様々な研究上の対話を背景にするものであり，ある面では深い共感的な関係を持ちつつ，別の面ではお互いの視点にかなり重要な差異を含みつつ，そういう緊張関係の中で成り立ってきたものでもある。

　現時点でお互いの「規範的媒介項」の共有がここまで可能になってきたことに我々自身が驚くが，しかしその議論自体が大前提とするように，当然のことながらそこには我々がまだそう認識していないディスコミュニケーションが胚胎している。もちろん，ここで「胚胎」ということばを使うのは，それが現時点で「我々にとって」実体的に現れておらず，それを既に我々にとって有意味なものとして，今ここに存在するものとしてはまだ語ることはできないからである。

　我々のコミュニケーションの外部に立って本書を読まれた読者には，第三者

的視点から我々が見ていないディスコミュニケーションをそこに見いだす可能性は常に存在している。だがそのことで我々直接の当事者にとってもディスコミュニケーション事態として意味を持ち，我々の研究実践にそのような意味によって作用するということは，「現時点では」ないのである。「ディスコミュニケーション」は決して文脈から離れて客観的な事態として予め存在するものではない。それはあるコミュニケーションに様々な形で関わる（「直接の当事者」として，あるいは第三者的にそれを分析し，その分析に基づいて直接・間接に介入を行う「間接的な当事者」として）人々のそれぞれの見えの中に，なんらかのコミュニケーション上の実践的課題としてその都度立ち現れるものなのだ，ということを改めて強調しておきたい。

　この議論が理論的にも実践的にもどの程度の可能性を持つものなのか，それは当然のことながら我々には分からない。我々はただ，我々の見えの世界の中で現時点で到達し得た議論を，異なる視点を有してそれぞれに個性的な見えの世界を生きていらっしゃる読者の皆さんに投げかける。そしてその異質な視点同士の新たな接触の運動の中に，次なる展開が生まれることを期待し，そうして多少なりともこの問題のとりくみの前進につながることを願うのみである。至らぬ点へのご教示などをいただければ幸いである。

　最後になるが，本書のベースとなった共同研究は，東京学芸大学国際教育センターの財政的支援を受け，共同研究プロジェクト「異文化接触におけるディスコミュニケーション発生メカニズムの心理学的解明」として出発した。同センターに心より感謝申し上げたい。
　研究会は同プロジェクトの終了後も継続し，いよいよ本書を制作する段階に入った。そこでディスコミュニケーションなどという「和製英語」を正面に掲げた，かなりの冒険を含む本企画を出版に結びつけて下さったのは，東京大学出版会の後藤健介さんであった。後藤さんは私たちがこの企画を持ち込む前から，関連する我々の議論に興味を抱いて下さり，実際に企画を進めるようになってからは，研究会にも何度か参加して下さるなど，本当に積極的にそのプロセスに参加して下さった。そして我々の原稿についても常に妥協することなく，鋭い視点から問題提起を繰り返し行って下さった。そのご指摘にどこまで応え

ることが出来たかは心許ないが，多少なりとも本書に意味があるとすれば，そこに後藤さんが参加して下さったことの力はきわめて大きいと感じている。その意味で後藤さんは我々にとって単なる編集者ではなく，陰に隠れた第 9 人目の著者であったと思う。そのことを付記させていただき，感謝の言葉としたい。

　追記
　昨年初めには「あとがき」まで原稿が一担揃いながら，我々編者による各章の調整作業や座談の編集，第 IV 部理論編の詰めの作業などに思いの外時間を要しての出版となった。この間に東アジアの情勢も，国内状況もさらに一層昏迷の度を深めている。そのような大情況に対し，ミクロな個人間関係に視座を置く我々の議論が，何らかの効力を即座に持つことは残念ながら期待しにくい。
　だが，アメリカナイゼーションの意味を越えて，あるいはその決定的な限界を露呈させながら現に進行するグローバリゼーションや，その反作用の性格も持つナショナリズムの激化，その間をゆく地域ブロック形成への動き，そして何よりもそれらの領域的構想を原理的にはみ出して展開するネットワーキングの本格的な進展は，改めて個と集団の関係を根本的に変容しつつ新しい世界秩序形成へと揺れ動いている。
　この時に，関係的な個に目を向け直す本書の議論は，そのような巨きな流れの一部を構成するものとして，何らかの役割を果たしうるのではないか。そのような小さな希望を持って本書を送り出したい。

　2011 年 1 月 14 日
　　　　　　　　　　　　　　　　　　　　　　　　　　　　編者記す

執筆者紹介（執筆順）

山本登志哉（やまもと・としや）［編者，序章，1章，9章］早稲田大学人間科学学術院教授。主要著書・論文に，『嬰幼児"所有"行為与其認知結構的発展――日中跨文化比較研究』（博士論文，北京師範大学，1997），『生み出された物語――目撃証言・記憶の変容・冤罪に心理学はどこまで迫れるか』（編著，北大路書房，2003），『現実に立ち向かう心理学』（現代のエスプリ，No. 449，共編，至文堂，2005），*Cambridge Handbook of Sociocultural Psychology*（分担執筆，Cambridge University Press, 2007），*Oxford Handbook of Culture and Psychology*（分担執筆，Oxford University Press, in press），ほか。

高木光太郎（たかぎ・こうたろう）［編者，序章，6章，10章］青山学院大学社会情報学部教授。主要著書に『ヴィゴツキーの方法――崩れと振動の心理学』（金子書房，2001），『心理学者，裁判と出会う――供述心理学のフィールド』（共著，北大路書房，2002），『証言の心理学：記憶を信じる，記憶を疑う』（中公新書，2006），「『記憶空間』試論」『社会空間の人類学――マテリアリティ・主体・モダニティ』（分担執筆，世界思想社，2006），「『誤接続』と『住み込み』――足利事件における虚偽自白過程のコミュニケーション分析」『時間の人類学――社会空間・身体・情動』（分担執筆，世界思想社，2011）ほか。

姜　英敏（ジャン・インミン）［1章］中国・北京師範大学国際与比較教育研究院国際理解中心主任。副教授。主要著書に『日韓道徳課理念比較研究――文化衝突視角』（北京師範大学出版社，2003），『世界部分国際理解教育的理論与実践』（編著，高等教育出版社，2011），ほか

呉　宣児（オ・ソンア）［2章］共愛学園前橋国際大学国際社会学科准教授。主要著書に『語りからみる原風景』（萌文社，2001），『環境心理学の新しいかたち』（分担執筆，誠信書房，2006）ほか。

松嶋秀明（まつしま・ひであき）［3章］滋賀県立大学人間文化学部准教授。主要著書・論文に『関係性のなかの非行少年――更生保護施設のエスノグラフィーから』（新曜社，2005），「教師は生徒指導をいかに体験するか？」『質的心理学研究』4巻（2005）ほか。

川野健治（かわの・けんじ）［4章］国立精神・神経医療研究センター精神保健研究所自殺予防総合対策センター自殺予防対策支援研究室長。主要著書に『自殺予防の実際』（分担執筆，永井書店，2009），『はじめての質的研究法――臨床・社会編』（共編著，東京図書，2007）ほか。

奥田雄一郎（おくだ・ゆういちろう）［5章］共愛学園前橋国際大学国際社会学部准教授。主要著書に，『発達心理学用語集』（分担執筆，同文書院，2006），ほか。

河野泰弘（こうの・やすひろ）［7章］都内小学校での教育相談員，また盲ろう者向け通訳・介護者として活動。主要著書に『視界良好』（北大路書房，2007）。

ディスコミュニケーションの心理学
ズレを生きる私たち

2011年3月25日　初　版

［検印廃止］

編　者　　山本登志哉・高木光太郎

発行所　　財団法人　東京大学出版会
　　　　　代 表 者　　長谷川寿一
　　　　　113-8654　東京都文京区本郷 7-3-1 東大構内
　　　　　http://www.utp.or.jp/
　　　　　電話 03-3811-8814　Fax 03-3812-6958
　　　　　振替 00160-6-59964

印刷所　　株式会社三陽社
製本所　　矢嶋製本株式会社

Ⓒ 2011 Toshiya YAMAMOTO & Kotaro TAKAGI, Editors
ISBN 978-4-13-011132-4　Printed in Japan

Ⓡ〈日本複写権センター委託出版物〉
本書の全部または一部を無断で複写複製（コピー）することは，著作権法上での例外を除き，禁じられています．本書からの複写を希望される場合は，日本複写権センター（03-3401-2382）にご連絡ください．

質的心理学講座［全3巻］
第1巻　育ちと学びの生成
無藤　隆・麻生　武　編　A5判・288頁・3500円
保育，教育という具体的な場の相互作用に身を投じながら「普遍につながる」言説を編むこととは。執筆者：鯨岡峻，無藤隆，掘越紀香，麻生武，秋田喜代美，茂呂雄二，佐藤公治，宮内洋，恒吉僚子，大谷尚。

第2巻　人生と病いの語り
やまだようこ　編　A5判・288頁・3500円
心理学，精神医学，看護学などをつらぬく「ナラティヴ・ターン」がひらく考え方や実践を展望する。執筆者：やまだようこ，能智正博，川野健治，戈木クレイグヒル滋子，斎藤清二，岡本祐子，森岡正芳，下山晴彦，江口重幸。

第3巻　社会と場所の経験
サトウタツヤ・南　博文　編　A5判・288頁・3500円
人が生きるということが，社会と場所という具体的で共同的な状況との関わりの形成・再編の過程であることをしめす。執筆者：南博文，石井宏典，矢守克也，山本登志哉，好井裕明，杉万俊夫，阪本英二，三浦研，サトウタツヤ。

ここに表示された価格は本体価格です。御購入の
際には消費税が加算されますので御了承下さい。